憲法と国家の理論

清宮四郎
樋口陽一 編・解説

講談社学術文庫

目次

憲法と国家の理論

Ⅰ　日本国憲法の思想と原理

憲法と国家の理論

I

日本国憲法の思想と原理

権力分立制序説

この小稿は、昭和二五（一九五〇）年五月二一日に東京で開催された日本公法学会における研究報告の一部にわずかの補正を加えたものであって、拙著『権力分立制の研究』（有斐閣（法学選書）、一九五〇年）には、これとほとんど同じものを掲げると同時に、右の報告の残部も載せてある（一頁以下及び二〇五頁以下）。

権力分立制は、一八世紀から一九世紀にかけて、アメリカやフランスをはじめ、近代諸国の憲法で基礎的な原理として採用され、今日なお、多くの国に根強い地盤をもっている政治組織原理である。一七八九年のフランスの人権宣言第一六条は「権利の保障が確保せられず、権力の分立が定められていない社会は、すべて憲法をもつものではない」（Toute société dans laquelle la garantie des droits n'est pas assurée, ni la séparation des pouvoirs déterminée, n'a point de constitution）と断言し、権力の分立という制度が、国民の権利の保障とともに、立憲国の憲法に欠くことのできないものであることを強調している。立憲主義の世界的普及につれ、各国で制定された憲法をみると、その多くは、人権を保障する「権利の章典」(Bill of Rights) と、権力分立原理を謳《うた》う「統治の機構」(Frame of Government) の二部に大別されていて、人権宣言の要請は、世界各国の憲法に実を結んでいる。権力分立主義は、立憲主義とともに、イギリスに源を発して、まず、ドーヴァー海峡を越え、ヨーロッパ大陸にわたってその諸国を支配し、一方、大西洋を横ぎってアメリカにひろまり、さらに、太平洋の波に乗ってアジアの諸国にも及び、ついに世界を風靡したのである。

このように、世界的に非常に大きな影響を与えた権力分立 (separation of powers, séparation des pouvoirs, Gewaltenteilung) とは、いったい、どういうことを意味し、どのような特性をもったものであろうか。権力分立論は立法、司法、行政など、国家権力の種別を前提としてはいるが、たんに国家権力の理論的分類または制度的種別を説くものではない。また、国家権力の組織・技術上の分離を提唱するにとどまるものでもない。分立論の重点は、もっぱら、自由主義的な政治的要請として、その実現を求めるところにあり、その真価も主としてそこにみられる。すなわち、国家の権力から国民の自由を守るために考えられた原理であって、それには、国家の権力が誰かの一手に集中し、あまりに強大になるのを防ぎ、各権力を分離・独立せしめて、それを抑制し、緩和する必要があるとなすものである。国家の各権力が、分離・独立しながら、互いに他を抑制し、均衡を保つように権力を分立せしめること、これが分立論の要旨である。

したがって、権力分立論は、なによりもさきに、自由主義的な政治組織原理である。そうして、自由主義的であるということは、権力分立の意味そのものからただちに流れ出てくる、権力分立原理の第一の特性である。

次に、自由主義的ということと密接な関連をもったことであるが、権力分立論は、もともと積極的に能率を増進せしめるための原理ではなくて、消極的に権力の濫用または権力の恣意的な行使を防止するための原理である。その目的は、アメリカの〔ルイス・〕ブランダイス（Brandeis）判事〔一八五六—一九四一年〕のいうように、摩擦を避けることではなくて、政府の権力を三つの部門に配分することにともなう、不可避的な摩擦によって、国民を専主制（autocracy）から救うことにあった[1]。このように、消極的な目的をもつということは、自由主義的性格に次いで、権力分立原理の第二の特性である。そうして、この原理の歴史的な意義または役割も、権力の「分立」そのもののためよりは、むしろ、権力の集中に対して消極的にはたらいたという点に存するのである[2]。

権力分立論の第三の特性は、その、国家の権力及びそれを行使する人間に対する懐疑的または悲観的な態度にある。すなわち、権力分立論は、国家の権力に対する不信任(Misstrauen, méfiance, non-confidence)、したがって、権力を行使する人間に対する不信任から出発している。神様ならいざ知らず、人間はすべて、あやまちを侵すということのありうるもので、場合によっては、なにをしでかすかわからず、殊に、国家の権力というような強大な力を握ると、誰でもそれに魅せられて、権力を濫用するという性向をもち、これは人間性の宿命的弱点であるとみなすのである。〔シャルル＝ルイ・ド・〕モンテスキュー〔一六八九―一七五五年〕は、「すべて権力をもつものはそれを濫用しがちである。かれは極限までその権力を用いる。それは不断の経験の示すところだ」といっている（『法の精神』〔一七四八年〕第一一篇第四章）。そうして、権力の濫用が行なわれては、なによりも大事な自由が侵されてしまうから、まえもってこれを警戒し、権力の濫用が行なわれないようにするに越したことはないとなし、そのためには、国家権力の内部的組織について、立法、司法及び行政という三つの権力の種別に応じて、それぞれ構成を異にする機関を分離して独立に設け、それらが互いに抑制し合い、均衡を保つように仕組む必要があるというのである。アメリカ一三州の独立及び合衆国憲法の制定にあたって特殊のはたらきをした〔トーマス・〕ジェファーソン(3)（Thomas Jefferson）〔一七四三―一八二六年〕の次の言葉は、右の分立論の意図を率直に表明している。「われわれの選良を信頼して、われわれの権利の安全に対する懸念を忘れるようなことがあれば、それは危険な考え違いである。信頼（confidence）は、いつも、専制の親である。自由な政府（free government）は、信頼ではなく、猜疑（jealousy）にもとづいて建設せられる。われわれが権力を信託するを要する人々を、制限政体（limited constitution）によって拘束するのは、信頼ではなく、猜疑に由来するのである。わが連邦憲法は、したがって、われわれの信頼の限界を確定したものにすぎない。権力に関する場合は、それゆえ、人に対する信頼には耳をかさず、憲法の鎖によって、非行を行わぬように拘束する必要がある」[4]。

権力分立原理の第四の特性は、その政治的中立性または中和性にある。権力分立原理本来の性格は、自由主義的であって、それは、どのような権力にも対抗するものである。ドイツの〔オットー・〕ワイドナー（Weidner）のいうように、「いろいろの歴史的情勢に対する反動の可能性こそ、権力分立原理の超時間的価値である」[5]。モンテスキューが唱えた立憲君主型の権力分立性は廃《すた》れてしまっても、それでもって権力分立原理の働らく場がなくなりはしない。権力分立原理は、元来は、民主的な原理でも専主的な原理でもない。モンテスキューにおいては、それは、極端な専主制と極端な民主制との間に中和を求める傾向から生じている[6]。それは、どちらの原理にも対抗もするが、また、妥協もする。ただし、のちに述べるように、民主主義に対する場合のほうが、握手の可能性が多い。

民主主義と権力分立原理とがどのような関係に立つかは、かなり複雑な、むずかしい問題である。純粋に理念的またはイデオロギー的には、両者は窮極においては、互いに矛盾し、相容れないということもできよう。〔ヴィルヘルム・〕ハスバッハ（Hasbach）〔一八四九―一九二〇年〕は、自由主義と民主主義の理念は一致しないといい[7]、また、〔ハンス・〕ケルゼン（Kelsen）〔一八八一―一九七三年〕も、「イデオロギーの立場からは、権力の分離、立法及び執行を異なる機関に配分することは、国民は国民自身によってのみ支配されるべきものであるという思想に決して一致しない。なんとなれば、このテーゼからは、すべての権力、したがって国家意志形成のすべての作用は、国民、ただしくは国民を代表する議会に統一されなければならぬという結果を生ずるからである。モンテスキュー以来、権力分立の教理を唱えた人たちの政治的意図もまた、決してデモクラシーに途をこしらえるのではなく、むしろ、逆に、民主的運動によってほとんど立法から閉め出された君主に、執行の領域でなお勢力を伸ばす可能性を与えるというところにあった。権力分立の教理は、立憲君主政のイデオロギーにおける核心である」といっている(8)。

しかし、権力分立制の基調をなす自由主義と民主主義とは、つねに両立できないものではない。立憲主義の諸憲法が、自由と民主との二つの要素を仲よく同居させているのを見てもわかる。自由と民主とは、互いに原因となり、結果となり合って、密接に結びついている場合もある。民主主義の実行には、その前提として、個人の自由を欠くことができないし、民主政治によって到達しようとする一つの大きなねらいは、自由の国の実現にある。この意味では、民主と自由とは、互いに提携できるし、また、提携しなければならないものである。とはいえ、両者は、どこまでも両立できるとはかぎらない。どちらかを徹底させようとすれば、他の一方はある程度犠牲にされなければならないようになることもある。国民主権をまっこうからふりかざし、徹底的な民主制を主張して、権力分立制を排撃した〔ジャン＝ジャック・〕ルソー〔一七一二―七八年〕と、自由主義を固守して、権力分立制を強調したモンテスキューとがきわだった対立を示したのはその一例である。この場合、権力分立論者であるモンテスキューは、同時に、君主、貴族及び一般庶民による「混合政体」が望ましいといっているが、それは、リベラル・アリストクラットとしてのモンテスキューが、自由主義的権力分立制とともに、君主制及び貴族制、殊に貴族制的色彩の強い混合政体論を提唱することによって、民主主義の前進を抑制し、緩和させようとの底意があったからで、これは、明らかにモンテスキューの反民主的傾向を暴露するものである。

民主主義を徹底的に実現しようとする場合は、極端な直接民主制を採用しないかぎり、イギリスなどにみられるように、国会中心政治、国会優位の政治になるのが自然のなりゆきである。〔ジョン・〕ロック〔一六三二―一七〇四年〕は、一七世紀末のイギリスにあって、当時のイギリスの政治の現実に即して、立法権の優位を説いた。これに対して、モンテスキューは、当時のイギリスの政治の現実をも見聞しながら、立法権と行政権との分立・均衡を主張した。イギリスで発達し、わが現行憲法にも採用されている議院内閣制は、民主原理のために、権力の分立・均衡の原理を破って、国会の優位のもとに、立法部と執行部との一体・共働を実現させようとするものである。権力分立制においては、立法部と執行部とは、互いに猜疑・不信を根底とする対立を示すのに対し、議院内閣制においては、原則として、国会と内閣との信頼関係がその基礎になる。ただし、後者における立法部と執行部との信頼・共働の関係にも限度があり、これが破れるときは、両者は、下院における内閣不信任の決議と内閣による下院の解散との武器によって相闘うことになる。ここでまた、権力分立原理が首を出すわけである。さらにまた、議院内閣制のもとにおいても、国会の行き過ぎに対する司法部による抑制策が問題になる。裁判所の法律審査権がこれである。ここでも、権力分立原理が前景にあらわれてくることになる。

いったい、民主政治における治者と被治者との自同性（identity）、国民の自治または自律ということは、結局、理念であり、思想類型であって、現実には、いかなる民主国でも、人と人との統治・被治の関係、権力による支配・指導の関係、しかも、専主的な支配・指導の関係が発生することを完封することはできない。そうすれば、権力が特定の者の手に集中し、濫用される危険も生ずる。他方においてまた、近代の国家のように社会的分業の複雑化している社会では、統治作用の種別に応じて、それを担当する機関が分化するのは自然のいきおいである。ここに、なお、権力分立原理の介入する余地が存するわけである。

権力分立の原理は、歴史的には、立憲君主制の原理と密接に結びついて発達している。絶対君主制においては、立法、司法、行政の三権を君主が一手に掌握していたが、立憲君主制においては、立法権は君主と議会とが共同して行ない、司法権は独立の裁判所にゆだねられ、行政権は君主の手に残された。権力分立論は、一面では、たしかに君主の権力を大幅に削減したが、他面では、立法権の一部と行政権とを君主に保留することによって、民主主義の前進に対して専主主義の原理に逃避場を与え、君主の権力を温存するという政治的役割をも演じた。ところが、権力の過大な集中に対する権力分立論者の警戒の眼は、当初は執行権に向けられていたが、議会政治が発達し、議会の権力が増加するにつれて、転じて立法権に向けられるようになった。モンテスキューも、すでに、立法権が執行権よりも腐敗するときは、国家は滅亡するといって（『法の精神』第一一篇第六章）、立法権を抑制する策を講じた。かれが立法部の二院制を主張して、上院に下院の行動を「阻止する権能」を認め、さらに、議会の議決に対する執行部の拒否権を認めたのはこのためである。しかし、君主その他の執行部がすでに退勢にある近代の諸国では、執行部によって議会の勢力を阻止することは、解散のような手段が残されていても、あまり期待できなくなった。そこで、議会の専横に対抗して、国民の自由及び権利を護《まも》るための有力な手段としてあらたに考えられたのが、司法裁判所を「憲法の番人」となし、これに違憲立法審査権を与える制度である。これは、アメリカで発達したもので、わが現行憲法もこれにならっている。この場合、裁判所は、箇別的事件において議会の法律の適用を拒み、立法権を「阻止」するだけで、法律そのものを拒否したり、廃棄したりして立法権に関与し、これを侵害するものではないから、「司法権の優越」といわれるこの制度も、理論上は、正面から権力分立制を破るものではないとせられるが、実際上は、権力分立の限界を逸脱する結果をまねくおそれがある。また、それによって、もともと、政治的に無色であるべき裁判所が、政治的に染色され、この制度本来のねらいである「政治の司法化」が、逆に「司法の政治化」になって、新たな権力の濫用が生ずる危険もある。ここでもまた、われわれは、Quis custodiet custodem?（誰が番人の番をすべきか）という、古来の難問に当面するわけである。

権力分立原理が、専主的・独裁的な原理でないことは明らかである。歴史的・現実的には、両者は、立憲君主制のもとに妥協しているが、権力分立制は、もともと専主制に対抗して唱えだされているし、その後も、民主主義と手を組んで、専主制または独裁制を共同の敵としている場合が多かった。ところが、二〇世紀になってから、独裁制は、新たなよそおいのもとに、ソヴィエト・ロシア、ファシスト・イタリア及びナチス・ドイツにおける政治の現実となって大規模な攻勢に出た。そのうち、後の二つは、結局失敗に終った。ナチス指導者国家は、ワイマール憲法の権力分立主義に対して、「信頼の政治」を強調し、〔アドルフ・〕ヒットラー〔一八八九―一九四五年〕の指導を信頼してそれに全権を集中させたが[9]、ヒットラーの政治力をもってしても、ついに今日のドイツの悲運をまねき、まさに権力分立論者の戒《いまし》めるところを実証する結果になってしまった。〔ベニート・〕ムソリーニ〔一八八三―一九四五年〕に権力を集中させたイタリアについても同様のことがいえる。これらの事実は、権力分立制が、人間に対する深い反省と、政治の現実についての鋭い認識のうえに立ち、容易に克服しがたい根強いものをもっていることを立証している。

　国家の権力の濫用によって、国民の自由が侵害されることを防止するための政治的組織原理としての権力分立は、ロック及びモンテスキュー、殊に後者によって唱えられてから、まもなく、アメリカ及びフランスで実現されたが、その後いくたの試練に見舞われ、そのため、いろいろの変容をきたしている。イギリスで発生した議会政治の発達は、その祖国イギリスをはじめ、諸国に議会優位の「立法国」(Gesetzgebungsstaat) を出現させた。また、アメリカでは、裁判所に違憲立法審査権を認めることによって、「司法国」(Jurisdiktionsstaat) が確立された。さらに、第一次世界大戦後における「議会政治の危機」は、行政権強化の傾向をまねき、各処で「行政国」(Verwaltungsstaat) を成立させた[10]。モンテスキューの唱える三権の均衡が、さまざまの角度から、多かれ少なかれ、破られたのである。そればかりではない。全体主義的独裁制の擡頭は、ついに、権力分立制を根底からくつがえそうとおびやかすにいたった。それは、ドイツ及びイタリアでは失敗に終ったが、ソヴィエト・ロシアでは、すでに数十年にわたる体験によって、かなり根強い地盤を固めつつある。この種の独裁制は、権力分立制の前に立ちはだかっている、かつてみない大敵である。権力分立の原理は、個人または少数の独裁はもとより、多数の独裁をも否認する。それが、労働者、農民による階級的独裁にも反対するのは当然である。しかし、コンミュニズムが、歴史的進化の必然の帰結としての理想的彼岸をふりかざし、その過渡期における独裁を唱えるのに対し、権力分立論が、これまでの世界において果してきた役割にあまんじて、「護るべきなにものかをもつ者には有用な理論であるが、切実な欲求をもつ者には無駄な障害」[11]にすぎないものになってしまうようなことがあると、この世紀の対決において、その運命は予断を許さないものがある。そのかわり、権力分立論がこの重大な試練に耐えぬいた場合には、あらためてその真価が確認されるであろう。

(1) 272 U. S. at 293 (Wright, Benjamin F., *The Growth of American Constitutional Law*, Henry Holt, 1942, p. 143による)。

(2) Kelsen, Hans, *General Theory of Law and State*, translated by Anders Wedberg, Harvard University Press, 1945, p. 282参照。

(3) ジェファーソンは、フィラデルフィアの憲法会議のときは、大使としてフランスにいたので会議には参加しなかったが、フランスにあっても憲法の制定にいろいろと貢献したほか、のちには、その主張によって憲法に「権利の章典」を加えさせるなど、アメリカの憲法政治に対する大功労者の一人である。

（4） Wright, Benjamin Fletcher, *A Source Book of American Political Theory*, Macmillan, 1929, p. 327; Warren, Charles, *Congress, the Constitution, and the Supreme Court*, Little, Brown, 1935, p. 153.

（5） Weidner, Otto, *Der Grundsatz der Gewaltenteilung und die Weimarer Verfassung*, M. & H. Marcus, 1932, S. 184.

（6） Kelsen, Hans, *Allgemeine Staatslehre*, Springer, 1925, S. 259, 257（清宮訳、ケルゼン『一般国家学』（岩波書店（京城帝国大学法学会飜訳叢書）、一九三六年）五六九、五七五頁）。

（7） Hasbach, Wilhelm, *Die Moderne Demokratie*, 2., unveränderte Aufl., G. Fischer, 1921, S. 17-18.

（8） Kelsen, Hans, *Vom Wesen und Wert der Demokratie*, 2., umgearbeitete Aufl., J. C. B. Mohr, 1929, S. 81（西島芳二訳、ハンス・ケルゼン『民主政治と独裁政治』（岩波書店、一九三二年）一一七—一一八頁（のち『民主主義の本質と価値 他一篇』長尾龍一・植田俊太郎訳、岩波書店（岩波文庫）、二〇一五年））。ケルゼンは、さらに語をつづけて、「アメリカ合衆国のような共和国が、権力分立の教理を敬虔にうけとって、正にデモクラシーの名において極端に実行するということは、ほとんど歴史の皮肉（Ironie）である」となし、国民の直接選挙による大統領制について、それは、「国民主権の原理の強化ではなくて、その弱体化を意味する。なんとなれば、何百万という数の選挙人に唯一人の人が被選挙人として対立するならば、国民代表の思想は、是認の最後の口実までも失わねばならないから」といい、ついに、「代表の定式でもってみずからを正当化しようとする世襲君主の専主政治と、選挙されたカイゼルの似而非デモクラシーとは、たいして異ならない」と断じている（Kelsen, a. a. O., S. 82（西島訳、一一九—一二一頁）。

(9) 清宮「指導者国家と権力分立」、『国家学会雑誌』第五〇巻第六号(一九三六年六月)、一頁以下(のち『憲法の理論』有斐閣、一九六九年所収)参照。

(10) 立法国、司法国、行政国については、Schmitt, Carl, *Legalität und Legitimität*, Duncker & Humblot, 1932, S. 7ff.〔C・シュミット『合法性と正当性』田中浩・原田武雄訳、未来社、一九八三年〕参照。

(11) Finer, Herman, *Theory and Practice of Modern Government*, Vol. 1, Methuen, 1932, p. 146.

(『公法研究』第三号、一九五一年一〇月)

日本国憲法とロックの政治思想

本稿は昭和二三〔一九四八〕年六月二八日に日本公法学会の主催のもとに東京大学法学部第二五番教室で行なった公開講演の草稿にわずかの補正を加えたものである。

一　序言

わが日本国憲法の思想的背景を問題にする場合、ロックがかなり大きく浮びあがってくることは、何人《なんぴと》も認めるところであろう。ジョン・ロック（John Locke, 1632-1704）は、いうまでもなく、イギリスの代表的哲学者であるばかりでなく、近代自由主義国家論の創始者と謳《うた》われる政治学者でもある。その政治学的主著を『国政二論』（*Two Treatises of Government*, 1690）〔『完訳　統治二論』加藤節訳、岩波書店（岩波文庫）、二〇一〇年〕という。この本は、二部に分たれ、第一部では、特に〔ロバート・〕フィルマー（Robert Filmer, c. 1588-1653）の『族父論』（*Patriarcha*, 1680）〔『家父長制君主論（パトリアーカ）』、『フィルマー著作集』伊藤宏之・渡部秀和訳、京都大学学術出版会（近代社会思想コレクション）、二〇一六年〕を反駁しながら、王権神授説を否定し、ホッブス流の絶対主義に抗議している。第二部（An Essay concerning the true Original, Extent, and End of Civil Government）では、相当まとまった形で国家論上の主要問題を取り扱い、社会契約の理論、立憲主義的国政論、抵抗権の理論などを展開している。

『国政二論』をひもとくにあたって、まず、それが生れた時代的、場所的環境を考える必要がある。ロックは、一六八八年のイギリス革命、いわゆる名誉革命（Glorious Revolution）によって面目を一新した当時のイギリスにあってその書物を草したのである。イギリス革命は、国会の議決によってオレンジ公ウィリアム〔三世（在位一六八九—一七〇二年）〕を王位に迎え、「神の恩寵による国王」ではなく、「国会の恩寵による国王」となし、事実によって王権神授説を破砕すると同時に、議会主義の勝利のもとに王権を制限して立憲政治を確立した。そうして、翌一六八九年の「権利の章典」（Bill of Rights）には、ウィリアムとメリーとが王権の保持者であると宣言し、さらに、王位の保持は、法律に示されている国民及び国会の権利を尊重することを条件とする旨を定め、革命の結果を成文化している。ロックも時代の子である。その『国政二論』には、明らかに当時のイギリスの政治情勢が反映している。しかも、この場合、純粋に学問的な見地ばかりではなく、ロックの特別な政治的意図がうかがわれる。すなわち、オレンジ公のためにイギリス革命を積極的に弁護し、民意を代表する国会から選ばれて王位についた新君主の立場を確立しようとの底意である。ロックみずから『国政二論』の序文で、「この論文は、わが偉大なる復興者(Restorer)、ウィリアム現国王の王位を確立……するに足るものにしたい」といって、それを告白している。ロックの論敵〔トマス・〕ホッブス(Hobbes, 1588-1679)は、その著書、とりわけ、『市民論』(*Elementa philosophica de cive*, 1642)〔本田裕志訳、京都大学学術出版会(近代社会思想コレクション)、二〇〇八年〕をスチュアート朝の絶対政を擁護するために書いているが、これはまことに興味深いロックとの一致点である。オーストリアの〔ルートヴィヒ・〕グムプロウィッチ〔一八三八―一九〇九年〕は、それについて、「この互いに論争し合う二人の哲学者たちは、どちらもそのパンのための主人(Brotherr)を擁護するという一点だけ一致している。ホッブスはスチュアート王の下賜金で生活し、ロックはオレンジ公からの受給者(Pensionär)であった」と皮肉っている。[1]

(1)　Gumplowicz, Ludwig, *Geschichte der Staatstheorien*, Neudruck, Wagner, 1926, S. 227.

一六八八年のイギリス革命と昭和二〇年(一九四五年)八月から現行憲法の成立にいたるまでの日本の大変革とのあいだには二五〇年余りのへだたりがある。しかし、こんどの日本の革新には、一七世紀のイギリス革命の二〇世紀の日本版とみられる分子がかなり多い。いずれも、暴力革命に陥ることなく、法的秩序を保ちながら平穏裡に遂行され、内実においては、民意にもとづく君主、国会中心政治及び基本的人権の確立など、国政の動向を同じ方向にむかって移動せしめている。

立憲主義の政治思想は、その祖国イギリスにはじまり、一八世紀の末頃から一九世紀にかけて、ドーヴァー海峡をわたってヨーロッパ諸国にひろまり、一方、大西洋を横切ってアメリカに伝わり、さらに太平洋を越えて日本に及び、ついに中華民国その他の東亜各国にも足跡を残してまさに世界を一周した。ロックの思想も世界の各地で大小さまざまの実を結んだわけである。

わが明治憲法にも現行憲法にも、その背景にロックの思想がうかがえる。ごくおおまかにみて、明治憲法はロックの思想より遅れており、現行憲法はロックよりも進歩的である。そうして、現行憲法のほうが明治憲法よりもずっとロック的色彩が強くなっている。つぎに、ロックの思想をたどりながら、日本国憲法におけるロック的なもののいくつかを拾いあげてみよう。

二　王制の民主化

さきに一言したように、ロックは『国政二論』の第一部でフィルマーの『族父論』を反駁している。フィルマーは、その著述でスチュアート王朝の絶対主義をバイブルの典拠のもとに根拠づけようとした。すなわち、まず、九〇〇年以上も生き永らえてたくさんの子孫をもったと伝えられるアダムからはじまって、当初の国王は家長または族父であったことを証明しようと試みる。アダムは、はじめはその権力をイヴに対してだけ行使したが、のちにそのすべての子孫に対して行使するにいたった。その権力は後世になってユダヤの族父、すなわちユダヤの国王に伝えられ、そうしていまやイギリスではスチュアート家にある。国王の権力は、右のように神から授けられた「自然権」である。したがって、国民が統治したり、支配者を選んだりするのは不自然である、という。フィルマーはこのような「王権神授説」によって国王の絶対権を支持しようとするのである。(1)

(1) *Patriarcha* を直接に参照できなかったが、フィルマーの所説は、『国政二論』におけるロックの詳細な引用によってだいたいうかがうことができる。

ロックは、合理主義の哲学を信奉し、政治的には、自由主義及び民主主義に同情する者である。神秘主義に立って、王権神授説にもとづく絶対君主政を提唱するフィルマー説に賛同するはずはない。フィルマーがバイブルを典拠とするのに対し、ロックもまたいちいちバイブルを引きあいにだして、たいへんな執拗さをもって反駁を加えている。ロックは特にフィルマーを直接の相手に選んでいるが、この場合ロックがほんとうにねらっているのは、フィルマーのような小ものの神秘主義の陣屋ではなくて、実はホッブスという大ものの控えている絶対主義の牙城である。[1] それは、第二部の論述にいたって、ますます明らかになる。

(1) 五十嵐豊作「十八世紀イギリスの政治体制と其の理論に就いて㈡」、『法学』第五巻第三号（一九三六年三月）、一八頁、二、註Ⅲ、Vaughan, C. E., *Studies in the History of Political Philosophy before and after Rousseau*, Vol. 1, The University Press, 1925, pp. 130 seq.

わが明治憲法時代に、神秘主義的神国思想にもとづき、天皇の地位を皇祖の神勅によって根拠づける説がかなりひろく行なわれ、憲法そのものもその痕跡をとどめていたのに対し、現行憲法が神秘主義を排して合理主義に立ち、天皇の地位に国民の総意という民主的根拠を与えている（第一条）のは、ロックによるフィルマー説の否定と相通ずるものである。

ところで、ロックは、神秘主義的絶対政は排斥しても、徹底的な民主共和政には走らなかった。かれは、絶対君主と民主勢力との妥協のもとに成立し、民主的根拠のうえに君主になおかなり大きな政治権力を認める、当時のイギリスの立憲君主政をそのままに支持した。これは、あらゆる点で、極端に走らず、つねに中庸を守り、あるいは折衷を採るという、ロックの特殊な性癖にもとづくものである。中庸主義はロック思想の全面に通ずる特質である。〔ウィリアム・アーチボルト・〕ダンニング〔一八五七―一九二二年〕もみごとにこれをいい当てている。「あるテーマの論理的展開において、極端に走らないうちに一息つく（to pause）のがロックの特徴である。中庸（Moderation）で極端を避けることは、きわだって目につくロック哲学の特質であって、それは、ロックの政治思想にも他の部門の思想にも同じように示されている」[1]。そうして、中庸という点では、日本国憲法もまた、だいたい同じ方向をねらうものといってよかろう。

（1）Dunning, William Archibald, *A History of Political Theories: From Luther to Montesquieu*, Macmillan, 1923, pp. 366-367.

その後のイギリス立憲政は、ますます「議会君主政」の方向に発達し、国王の権力はいよいよ形式化され、ついに国王は「君臨するも統治せざる」ものとなった。しかし、今日でも、イギリス国王は、形式的には、法律の裁可、官吏の任免をはじめ、わが明治憲法の天皇に近いような政治権能をもつ。これに対してわが現行憲法における天皇は、もっぱら国家及び国民統合の象徴としてそれにふさわしい行為のみを担当し、「国政に関する権能」をもたれない。なおこれを君主というとしても、イギリスの「君臨するも統治せざる」国王からさらに一歩を進め、君主の制度として他に類例のない新しい型を示すものである。

三　人権の確立

ロックの合理主義は、個人主義の世界観と結びつき、その国家論は、当時の自然法思想に色づけられている。ロックの国家も、先駆者であるホッブスや〔リチャード・〕フーカー(Hooker, 1554-1600) などにならって、人間の「自然状態」(state of nature) から出発する。ロックによると、人間は、その自然状態においては、完全に自由かつ平等である。すなわち、「すべての人間は、他人に許しを求めたり、他人の意志に依存したりしないで、自然法の限界内で、適当と思うように、自己の行動を決定し、その所有物や身柄を処分する完全な自由」をもち、「権力や所管」(jurisdiction) はすべて対等であって、「何人も他人より以上のものをもたない」(『国政二論』第二部第四節、以下「二の四」というふうに略記する)。ロックの自然状態では、ホッブスにおける「万人の万人に対する戦い」と異なり、理性 (reason) という自然法が支配していて、その自然法が「すべての人間は平等でありまた独立であるから、何人も他人の生命、健康、自由または所有物を侵してはならない」と教える (二の六)。自然法が意図するのは全人類の平和と保全とであり、すべての人は自然法を守らなければならない。ところで、自然状態では、自然法の執行は各人にゆだねられていて、各人は自然法に違反する者を処罰する権利をもっている (二の七)。自然状態と国家との相違は、のちにも述べるように、自然法を解釈して執行する者が、個人であるか、団体の共同の機関であるかに存するわけである。

このようにして、ホッブスの場合と異なり、自然状態においても人間は自然法のもとに平和に暮していたわけであるが、なにぶんにも、各人がみずからを守り、他人に仕返しをしていたのでは、混乱と不安とが絶えず、戦争状態におちいる危険さえあって不都合であるから、共同の機関によって自然法を解釈・執行せしめるために、政治的社会を結成するにいたる。ここで国家が発生するのである。ところで、人間はすべて自由、平等かつ独立であるから、それを失わしめて他の者の政治的権力に服せしめるには本人の同意を必要とする（二の九五）。そこで契約による国家の成立ということになる。(1)

（1）ロックにおいては、社会契約は論理的事実であるとともに歴史的事実でもある。『国政二論』二の一〇二、Dunning, op. cit., p. 305; Kägi, Werner, *Zur Entstehung, Wandlung und Problematik des Gewaltenteilungsprinzipes*, Kommissionsverlag Hans Raunhardt, 1937, S. 45.

各人が自然法を執行する権利を放棄して社会契約に同意する目的は、社会の内外からおこる危険に対して、その生命、自由及び所有物を保全するためである（二の一二三）。契約によって国家が成立しても、ロックは、国家における権力の絶対性は認めない。ここでもロックの中庸癖が出てくる。「絶対専制的な権力または固定した永続的な法によらぬ権力は、いずれも社会及び政府の目的と一致しえない」（二の一三七）。ロックは、君主絶対主義と共和主義との両極を否定して、議会君主政という中道を行こうとするホイッグ党（Whigs）の立場を支持するのである。かくして、ホッブスと同じように社会契約から出発しながら、結論にいたってはこれときわだった対立を示している。ロックの国家は、絶対主義的または全体主義的国家、“Leviathan”〔リヴァイアサン〕であってはならない。国家を形成することによって、個人はその権利の全部ではなく、一部を放棄するだけである。すなわち、個人は、「国家を形成する目的に必要なだけの権利を放棄するのである」（二の九九）。

国家を形成しても、個人はなおその「自然権」、すなわち、生命、自由及び所有物に関する権利を保有する。ロックは、この生命、自由及び所有物（possession または estate）の三者を総称してまた財産（property）という（二の一二三）。この三つに対する権利は個人の「基本的人権」である。それは国家によって保障されるものではなくて、国家に対して保障されるものである。個人の生命、自由及び所有物の確保、それが国家の目的であり、「公共の利益」（public good）である。国家の権力は「公共の利益」に仕え、その枠内で行使されなければならない（二の一三一）。国家の権力もこのような自然法的制限に服し、絶対無制限なものではないのである。

社会契約の理論はしばらく措き、ロックが国家以前の個人の「自然権」を認め、「公共の利益」に反しないかぎり、国家の権力によっても制限できないとなすのは、日本国憲法で国民の「基本的人権」を認め、「公共の福祉」（public welfare）に反しないかぎり、立法その他の国政の上で最大の尊重を必要とするとなすのとほとんど同じような行きかたを示している。しかし、ロックにおける「自然権」の内容が、property の一語によって代表されるほど財産的臭味が強く、また、その「公共の利益」とは、のちに「最大多数の最大幸福」という、ベンサム流のイギリス功利主義の公式にまで発展したものであるが、結局、資本主義の擁護を意味するかのような感じを与える。これに対し、日本国憲法における「基本的人権」

は、「生命、自由及び幸福追求に対する国民の権利」であって、アメリカ独立宣言の言葉を借用しているが、「公共の福祉」は、資本主義の原則を容認しながらも、これにさらに社会的または社会主義的制約を加えている。アメリカをはじめ豊かな植民地をもち、資本主義華やかな一七世紀末のイギリスにあって、今日の日本などとは比べものにならないのどかな生活をなし、ブルジョア・デモクラシーに陶酔していたロックとはげしい社会的・経済的苦悶のうちに生れた二〇世紀日本の新憲法とのあいだにこのような内実のひらきがみられるのはむしろ当然のことというべきであろう。

四　国民主権

ロックにおいては、のちに述べるように、国家の作用を行なう権力のうちで、立法権が「最高」(supreme) である。しかし、国家には、その最高の立法権のさらに上位にあって、すべての権力を統合する権力が必要である。そうして、そのような権力こそ勝義において「最高」でなければならない。ロックにおいてそれは国民にある。およそ、国家には、社会の「公共意志」(public will) があり、国家の構成員はそれに服従する義務がある（二の一五一）。「社会の本質と統一とはひとつの意志をもつ点にある」（二の二一二）。ここでロックは、ルソーのいわゆる国民の「総意」(volonté générale) にあたるようなものをほのめかしている。それはとにかく、国家における究極の意志を体現するものは国民である。国民は、国家における最高意志の体現者として、他のすべての権力にまさる権力をその手に留保する。そうして一定の権力を国家のいわゆる機関に授権する。ロックはこれを「信託」(trust) という。立法権、執行権はいずれも国民からの「受託権」(fiduciary power) であり、"positive voluntary grant" であり、"delegated power" である（二の一三二、一四一、一四九、一五五など）。したがって、国家の機関はその信託された範囲においてだけの権力を行使できる。立法者は信託された権力を行使する機関としては「最高」であるが、もっとも完全な意味で「最高」なのは国民である。国民は立法者の背後にある国政の淵源である。要するにロックのいう「最高意志」には、国民の総意と立法者意志との二つの段階がある。ここで、どうしても国民主権の理念が示されなければならないが、ロックはこれを避けている。この点、ロックはルソーほど徹底しきれないのである。

最高権力を留保している国民は、権力を信託された機関がその信託に反する行為をなし、国民の自由や財産を侵害するようなときは、その留保している最高権力を発動させ、これに反抗することができるはずである。ここで、ロックはそのいわゆる「抵抗権」(right of resistance) の理論を展開する（一の一四九）。しかし、この権力をどのようにして発動させるかについては、ロックは「神に訴える」(appeal to Heaven) というだけで、なんら具体的方法を明示していない（二の二四二）。そうすると、抵抗権または革命権の是認も、積極的な権利の容認というよりは、ただ、立法者などがその権力を濫用しないように警告し、それらの者の自制を期待するという消極的意義をもつにすぎないものとなってしまって、この点においても、ロックの主権論は不徹底であるとの批評をまぬかれない[1]。

（1） 五十嵐、前掲論文、二五―二六頁、Lamprecht, Sterling Power, *The Moral and Political Philosophy of John Locke*, Columbia University Press, 1918, p. 149（五十嵐論文による）。

日本国憲法で、国政は国民の厳粛な信託（sacred trust）によるものである（前文）、といっているのは、たしかにロックの流れを汲むものである。日本国憲法はさらに、主権が国民に存することを明言し（前文、第一条）、このたてまえのもとに、公務員を選定・罷免することは国民固有の権利であるとなし（第一五条）、国会は国権の最高機関であるとなす（第四一条）ほか、諸種の規定を設け、また、国民は、その代表者を選定するほか、時には、憲法改正の承認、最高裁判所の裁判官の審査などのように、直接に国政を決する権能があることを認めている。これに対し、ロックの場合は、国会の最高性は、のちに述べるように、同時に執行権の最高性を認めることによって制限されるにせよ、とにかく、原則として名実ともに認められるのに反し、国民の最高性はきわめて形式的な、あいまいなものになっており、国民は現実には、代表者を選挙するほかは、「神に訴える」抵抗権という空疎な権利を認められるにすぎない。〔アルバート・ヴェン・〕ダイシー（Dicey）〔一八三五―一九二二年〕のように、「法的主権」は国会にあって、国民は「政治的主権」をもつにすぎず、国民は法的には選挙権をもつばかりであるとなす、イギリス国法学の伝統的主流の考えかたの淵源は、すでにロックにきざしているともみられる。国会に主権を吸収的に独占させ、国民を無力にすることは、いわば、「国会貴族政」である。[1] 国民主権を明示せず、国民と国会との正当な関係を覆うロックのイデオロギー的底意はここにあったかもしれない。

（1）Ritterbusch, Paul, *Parlamentssouveränität und Volkssouveränität in der Staats- und Verfassungsrechtslehre Englands*, Theodor Weicher, 1929, S. 1, 8ff.

五　権力分立

ロックは、いうまでもなく、〔シャルル＝ルイ・ド・〕モンテスキュー〔一六八九―一七五五年〕とならんで、権力分立論の二大提唱者とされる者である。ロックは、国家の権力を、まず、立法権（legislative power）と執行権（executive power）とに大別する。モンテスキューのように、立法、司法、行政の三権ではなくて、立法、執行の二権である。この場合、立法と執行との区別がなにを基準としてなされているかは明らかでない。ロックの主張の重点は、もともと、国家作用の区別の理論ではなくて、権力分立の政治論の展開にあったのであるから、それも無理はない。だいたい、立法は一般的法規範の定立を意味し、執行は定立された法規範を箇別的に具体化する行為を意味すると解してよかろう。ロックによれば、国家の目的は個人の自由及び財産を確保するにあり、この目的を達するためには、自然状態において各人が自然法を解釈し、執行したのと異なって、国家は、その権力によって自然法を解釈してその意味を確定する作用と、確定された法を実際の事件に適用し、具体化する作用とを営まなければならない。前者が立法であり、後者が執行である。これらの国家作用または国家権力をどのような機関にどのような仕方で担当させたらよいか。これに関連して権力分立の問題が生ずるのである。

権力分立論は、もともと、個人の自由を確保するために、国家の権力が特別の機関に集中し、濫用されるのを警戒せねばならぬという、自由主義的な要請に応ずるための政治論であるが、ロックは、その立法、執行二権分立論の根拠としてつぎの二点を挙げている。すなわち、

(1)立法は一時に (at once)、しかも、比較的短期間に行なってよいのに対し、執行は常時不断に行なう必要がある。したがって、両者は異なる機関に担当させるがよい（二の一四三、一四四）。これはむしろ技術的な理由である。

(2)立法者が同時に執行者になるということは、「権力をかき集めたがる人間の弱点に対する大きな誘惑であろう」が、賢明なやりかたではない。そのような者は、「自分の制定する法律に従わず、また、立法及び執行に際して、その個人的利益に法律を適応させ、共同体の他の者と利害を異にするようになり、社会や政府の目的に反するにいたるであろう」から（二の一四三）。これが自由主義的な、本来の権力分立論である。

ロックは執行権をさらに、(イ)狭義の執行権及び、(ロ)「同盟権」(federative power) の二

つに区別する。(イ)は内政に関する事項についての法の執行権（二の一四七）で、司法と行政とを含み、裁判官によって行なわれるものと行政官によって行なわれるものとがある。(ロ)は、和戦連合その他渉外事項に関するもので（二の一四六）、(イ)の「内政」に対する「外政」である。ロックはこの両者をつぎの理由から区別する。すなわち、「同盟権の処理のよしあしは、国家にとって重大なことであるが、同盟権は執行権（狭義＝訳者）にくらべると、前もって永続的の法律を制定し、それによって規律するに適しないものである。したがって、必然的にその権力を握る者の思慮と叡智とに委ねられ、公共の利益のために処理されねばならぬものである」（二の一四七）から、というのである。

ところで、ロックは、狭義の執行権と同盟権とを区別し、両者の性質の差異は強調するが、両者の「分立」は主張しない。かえって、どちらも国家の武力を必要とし、それが別々の統帥に服するときは、混乱と破滅とをまねき、悪い結果になるとの理由から、両者が同一の機関に統合されているのが望ましいという（二の一四八）。ロックが権力分立を説くにあたって念頭に置いていたのは、内政の立法からの分離であって、内政と外政とを統合することはさしつかえないとしたのである。[1]

（1）　Greaves, H. R. G., "Locke and the Separation of Power", *Politica*, 1, 1934, p. 94.

ロックにおける立法・執行両権力の分立は、モンテスキューにおけるように、各権力が対等の関係に立って互いに抑制し、均衡を保つというのではなく、上下・従属の関係に立つ分立であって、その場合、立法権が執行権に優越するのである。ロックはいろいろなところでこれを明言している。立法権は国家においてただひとつの最高権力（supreme power）である。すべての他の権力はそれに従属する（二の一四九）。同盟権も執行権も立法権に従属する（二の一五三）。社会のいかなる構成員または部分がもつ権力もすべて立法権に由来し、立法権に従属するものでなければならない（二の一五〇）。そうして、最高権力たる立法権を設定することは、社会の最初の行為であり、また、基本的な行為である（二の二一二）。

ロックは、右のように、立法権の執行権に対する優越を強調するかと思うと、また、執行権も場合によっては最高であるという。それは、君主が最高の執行権をもつと同時に、立法に参加し、法律の制定に同意を与える場合で、この場合は「きわめて恕《じょ》すべき意味で」（in a very tolerable sense）最高といえるという（二の一五一）。ロックが立法権の優越についてこのような例外を認め、その理論を一貫しえないのは、やはり、ウィリアム三世〔在位一六八九―一七〇二年〕時代の政府形態を弁護し、国王の地位を擁護しようとの底意があったからであろう[1]。そうして、ここにもまた、例の中庸癖から出た妥協的態度がうかがわれる[2]。

（1）　Lamprecht, op. cit., pp. 140-141（五十嵐、前掲論文、三〇頁、註一三のIによる）。

（2）　五十嵐、前掲論文、二九―三〇頁。

それはとにかく、国家権力論を通観して、立法権の優越を認めたことは、ロックの思想のいちじるしい特色である。ロックがこれを強調したについては、ただに一般の理論としてばかりでなく、明らかに特殊な政治的意図があった。すなわち、(1)当時のイギリス国会は、イギリス革命の中心勢力をなしていたブルジョア階級の代表機関であり、ロックはブルジョア理念の使徒としてこれを支持しようとしたこと、及び、(2)ウィリアム新国王の権利を確立するためにも王を迎えた国会の優越を説こうとしたこと、がそれである。[1]

(1) Greaves, op. cit., p. 95 参照。

しかし、このような政治的意図に一般の政治理論を結びつけ、国民を最高の地位に据え、その信託によって立法権を行なう国会をその次位に置き、そうして執行機関をこれに従属せしめ、かくして、国民－国会－政府の三段階における国家権力の動態論 (dynamic theory) を展開し、民主政治のありかたに重要な示唆を与えていることは、没することのできないロックの功績である。

これは、のちにモンテスキューが、権力の抑制・均衡に重点を置き、立法、司法、行政の三権、殊に立法権と行政権とが平列的に分立している、国家権力の静態論 (static theory) を提唱し、君主、貴族及び一般国民のあいだの権力の均衡のもとに、特権貴族の勢力の温存をねらったのと興味深い対照をなすもので、ブルジョア・デモクラットとしてのロックとリベラル・アリストクラットとしてのモンテスキューとの相異がここにあらわれている。その後の実際の制度の発展は、最近にいたるまで、イギリスをはじめ、他の多くの国々では、モンテスキュー型よりも、むしろロック型に傾いている。イギリス憲法を研究し、ロックから示唆をうけたとせられるモンテスキューが、イギリスの政治及びロックの理論からはたしてどれだけのことを学びとったかが、あらためて検討されなければならないわけである。(1)

（1）〔ユリウス・〕ハチェック〔一八七二―一九二六年〕の研究によると、モンテスキューは、イギリスにも行きながら、直接にロックの書物をみてその権力分立論を根拠づけたのではなく、モンテスキューの友人でロックの追随者である〔ヘンリー・シンジョン・〕ボーリングブローク（Bolingbroke）〔一六七八―一七五一年〕を通してロックの説を知ったにすぎないといっている（Hatschek, Julius, *Englisches Staatsrecht*, Bd. 1, J. C. B. Mohr, 1905, S. 19ff.）。

日本国憲法は、国民を主権者と明定し、その信託のもとに国政を担当する機関として、立法、司法、行政の三権について国会、裁判所及び内閣を分立せしめ、国会を「国権の最高機関」となし、議院内閣制をとって内閣を国会に従属させて、ロック式の行きかたをいっそう徹底させた。天皇は象徴としての地位にだけあって、国政に関する権能なく、ロックの場合のように君主の国政参加によって国会の優越性に紛れの生ずるおそれもなくしている。まさしく「ロックを通してロックの上に」出たものである。しかし、これはけっしてロックに対してわれわれが自慢できる材料にはならない。ロックがその説を提唱したときとわが憲法の制定されたときとのあいだには二五〇年のひらきがある。その昔に今日のわが憲法にも大きな影響を与えるような説を唱えだしたロックの功績こそまず称讃されるべきである。なお、わが憲法が単に法文の上で自由・民主をうたいだしたのに対し、当時のイギリスではすでにロックの説の拠りどころとなるような政治が、国民の手によって獲得され、実際に行なわれていたということも、この場合、見逃してはならない事実である。

――昭和二三年七月三〇日――

（『国家学会雑誌』第六二巻第九号、一九四八年九月）

憲法の法的特質

一　法としての憲法

一　憲法における事実と規範

日本語で、憲法というときは、文字の表現のとおりに、法的概念として用いられるのが普通である。これに対し、外国語で、Verfassung または Constitution といわれるときは、Verfassungsrecht, Constitutional Law の意味に用いられることもあり、また、単なる事実上の国家の体制、国家における実力関係あるいは政治的状態などの意味に用いられることもある。国家体制としての Verfassung には、事実上のものと法上のものとが認められるわけである[1]。そうして、国家体制が法によって規律されている場合、その法がすなわち憲法といわれる。

単なる事実上の Verfassung の概念を重視し、これを強調する学者もかなりある。代表的なものとして、ラッサールとカール・シュミットを挙げよう。

〔フェルディナント・〕ラッサール（Ferdinand Lassalle）〔一八二五―六四年〕は、一八六二年にベルリンで行なった有名な演説「Verfassung の本質について」（*Über Verfassungswesen*, Neue Ausgabe von Eduard Bernstein, Singer, 1909. メーリング版からの淡徳三郎訳『憲法の本質』（白揚社、一九三〇年）がある〔のち『憲法の本質・労働者綱領』森田勉訳、法律文化社、一九八一年〕）のなかで、Verfassung の事実的側面を重くみて、Verfassung は、一国において存在している「事実的権力関係」（die tatsächlichen Machtverhältnisse）であるとなし（S. 23）、当時のプロイセンに例をとって、軍隊を従えている国王、大砲、宮廷及び国王に対して勢力をもつ貴族、大産業家、大銀行家、取引所などは Verfassung の一部であり、労働者や小市民でも、その政治的自由及び個人的自由を奪われないかぎりは、Verfassung の一部であるという（SS. 20-23）。ラッサールは、このような事実的 Verfassung を法的 Verfassung としての成典憲法と対立せしめ、前者こそ Verfassung の本質をなすものであって、成典憲法は、事実的権力関係を成文化し、その違反者を刑罰制裁のもとにおいたものにすぎず（S. 23）、それは、現実の権力関係としての Verfassung に適応する場合にのみ、よき憲法であり、永続性をもった憲法でありうるのであって、適応しない場合には、収拾することのできない衝突が起きてしまって、紙きれにすぎない成典憲法は、現実の Verfassung に屈しなければならない、という（S. 31）。この事実的権力関係重視説は、ドイツにおける一八四八年の市民革命が、プロイセン国王を中心とする兵力、財力に圧倒されて失敗し、四九年のフランクフルト憲法が一片の歴史的文書になってしまったのを目の前に見た、ラッサールの生々しい体験から生れたものである。

カール・シュミット（Carl Schmitt）〔一八八八―一九八五年〕は、その著 *Verfassungslehre*（Duncker & Humblot, 1928〔『憲法理論』尾吹善人訳、創文社（名著翻訳叢書）、一九七二年／『憲法論』阿部照哉・村上義弘訳、みすず書房、一九七四年〕）において、国家は民族の政治的統一体であるとなし、そのような統一体としての国家の Verfassung についていくつかの概念を区別し（S. 3ff.）、それらのうちで、実定的（positiv）意味の Verfassung という、事実的概念を重視してこれを中心概念となし、それと、法的概念としての Verfassungsgesetz（憲法律）との区別を特に強調している。実定的意味の Verfassung とは、「政治的統一体の様式及び形体についての総体的決定」（Gesamtentscheidung über Art und Form der politischen Einheit）をいう（S. 21ff.）。この意味の Verfassung は、Verfassung 制定権力の行為によって成立するものであって[2]（S. 21）、いまだ、法的当為または規範の世界に属しないで、単なる事実の世界に属する存在である。Verfassung 制定権力とは、「固有の政治的存在の様式及び形体について具体的な総体決定をなし、したがって、政治的統一体の存在を全体的に規定することができる実力または権威をもった政治的意志である。この意志の決定から、さらに立ち入ったあらゆる憲法律的規律の有効性は誘導せられる。決定そのものは、それを根拠として規範化せられた憲法律的規律とは質的に異なる」（S. 75f.）。Verfassung 制定行為は、単に政治的存在形体を決定するものであって、規範を定立するものではない。したがって、実定的意味の Verfassung

は、法規範ではなくして、単なる事実としての政治的決定である。「Verfassung は、一つの規範を基礎となし、その規範の正当性にもとづいて通用するものではない。Verfassung は、政治的存在から発生した政治的決定、固有の存在の様式及び形体についての決定にもとづくのである。「意志」という言葉は、――およそ規範的または抽象的な正当性に依存するのとは反対に――Verfassung の通用の根拠が本質的に実存的なものであることを示すのである」（S. 76）。シュミットは、さらに、絶対的意味の Verfassung の概念を認め、これについて、具体的存在面と根本法的規律（Grundgesetzliche Regelung）面とを区別し、さらに、前者について、三つの意味を認めている。第一は、「特定の国家の政治的統一及び社会的秩序の具体的な総体的状態（Zustand）」という意味である（S. 4）。この場合、「統一」とか「秩序」とかいうのは、単に規範的なもの（Normatives）、より正しくは、当為されたもの（Gesolltes）ではなくて、存在するもの（Seiendes）を示し、Verfassung は、「統一及び秩序の実存する状態」であり、したがって、国家は、この意味の Verfassung をもつのではなく、Verfassung であるのである（S. 4）。第二は、Verfassung は、「政治的及び社会的秩序の特別の様式」、すなわち、支配の形体（Form der Herrschaft）または国家形体（Staatsform）の意味であり、国家は、君主制、民主制などをもつのではなく、それらであるのである（S. 4f.）。したがって、革命などによって事実上の国家の状態に変更をきたすときは、新しい Verfassung が成立することになる。そうして、第三は、「政治的統一の動態的な生成（dynamisches Werden）の原理」の意味であり、この場合、国家は、静態的に存在するものではなく、生成するもの、つねに新たに成立するもの（Entstehendes）である（S. 5f.）。これらの三つの意味で、強調されているのは、Verfassung の具体的存在性、政治性及び動態性である。[3]

事実としての国家体制に着目し、その本質を明らかにすることは、学問的にも実際的にもきわめて有意義なことであり、必要なことである。そうして、事実的契機は、法としての憲法とも密接な関連をもっている。実定法としての憲法は、現実に通用し、行なわれるものでなければならないからである。実定憲法は、第一に、成文・不文にかかわらず、現に憲法として定立されているものであることを要する。単なる草案のようなものであってはならない。そうして、憲法の定立は、一つの事実上の政治的行為である。この意味で、憲法は、人間の政治的行為から生れるものであり、「政治の子」である。[4] 第二に、定立せられた憲法は、国家における機関及び一般国民の現実の行動を規律の対象とし、それが、国家機関によって適用・執行せられ、一般国民によって遵守せられることによって、政治的・社会的事実として実現せられ、または少なくとも実現せられる可能性または蓋然性をそなえているものであることを要する。もとより、法一般の場合と同じように、憲法の場合も、憲法における規律の要求に対してそれに対応する事実が、つねに必ず存在するとは限らない。時には、かつてのアメリカ合衆国憲法における禁酒規定、近くはわが日本国憲法第九条における戦力規定のように、規律に対応する事実どころか、それに反する事実が存在することもある。ある程度の離反の事実の発生は、およそ法があらかじめ予期するところといえよう。しかし、法の規律と社会的事実との離反がはなはだしくなったときは、いわゆる法の危機であり、それがさらに昂《こう》ずるときは法の崩壊をまねく。憲法についてもこれは変りない。近代の憲法も、各国で危機に見舞われ、学者もこれを指摘している。(5)全体として実現の蓋然性もないような憲法は、もはや法とはいえない。たしかに、憲法は、事実と密接に結びつき、事実によって動かされるものである。しかし、憲法は、国家における国民及び国家機関を規律する法として、規範的拘束力をもち、規範性をそなえたものでなければならない。憲法は、法として、規範性を本質とするものである。それは、「事実的なるもの」とも結びつくが、同時に「規範的なるもの」であり、いわば事実面と規範面との綜合において存在するが、本質はむしろ規範的なものというべきである。(6)したがって、ラッサールやシュミットのように、憲法において、事実面を偏重し、その本質的部分について事実面を規範面に置きかえようとし、少なくとも規範面を不当に軽視するのは、極端にすぎ、妥当でないといわなければならない。憲法の法的特質を明らかにしようとするこの稿においては、いきおい、憲法の規範面に注目して論述を進めることになる。(7)

（1）　なお、法以外の習俗、道徳などの規範の規律を受ける国家体制も考えられるが、これは、さし当り、論外としておく。〔ヘルマン・〕ヘラー（Hermann Heller）〔一八九一―一九三三年〕は、その『国家学』(*Staatslehre*, herausgegeben von Gerhart Niemeyer, A. W. Sijthoff, 1934〔安世舟訳、未来社、一九七一年〕)で、Verfassung を、⑴事実上の（faktische）もの（S. 251f.）、⑵規範づけられた

(normierte) もの（S. 252f.）、⑶成文化された（geschriebene）もの（S. 270ff.）、の三つに大別している。⑶のVerfassungは、憲法典によって規律せられた国家体制を意味し、明らかに法的概念であるが、⑵のVerfassungには、法的規範によって規律されるもののほかに、習俗、道徳、宗教などによって規律されるものも含まれている。

（2）〔テオドール・〕マウンツ（Theodor Maunz）〔一九〇一―九三年〕が指摘しているように、「実定的」という表現は、法律用語では、「決定される」（entschieden）ことではなくて、権限ある権力によって「定立される」（gesetzt）ことを意味し、多くは、「定立された」規範に対してのみ用いられる。しかし、この場合、実定的Verfassungと指称されるのは、おそらく、Verfassungは、立法者が「実定法律」を定立するのと同じような仕方で、Verfassung制定権力の行為によって「定立」されるものだと考えられているからであると理解すべきであろう（Maunz, *Deutsches Staatsrecht*, C. H. Beck, 1951, S. 31）。

（3）Verfassungの概念について、〔ルドルフ・〕スメント（Rudolf Smend）〔一八八二―一九七五年〕は、特異な説を唱えている。スメントは、その代表的な著書*Verfassung und Verfassungsrecht* (Duncker & Humblot, 1928〔『憲法体制と実定憲法――秩序と統合』永井健晴訳、風行社、二〇一七年〕）の書名において、すでに、VerfassungとVerfassungsrechtとの区別を示しているが、区別の基準はかならずしも明確ではない。スメントの国家論・憲法論の中心観念として所説の特色をなすものは、そのいわゆるIntegration（統合）の観念である。スメントによると、国家は精神的現実態（Geistige Wirklichkeit）であって、その本質は、静止的な存在ではなくして、動的な統合にある。国家は、絶えざる自己更新（Selbsterneuerung）、継続的な新体験（Neuerlebtwerden）の過程においてのみ生活し、存在する。この動態的な生成過程が「統合」であり、それが国家生活の核心である（S. 17, 18）。「統合」とは、国家の生きた現実生活をつくり出し、まとめあげる過程である。そうして、「Verfassungは、国家の法秩序、より精密にいえば、現実性をそなえた国家の生活、すなわち、国家の統合過程の法秩序である」という (S. 78)。これによると、Verfassung は、国家、より精密にいえば、国家の統合過程を規律するものとして、法的概念において捉えられている。ところが、他方では、統合の原理は、国家一般の原理ではなくて、Verfassung の原理である、といい (Vorrede, VIII)、実定法としては、Verfassung は、規範であるばかりでなく、現実態でもあり、Verfassung としての現実態は、統合を行なう現実態である、という (S. 80)。かくして、いちおう、Verfassung における法的側面と事実的・社会的側面とを認めているようであるが、所説の全体から推すと、スメントにおいては、後者に重点がおかれており、Verfassung の本質は、社会的事実としての統合にあると考えられているようである。国家の機関を Verfassung の本質的一部分とみなしている (S. 88) などは、そのあらわれであろう。

（4）宮沢〔俊義〕教授が、つとに、その「法および法学と政治」、小野清一郎編『法理論集――牧野教授還暦祝賀』（有斐閣、一九三八年）において、ひろく内外の学説を批判、検討しながら、法と政治との連関を論じ、「法はすべて政治の子」であると断じたのは（特に三八頁）、わが公法学史のうえで特記すべきことである。

（5）Kägi, Werner, *Die Verfassung als rechtliche Grundordnung des Staates*, Polygraphischer Verlag, 1945, S. 9ff., 94ff.; Loewenstein, Karl, *Political Power and the Governmental Process*, University of Chicago Press, 1957, pp. 153ff.

（6）法と事実との関係一般については、尾高朝雄『法と事実』（朝倉書店（法哲学叢書）、一九四九年）参照。

（7）この問題の詳細については、最近、小林直樹助教授の「憲法における「政治的なるもの」」及び「憲法における「規範的なるもの」」と題する二つのすぐれた論文が公けにされている（『ジュリスト』第一五二号（一九五八年四月）及び第一五三号（一九五八年五月））。

二　憲法の内容と憲法の形式

法的概念としての憲法も、かなり多義に用いられるが、これについては、まず、内容または実質と形式との区別に注目する必要がある。

憲法の本質的な内容は、国家の根本体制（Grundverfassung）または根本秩序（Grundordnung）についての規律である。それは、国家の領土、国民（国家における国民の地位及び権利・義務）、統治の主体、統治組織及び統治作用などについての基礎的な規律を含む。憲法が基礎法または根本法ともいわれるのは、一つにはそのためである。成文・不文という形式のいかんを問わず、右のような内容に着目した場合に、実質的意味の憲法という概念が生ずる。この意味の憲法は、すべての国家にかならずともなうものであって、これをもたない国はない。

ところで、近代の憲法の大部分は、特別の法典、いわゆる憲法典または成典憲法として成文化された特別の形式をそなえている。そこで、形式的意味の憲法という概念が生ずる。成典憲法の歴史は比較的に新しく、その最初のものとしては、一七七六年から一七八九年にかけて制定せられた、ニュー・ハンプシャー、ヴァージニアその他のアメリカ諸州の憲法及び一七八七年のアメリカ合衆国憲法、次いで、一七九一年に制定せられたフランス憲法などが数えられる。その後、一八世紀から一九世紀にかけて、各国で憲法の法典化が行なわれ、現在では、ほとんどすべての国が憲法典をもっている。ただし、わずかにイギリスのような例外もある。イギリスには、実質的意味の憲法に属する慣習法のほかに、いくたの成文法もあるが、「イギリス国憲法」というようなまとまった法典はない。わが国では、建国以来、実質的意味の憲法があったことはたしかであるが、成典憲法ができたのは、明治時代の「大日本帝国憲法」からであり、[1] 現在は、「日本国憲法」がある。各国で成典憲法がつくられるにいたったのは、たんに成文法の発達にともなうばかりでなく、新たに国家がつくられた場合、または、一国において、革命などによって、それまでの統治体制に急激な変動が生じた場合、新統治体制における権力の根拠と限界とを法典によって明文化する必要があるからである。アメリカの建国のさいの合衆国憲法、フランス革命後の一七九一年の憲法、わが明治憲法及び現行憲法など、いずれもこの例に属する。

形式的意味の憲法は、その性質上、実質的意味の憲法を内容とするのが普通であるが、例外的に、実質的意味の憲法とはいえないものを含んでいることもある。スイス憲法第二五条の二〔一九七三年改正前〕の、「出血前に麻痺せしめずに動物を殺すことは、一切の屠畜方法及び一切の種類の家畜についてこれを禁ずる」との規定は、世界的に有名な事例である。また、実質的意味の憲法は、形式的意味の憲法以外の形式、すなわち、法律、命令または慣習法などにおいても存しうる。実質的憲法をすべて形式的憲法のなかにとり入れることは、不可能でもあるし、適当でもない。そこで、形式、実質、二つの意味の憲法を区別する必要が生ずるのである。

（1）　わが国には古く聖徳太子の一七条憲法（六〇四年）があり、憲法と呼ばれているが、これは、主として公務員の道徳的心得を示したものであって、ここにいう憲法の一例として挙げることはできない。

三　近代的意味の憲法

近代の憲法史において、立憲主義（constitutionalism）の政治理想をかなりの程度にとりいれている憲法だけを憲法ということがある。学者はこれを近代的意味の憲法、理想的意味の憲法、立憲的意味の憲法などという。一七八九年のフランスの人権宣言（Déclaration des droits de l'homme et du citoyen）第一六条に、「すべて権利の保障が確保せられず、権力の分立が定められていない社会は、憲法をもつものではない」（Toute société dans laquelle la garantie des droits n'est pas assurée, ni la séparation des pouvoirs déterminée, n'a point de constitution）とあるのは、この意味の憲法の実定法上の用例である。近代立憲主義は、国民の自由のために、君主の専制権力に制約を加え、国民参政、基本権の保障、権力分立、法の支配などの原則を実現する国家体制を要請する。立憲主義の源流をたずねれば、遠くギリシャ、ローマの昔にもさかのぼることができる(1)が、立憲主義は近代のイギリスにおいて画期的な進展を示した。そうして、イギリスに発した近代立憲主義は、まず、ドーヴァー海峡を越え、ヨーロッパ大陸にわたってその諸国を支配し、一方、大西洋を横ぎってアメリカ大陸にひろまり、さらに、太平洋の波に乗ってアジアの諸国に及び、ついに世界を制した。そうして、今日では、共産諸国において大きな変容を受けてはいるが、なお多数の国に強い根をはっている。近代的意味の憲法は、歴史的、相対的なものであるから、これをもつ国（「立憲国」といわれる）と、もたない国とがありうる。近代における立憲主義の発達は、多くの場合、成典憲法をともなっているが、かならずしもそうとはかぎらず、大きな例外がある。近代立憲主義の祖国といわれるイギリスは、成典憲法をもたない立憲国である。この論文でこれから述べる憲法の特質とは、おもにここにいう近代的意味の憲法に関するものである。

（1）McIlwain, Charles Howard, *Constitutionalism: Ancient and Modern*, Cornell University Press, 1947, p. 23ff.〔C. H. McIlwain『立憲主義　その成立過程』森岡敬一郎訳、慶応通信、一九六六年〕; Strong, C. F., *Modern Political Constitutions*, Sidgwick and Jackson, 1950, p. 13ff.〔C・F・ストロング『近代憲法論——各国憲法の沿革と現行制度の比較研究序説』新田隆信訳、コロナ社、一九六四年〕; Friedrich, Carl Joachim, *Der Verfassungsstaat der Neuzeit*, Springer, 1953, S. 1ff.

二　基礎法としての憲法

一　授権的基礎法としての憲法

憲法は、しばしば、国家の根本法または基礎法（lex fundamentalis, fundamental law, loi fundamentale, Grundgesetz）であるといわれる。そうして、これらの言葉は、カール・シュミットが指摘するように、これまでかなり多義に使われている[1]が、ここでは、さしあたり文字どおりに、国家的法秩序の基底に横たわる法と解する。この意味の根本法または基礎法としての憲法は、国家の根本体制または根本秩序に関する基礎的な事項についての規律を内容とする。したがって、いわゆる実質的意味の憲法と内容を同じくするものである。

国家は、法的統治団体であり、国家における統治は法にもとづいて行なわれる。この場合、法は、国家における統治関係を秩序づけ、客観化し、合理化する機能を果して国家を無政府から救うものである。「人間の統治」(government of men) に代って、「法の統治」(government of law) を、という、近代立憲主義の要請は、右に述べた法の機能の強化をねらうところに意義がある。[2] 憲法は、国家における統治関係を規律する基礎法である。国家におけるすべての統治機関、すべての統治行為は、窮極において、憲法に基礎を置き、憲法に準拠するを要し、憲法的正当性 (légitimité constitutionnelle) をもつときにのみ合法的である。〔アレクシ・ド・〕トックヴィル (Alexis de Tocqueville)〔一八〇五―五九年〕が、一八三〇年のフランス憲法に関連して、議会、国王及び国民のすべての権能は、憲法に由来するものであって、「憲法を離れては、それらは何ものでもない」(hors de la Constitution ils ne sont rien) といったのは、この意味で正しい。[3]

国家における統治作用は、それみずからまた法の形式をもつものがかなりある。したがって、国法の形式及び内容についての根本を定めることは、憲法の主要な任務に属する。法律・命令をはじめ、すべての国法は、形式・内容ともに、直接または間接に憲法の規律のもとに成立し、通用する。この意味で、憲法は、法の法 (Recht der Rechte) であり、法律の法律（Gesetz der Gesetze）であり、規範の規範（Norm der Normen）である。法の法たることは、憲法の性格の主要な一面である。ところで、法の法たることは、憲法の主要な特質の一つではあるが、その全部ではない。〔ハンス・〕ケルゼン〔一八八一―一九七三年〕は、「憲法の本質的な作用は、一般的法創設、すなわち立法の機関及び手続を規律することにある」[4]というが、立法に限らず、行政・司法を含めてすべての国家作用に根拠を与えるのが憲法の本質的機能である。直接にせよ、間接にせよ、憲法にもとづかない行政作用または司法作用というものはありえない。

すべての国家作用は、憲法によって認められ、憲法によって授権または委任された場合にのみ成立し、通用することができる。この意味において、憲法はすべての国家作用の基礎法である。授権または委任をなす法というのがすぐれた意味における基礎法としての憲法である。そうして、憲法は、憲法のもとにある一つの国家作用が他の国家作用に授権する場合、たとえば、法律による命令への委任のような場合にも、その基礎となる。ひろく授権（Ermächtigung）または委任（Delegation）とは、能力・権利・機能などを与えることをいう。国家作用が国家作用として適法に成立し、通用するためには、それを定立する権能の所在（定立権者）、定立の手続及び様式を定める法規範が前もって存在しなければならない。そうして、そのような授権をなす基礎法として横たわっているのが憲法である。日本国憲法第四一条で、「国会は、……国の唯一の立法機関である」といい、第六五条で、「行政権は、内閣に属する」といい、第七六条で、「すべて司法権は、最高裁判所及び……下級裁判所に属する」といっているのは、立法権、行政権及び司法権について、それぞれその帰属を定めるものであって、これによってそれぞれの担当機関は権能の根拠と限界とが与えられる。

憲法は、国家秩序において、授権という点からみて、根源的な地位を占め、憲法以下の法律・命令その他のすべての国家作用は、直接または間接に、憲法の授権にもとづいて成立し、通用する。憲法は、少なくとも、国家秩序における上位の国家作用の根拠についての基本を定めなければならない。国法体系に属する国家作用が、憲法を基底として、授権関係に立ち、憲法－法律－命令－処分というように段階構造を形成していることを明らかにしたのは、ケルゼン＝メルクル一派の法段階説（Stufentheorie）の功績である。これはわが国法秩序についても妥当する。

要するに、ここにいう基礎法としての憲法は、国家における統治を組織化し、それを統一的に形成せしめる秩序を与えるという、構成的・積極的な機能をもつ。そうして、近代における国家機構の複雑化と立憲主義の発達にともなう権力分立制の実現の結果は、憲法のこの機能をますます重要なものにしている。

憲法が基礎法であることに関連して次のような結果が生ずる。すべての国家機関は、憲法の授権を超えて行動することは許されない。そのような場合は、みずからの拠点を失い、その行動は法的に価値のないものとなる。したがって、特に憲法上認められた機関が特定の手続によって行なう場合のほか、憲法を変更することも許されない。普通の立法機関は、君主や議会のようなものでも、基礎法たる憲法を変更することはできない。これについては、すでに、〔エメール・ド・〕ヴァッテル（Vattel）〔一七一四―六七年〕がいっている。「これらの立法者は、憲法によってその権能を与えられるのである。これらの者は、その権威の基礎を破ることなしに、どうして憲法を変えることができようか[5]」と。また、〔エマニュエル＝ジョゼフ・〕シエイエス（Sieyès）〔一七四八―一八三六年〕の有名な言葉もある。「憲法的法律（lois constitutionnelles）は基礎的（fondamentales）であるといわれるが、それは、……憲法的法律によって存立し、行動する団体は憲法的法律に少しもふれることができないからである。憲法（la constitution）は、その各部分とも、憲法によってつくられた権力（pouvoir constitué）の作品ではなくて、憲法をつくる権力（pouvoir constituant）の作品である。いかなる種類の委任された権力も、委任の条件についてなんらの変更をも加えることはできない。憲法的法律が基礎的であるのは、この意味においてである[6]」。

授権ということに関連して、いったい、憲法によって権能を授けられた国家機関は、さらにその権能を他の機関に委任することができるかという問題が生ずる。一般的には、各国家機関は、それぞれ、特別の任務を行なうために、権限の分配を定めて設けられているのであるから、その任務をみずから行なわないで、他の機関に委任して行なわしめることは、憲法によって特に認められている場合のほかは、許されないと解すべきである。〔ジョン・〕ロック〔一六三二―一七〇四年〕は、立法権について、delegata potestas non potest delegari（委任せられた権能は、これを他に委任することができない）の法諺どおりに解し、「立法府は、立法権を他の何者かの手に移譲することはできない。なぜなら、立法権は、国民から委任された権力にほかならぬものであり、それをもつ者は他の者にそれを移すことはできないから[7]」という。たしかに、各国家機関はその作用を行なう権能を固有するものではない。それらの権能は、作用の性質に応じて、各機関に委任されているものである。もし各機関が、その職分を忘れて、自分に委任された権能を勝手に他の機関に委任することができるならば、憲法の定める権限の分配は無意味のものとなり、国家の組織は根本から混乱してしまう。一九三三年のドイツのナチスの「授権法」(Ermächtigungsgesetz) は、そのいちじるしい事例である。この法律は、ワイマール憲法の定める、立法権と行政権との分立の原則を根本からくつがえして、政府に独裁的立法権を与えたものであって、「暫定的憲法」とさえいわれた[8]。フランスの第三共和国時代に、第一次世界戦争の頃から、しだいにしばしば行なわれるようになったデクレ・ロワ[9] (décret-loi) に対する立法の委任についても、違憲の批難があびせられ、一九四六年の憲法では、「国民議会のみが法律を議決する。国民議会は、この権利を委任することができない」という規定が設けられた[10] (第一三条)。このような大規模のものではないにしても、立法その他の権能の委任は、政治上及び技術上の実際の必要から、各国で、いろいろの形で行なわれていて[11]、ときどき憲法問題をひきおこしている。

明文をもって、権能の委任が認められている場合もある。例えば、日本国憲法では、最高裁判所の規則制定権について、「最高裁判所は、下級裁判所に関する規則を定める権限を、下級裁判所に委任することができる」と定められ（第七七条第三項）、天皇の国事行為について、「天皇は、法律の定めるところにより、その国事に関する行為を委任することができる」と定められている（第四条第二項）。国会の立法権の委任は、法的に議論の多い問題であり、政治的にも重大な意義をもっているが、これについては、憲法は正面からは特別の規定を設けてはいない。しかし、憲法第七三条第六号に、「政令には、特にその法律の委任がある場合を除いては、罰則を設けることができない」とあるのは、法律の委任にもとづく委任命令的政令の存在の容認を前提としているものと解せられる。なお、内閣法第一一条には、「政令には、法律の委任がなければ、義務を課し、又は権利を制限する規定を設けることができない」とある。法律の命令に対する委任とは、法律がその所管事項を定める権能を命令に委任することをいう。委任を受けた命令は、委任の限度内で、法律事項を規定することができるのである。憲法が委任命令を認めているのは、実際上の必要が在存することは明らかであるし、また、法的にも、委任命令は、法律で規定する一つの特別の仕方であり、法律にもとづくものであるから、国会を唯一の立法機関とする原則を大きく揺り動かすほどのものでないかぎり、これを認めてもよいと考えられるからであろう。問題になるのは委任の限界である。委任の限界を確定することは実際にはむずかしいが、法律の委任は、立法権が国会に属するという憲法の原則をくずさない程度において、個別的・具体的に限られた特別の事項についてのみ行なわれうるとなすのが、憲法の趣旨であると解せられる。したがって、一般的・包括的な白紙委任は認められない。明治憲法時代に、台湾では「律令」、朝鮮では「制令」に、法律事項が一般的に委任され、前者については、いわゆる六三問題（明治二九年法律第六三号による委任をめぐる問題）として、はげしい憲法論争があったが、これに類する一般的委任は現行憲法のもとでは許されないものと考えられる。また、法律で罰則の定めを政令に委任する場合でも、明治憲法時代の「命令ノ条項違犯ニ関スル罰則ノ件」（明治二三年法律第八四号）のような一般的委任も、憲法の定める限界を超える疑いがある。

（1）　カール・シュミットは、基礎法の意義について、次の九つを区別している。
(1)政治的に有力な個人または集団にとって政治的に重要と思われる法律または協定。
(2)改正も破毀（durchbrechen）も許されない、絶対不動の規範。
(3)加重された前提条件のもとにのみ変更または破毀することができる、相対的に不動の規範。
(4)政治的統一体及び総体秩序の窮極的統一原理。
(5)各個の国家組織原理（基本権、権力分立、君主制原理、いわゆる代表制原理など）。
(6)規範的帰属（Zurechnung）の体系にとっての窮極的規範。
(7)政治的に最も重要な国家的活動に対する権限及び手続の組織的規定。
(8)国家の権能または活動の規範化された制限。
(9)実定的意味におけるVerfassung. この場合、法律的規範づけではなくて、政治的決定がいわゆる基礎法の本質的内容である（*Verfassungslehre*, S. 42）。

（2）　この文句は、Harrington〔ジェームズ・ハリントン（一六一一—七七年）〕によってはじめて使われたといわれ、"An empire of laws and not of men" ともいわれている（Corwin, Edward S., *The "Higher Laws" Background of American Constitutional Law*, Cornell University Press, 1955, p. 8, note 17)。そうして、一七八〇年のマサチューセッツ憲法の人権宣言で、実定法上用いられている。"In the government of this commonwealth, the legislative department shall never exercise the executive and judicial powers, or either of them: the executive shall never exercise the legislative and judicial powers, or either of them: the judicial shall never exercise the legislative and executive powers, or either of them: to the end it may be a government of laws and not of men".

(3) Tocqueville, Alexis de, *De la démocratie en Amérique*, 15e éd., tome 1, M. Lévy, 1868, Ch. IV, note (L), p. 311〔トクヴィル『アメリカのデモクラシー』全四冊、松本礼二訳、岩波書店（岩波文庫）、二〇〇五―〇八年〕.

(4) Kelsen, Hans, *Reine Rechtslehre*, Franz Deuticke, 1934, S. 75〔ハンス・ケルゼン『純粋法学　第二版』長尾龍一訳、岩波書店、二〇一四年〕.

(5) Vattel, Emmerich de, *Le droit des gens*, nouvelle éd., tome 1, Guillaumin, 1863, L. I, Ch. III, § 34, p. 168.

(6) Sieyès, Emmanuel-Joseph, *Qu'est-ce que le tiers-état?*, 3e éd., s.n., 1789, p. 62（五十嵐豊作訳『第三身分とは何か』（実業之日本社（政治思想古典選書）、一九四八年）八〇頁〔のち、稲本洋之助・伊藤洋一・川出良枝・松本英実訳、岩波書店（岩波文庫）、二〇一一年〕）。

(7) Locke, *The Second Treatise of Civil Government*, 141〔ジョン・ロック『完訳　統治二論』加藤節訳、岩波書店（岩波文庫）、二〇一〇年〕.

(8) 清宮「指導者国家と権力分立」、『国家学会雑誌』第五〇巻第六号（一九三六年六月）、二一一頁以下〔のち『憲法の理論』有斐閣、一九六九年所収〕参照。

(9) 議会の授権にもとづいて制定される大統領の命令で、法律の効力をもつものをいい、直訳すれば「統令・法律」であるが、「法律統令」、「法律に代わる命令」、「律令」、「政府法律」などと訳されている。デクレ・ロワの意味及び第三共和国時代の実際については、刑部荘「デクレ・ロワについて」、『比較法雑誌』第一号（一九三九年一月）、一三〇頁以下に詳しい。

(10) 福井勇二郎訳、野田良之校訂『フランス共和国憲法』（有斐閣（憲法正文シリーズ）、一九五八年）一三頁。しかし、第四共和国においても、政治上の実際の必要のために、デクレ・ロワは、諸種に形をかえて、実際に行なわれ、委任立法禁止規定は、あまり実効をおさめていないようである。Duverger, Maurice, *Droit public*, Presses Universitaires de France, 1957, pp. 144-146; id., *Droit constitutionnel et institutions politiques*, Presses Universitaires de France, 1955, pp. 530-534; Loewenstein, Karl, *Political Power and the Governmental Process*, University of Chicago Press, 1957, pp. 211-212.

(11) Loewenstein, op. cit., pp. 217-227.

二　制限的基礎法としての憲法

憲法には、権能を授けるということのほかに、もう一つ重要な本質的機能がある。それは、他の国家行為の内容を規律し、それに方向を与え、その限界を画するということである。授権規範としての憲法の機能は積極的であるのに対し、制限規範としての憲法の機能は消極的である[1]。法律・命令などすべての国家行為は、憲法によって、権能を授けられるとともに、その内容を規律され、限定せられる。例えば、日本国憲法第四四条では、「両議院の議員及びその選挙人の資格は、法律でこれを定める」となすとともに、「但し、人種、信条、性別、社会的身分、門地、教育、財産又は収入によつて差別してはならない」といい、また同第二四条第二項では、「配偶者の選択、財産権、相続、住居の選定、離婚並びに婚姻及び家族に関するその他の事項に関しては、法律は、個人の尊厳と両性の本質的平等に立脚して、制定されなければならない」といい、いずれも法律の内容について制限を設けている。さらに、第七三条第六号では、内閣に政令を制定する権能を授けるとともに、「政令には、特にその法律の委任がある場合を除いては、罰則を設けることができない」という制限を設けている。この種の憲法規範は、一方において、国家行為を規律すると同時に、他方において、国民の権利・義務を定める規範であることが多い。さきに掲げた日本国憲法の規定は、いずれも、国家の立法行為の規律であると同時に国民の選挙権及び平等に関する規律である。さらにまた、日本国憲法第三章に掲げられる規定のような国民の自由及び権利に関する諸規定は、正面から国民の基本権を定めるとともに、それに対応して、国家行為に対する制限を設けるものである。

近代の憲法を構成する規範の内容をみると、大別して、次の二種に分つことができる。すなわち、(1)統治の主体（または淵源）、統治の範域（領土及び国民）及び統治機関の組織・権限（または作用）に関するもの、(2)国民の地位及び権利・義務に関するもの、がこれである。近代諸国の成典憲法についてみても、「統治の機構」（Frame or Plan of Government）の部分と「権利の宣言」（Declaration of Rights）または「権利の章典」（Bill of Rights）の部分とに大別されるのが普通の現象である。

前者は、「統治組織法」としての憲法、後者は、「人権保障法」としての憲法ということもできる。このような現象が生ずるのは、要するに、近代の立憲国で、国家権力が正当に行使せられることを確保すること、及び、国民を権力の乱用から守ることが主要な目的とせられるからである。近代の憲法については、統治の機構及び権利の保障の二つの部分は、いずれも、憲法の重要な構成部分をなすものであって、その一方のみを強調し、他方を不要となすことはできない。スイスの〔ヴァルター・〕ブルクハルト(Burckhardt)〔一八七一―一九三九年〕が「組織法」(Verfassungsrecht)と「行態法」(Verhaltungsrecht)との法の二重構造を提唱し、憲法をもって、国家を「組織」(Verfassen)または「構成」(Konstituieren)する規範と解し、自由権に関する規定のごときは憲法の固有の対象に属しない、といっているのは、片手落のそしりをまぬかれない。[2] また、ケルゼンが、その法段階説的見地にもとづいて、法律の成立を規定し、法律制定の機関及び手続の規定であることをもって憲法の固有の概念、始源的概念または狭義の概念となし、これに対して法律の内容についての規定、例えば、近代憲法における基本権・自由権に関する規定のようなものをもって広義の憲法に属するものとしているのは、[3] さきにも指摘したように、憲法の固有の対象を立法作用のみに限るのは狭きに失するばかりでなく、権利章典の部分も統治機構の部分と同じように憲法の主要な、本質的構成部分であることをみのがすものといわねばならない。憲法史のうえでは、権利章典の部分は統治機構の部分より遅れて発達している。しかし、この事実にとらわれて、憲法における権利章典の部分を不当に低く評価してはならない。昔の国家では、まず統治の機構が確立され、憲法はおもに授権法としての憲法であった。しかし、国家機関に対する憲法による授権には、同時に、国家機関の活動の範囲の限定と活動の仕方の規制とをともなう場合が多く、この意味で、憲法にはすでに制限法としての機能も認められていたのである。ところへ、近代における立憲主義の発達によって国民の権利が確認せられ、それに応じてあらためて国家権力の制限が問題となり、制限法としての憲法に特別の意味が加えられ、憲法における権利章典の部分は統治機構の部分と相並んで憲法の重要な構成部分とせられるようになった。さらに、近代の立憲民主国では、国家は国民のために、国民の福祉のために存在し、国家は国民生活のための手段と認められる。したがって、近代国家における統治とその機構は、国民の権利・自由に仕えなければならない。権力分立の統治機構は国民の自由を守るために設けられている。憲法によって国家権力を制限するのは国民の権利・自由を保障するためである。このような考え方によると、憲法における統治の機構は、権利章典のために存在するということもできる。とにかく、近代憲法においては、比重はむしろ権利章典に加えられており、国民の権利を守るための国家権力の制限ということはいっそう重要の度を増している。宮沢〔俊義〕教授とともに、憲法における「人権に関する部分は、いわば憲法の中核ともいうべきものである」、ということができる。[4]「規範的秩序としての憲法は、絶対的権力の限定に由来するものではあるが、この限定するということは、法規範的秩序としての憲法の恒常的な condicio sine qua non でもある。……憲法は、国家権力の限定において、かつ、国家権力の限定を通して展開するものである」[5]ともいえよう。

国家の権力または作用を制限するということは、憲法の主要な本質的機能である。カール・フリードリヒ（Carl J. Friedrich）〔一九〇一―八四年〕は、Konstitution または Verfassung について、これまでの諸概念を検討したのちに、政治的機能概念の必要を強調し、それは、「フェア・プレー」を保証する、競技の規則のようなものであり、国家の行動を実効的に制限する政治的手続（politischer Prozess）であって、立憲国は、国家の行動に実効的な制限を設けてそれを維持するものでなければならない、という(6)。しかし、この場合の制限は、単に政治的・事実的な制限にとどまらず、〔ジョン・H・〕ハロウェル（Hallowell）〔一九一三―九一年〕も指摘するように、法によって課せられた制限でなければならず、そうして、その法は、通常の立法機関によって制定せられる法よりもさらに基礎的な法でなければならない(7)。それが憲法であり、そのような制限的基礎法であるところにまた憲法の重要な特質がある。

近代立憲主義の主要原則とみなされる国民参政、基本権の保障、権力分立、法の支配などの原則は、いずれも、なんらかの意味で国家権力の制限と関連をもったものである。国家権力の制限は、〔シャルル＝ルイ・ド・〕モンテスキュー〔一六八九―一七五五年〕のいわゆる、国家または君主の栄誉（gloire）よりも、国民の自由（liberté）を直接の目的とする憲法において問題になる(8)。国家権力の制限は、無制約・無軌道な権力に対する疑惑または懸念から生ずるものである。モンテスキューのいうように、「すべて権力を有つ者はそれを濫用し勝ちだ。彼は極限までその権力を用いる。これは不断の経験の示すところだ(9)」から、権力には諸種の制限が設けられなければならない。次に、国家権力の制限との関連において、人権保障法としての憲法、及び、権力分立的統治組織法としての憲法の内容について概説しよう。

（1）Swisher, Carl Brent, *The Growth of Constitutional Power in the United States*, University of Chicago Press, 1946, p. 5〔スウィッシャー『アメリカに於ける憲法上の権限の発展』伊藤正巳訳、法務庁資料統計局、一九四九年〕.

（2）Burckhardt, Walther, *Einführung in die Rechtswissenschaft*, Polygraphischer Verlag, 1939, S. 147. ブルクハルトの組織法・行態法については、清宮「ブルクハルトの組織法・行態法論」、『法学』第一一巻第四号（一九四二年四月）、八二一―九四頁〔本書所収〕参照。

（3）Kelsen, Hans, *Wesen und Entwicklung der Staatsgerichtsbarkeit* (Veröffentlichungen der Vereinigung der deutschen Staatsrechtslehrer, Heft 5), W. de Gruyter, 1929, S. 29ff., 36.

（4）宮沢俊義『憲法II』（有斐閣（法律学全集）、一九五九年）「はしがき」二頁。

（5）Kägi, *Die Verfassung als rechtliche Grundordnung des Staates*, S. 44.

（6）Friedrich, Carl Joachim, *Der Verfassungsstaat der Neuzeit*, Springer, 1953, S. 135, 137, 147.

（7）Hallowell, John H., *The Moral Foundation of Democracy*, University of Chicago Press, 1954, pp. 63-64〔ジョン・H・ハロウェル『モラルとしての民主主義』山口晃訳、慶應義塾大学出版会、二〇〇六年〕.

（8）宮沢俊義訳、モンテスキュー『法の精神』（全三冊、岩波書店（岩波文庫）、一九二八―三〇年）第一一篇第五章及び第七章。

（9）モンテスキュー『法の精神』第一一篇第四章。

(1)人権保障法としての憲法

基本権の保障が、「権利宣言」の形で示されるようになったのは、一八世紀の後半における、一七七六年のヴァージニア憲法をはじめとするアメリカ諸州の憲法、及び、一七八九年のフランスの「人権宣言」からのことである。(1) これらの「権利宣言」では、個人の奪うことのできない権利のために、国家の権力に対して一線を引こうという考えにもとづいて、まず、宗教の自由がとりあげられ、次いで、諸種の自由権が問題にされたが、この場合、自由権は、人間が人間であることによって当然に固有する人権であり、国家以前の権利であって、国家はこれを与えることも、奪うこともできないもので、国家の使命はもっぱらこれらの権利を保護・防衛するにあるという、いわゆる「自由国家」の理念にもとづくものであった。(2)

このような自由の理念から、近代法治国の原理の一つとせられる「配分原理」(Verteilungsprinzip)、すなわち、個人の自由の領域は、国家以前の存在として前提され、しかも個人の自由は原則として無制限であり、一方、この領域を侵す国家の権能は原則として制限されるという原理が生ずる。(3)

ところで、国家の権力によって侵すことのできない個人の自由という観念のもとに発生した基本権は、近代の民主主義・立憲主義の発達にともなって、国民みずから国政に参与する参政権をも含むに至った。立憲国の憲法は、国民の「国家からの自由」(Freiheit vom Staate) を保障するにとどまらず、「国家への自由」(Freiheit zum Staate) をも認め、国民の地位を単なる統治の客体たる「臣民」から、統治の担当者としての「市民」にまで引きあげた。そうして、この観念は、国民主権、憲法制定権者としての国民の観念に発展した。民主主義の理念にもとづく国民の参政権は、自由権のように、直接に国家権力を制限するものではない。しかし、それによって、被治者たる国民は、専主主義（autocracy）の理念にもとづく君主の絶対権に対抗し、いわば、国家権力の内部に立ち入って、これをコントロールする地位と権能とを獲得し、したがって、国家権力は新たな制約のもとに相対化され、合理化されるにいたった。さらに、国民主権の原理の確立によって、国民みずからが国家権力の淵源とみなされ、国民の参政権が基本権とみなされると同時に、国民またはその代表者たる議会は国家権力の最高の担当者にまで高められた。この場合、国民または議会の意志決定にあたっては、多数決制度によるのが普通であるが、民主的多数といえども絶対・万能なものとは認められず、それに対する制約が考えられ、多数の圧制に対する少数の保護その他の見地から、国家権力の行使の合理化のための憲法上の制約が、新たな意味をもって問題になっている。

さらに、二〇世紀に入ってから、第一次世界大戦を契機として、基本権に新しい分野が開拓された。いわゆる社会権がそれである。社会権は、福祉国家または社会国家の理念にもとづいて、人間らしい生活の保障を求める諸権利の総称であって、生活権、勤労権、勤労者の団結権、教育権などを含む。第二次世界大戦後の諸国の新憲法に殊に多くとりあげられるようになった。(4) 社会権は、国家の行為または施設による、国民の福祉の増進を求める権利であり、国民の福祉にまで国家を義務づけるものであり、自由権と同じような意味で国家の権力を制限するものではない。自由権の理念は、国家権力からの個人の自由（liberté）であるのに対し、社会権の理念は、国家の権力による、国民の経済的・文化的生活の充実・向上であり、いわゆる人間の「解放」（libération）である。自由権は、個人の自由に対する国家権力の消極的な抑制・不干渉によって実現せられるが、社会権は、国家の積極的な行為または施設をまってはじめて実現せられる。憲法による社会権の保障は、国民生活の充実・向上という新たな分野において、国家に活動の余地を与え、国家権力による関与を認めると同時に、国民生活の充実・向上にまで国家を義務づけ、国家作用を方向づけるものである。ここにも、新しい意味で、憲法による国家権力の制約がみられるが、それは、自由権の場合と趣を異にし、そこにまた、自由権に対する社会権の特質がある。ところで、同時に自由国家と社会国家との実現をめざし、一方で自由権を認め、他方で社会権を認める憲法のもとでは、社会権を実現するためには、国家の権力によって、自由権の領域に立ち入り、これを侵害しなければならないような場合も生じてくる。例えば、日本国憲法第二九条第二項によって、「財産権の内容」を「公共の福祉に適合するやうに、法律で」定める場合には、社会国家の理念にもとづき、宮沢教授のいわゆる社会国家的公共の福祉の見地から、個人の自由・財産に制限を加えることもありうる。自作農創設特別措置法や諸種の経済統制法にその例がみられる。さらに端的に社会権を実現するため、例えば、勤労者の生存権、勤労権などの社会権を実現するために、契約の自由に制約が加えられることがある。一方において、伝統的な個人の自由を認め、そうして他方において、個人を解放するために新たに社会権を認めようとする国家の憲法のもとでは、自由権と社会権とが相対立し、時に衝突することがあるのは避けがたいところであり、しかも、国家の権力は双方の権利からの制約を受けている。そこで、自由権と社会権とをともに実現しようとする憲法のもとでは、これら二つの権利の関係を憲法の枠のなかでどのように調節するかが、為政者に課せられる重大な、しかも、むずかしい課題となる。

（1）詳しくは、宮沢『憲法Ⅱ』八頁以下参照。
（2）宮沢俊義『憲法』第五版（有斐閣（有斐閣全書）、一九五六年）一一五—一一六頁。
（3）Schmitt, *Verfassungslehre*, S. 126.
（4）詳しくは、宮沢『憲法Ⅱ』二六頁以下参照。

⑵権力分立的統治組織法としての憲法

権力分立制は、明らかに、国民の自由のために国家の権力を制限する制度である。「権力分立」とは、国家の権力の仕組み方についての原理であって、その要旨は、国家の権力が、個人にせよ、集団にせよ、誰かの一手に集中され、それらの者があまりに強大にならないようにするために、立法・司法・行政の各権力を分離・独立させて、それぞれ異なる機関に担当せしめ、互いに他を抑制し、均衡を保つように仕組むという点にある。権力の集中を嫌うのは、それによって権力の乱用が行なわれ、そのために、国民の自由が侵されるからである。権力分立の窮極のねらいは、国家の権力から国民の自由を守ることにあり、この原理は、政治原理としては、すぐれて自由主義的なものである。権力分立論の特性としては、(1)自由主義的であること、(2)権力の乱用を防止するという消極的な目的をもつこと、(3)国家の権力及びそれを行使する人間に対する不信任に立脚すること、(4)政治的に中立的であること、などを挙げることができるが[1]、〔トーマス・〕ジェファーソン（Thomas Jefferson）〔一七四三—一八二六年〕の次の言葉は、権力分立制をかなり徹底的に採用したアメリカ合衆国憲法の意図をよく表わしている。「われわれの選良を信頼して、われわれの権利の安全に対する懸念を忘れるようなことがあれば、それは危険な考え違いである。信頼（confidence）は、いつも、専制の親である。自由な政府（free government）は、信頼ではなく、猜疑（jealousy）にもとづいて建設せられる。われわれが権力を信託するを要する人々を、制限政体（limited constitution）によって拘束するのは、信頼ではなく猜疑に由来するのである。わが連邦憲法は、したがって、われわれの信頼の限界を確定したものにすぎない。権力に関する場合は、それゆえ、人に対する信頼に耳をかさず、憲法の鎖によって、非行を行わぬよう拘束する必要がある」[2]。

権力分立制と基本権殊《こと》に自由権の保障とは、互いに独立無関係の制度ではなく、密接な相互関係に立つものである。基本権の保障のためには権力分立制が必要であり、また、権力分立制の存在は基本権の確立を前提とする。権力分立制は、フランスの人権宣言第一六条に謳《うた》われているように、権利の保障とともに、近代立憲国の憲法の主要な構成部分をなすものであって、個人の権利の保障と国家権力の制限をねらう「配分原理」を実施するための「組織原理」（Organisationsprinzip）、すなわち、（原則として限定された）国家的権力を分立せしめ、限られた権限の体系内で捕捉することをねらう原理の内容をなすものである。[3] 権力分立制を採用する憲法において、国家機関に対して権能を与える場合は、同時にその権能を限定することをも含んでいる。国家機関に対する権能の許容には、アメリカ合衆国憲法についてよくいわれるように、「列挙された権能」（enumerated powers）のそれと「列挙されない権能」（non-enumerated powers）のそれとがありうるが、〔チャールズ・ハワード・〕マッキルウェーン（C. H. McIlwain）〔一八七一―一九六八年〕の指摘するように、列挙の場合は、列挙そのものが制限を意味するし、列挙しない場合も、およそ正当（legitimate）と呼ばれうる政府の境界を設ける意味が含まれている。[4]

権力分立論の代表的な提唱者としては、イギリスのロック（John Locke, 1632-1704）とフランスのモンテスキュー（Montesquieu, 1689-1755）とが挙げられるが、[5] 実際の制度としての権力分立は、イギリスに端を発し、アメリカ及びフランスの憲法で早く実現された。アメリカでは、一七七六年のニュー・ハンプシャーの憲法及び同年のヴァージニアの憲法をはじめ諸州の憲法で権力分立制を採用し、一七八七年の合衆国憲法もかなり徹底的に採り入れている。フランスでは一七九一年の憲法ではじめて実現された。[6] その後、この制度は、一八世紀の末から一九世紀にかけての立憲主義の発達とともに、程度の差こそあれ、世界の大部分の国に普及された。わが国では、明治憲法も、天皇の主権と天皇の統治権の総攬《そうらん》のもとにではあるが、帝国議会、政府及び裁判所による三権の分立を認めた。現行憲法は、一面において、この制度をさらに強化して、立法権は国会に（第四一条）、行政権は内閣に（第六五条）、そうして司法権は裁判所に（第七六条）属せしめているが、他面においては、国会の最高機関性を認め、また、議院内閣制度を採用し、立法権と行政権の「共働」を認めて、この制度を変容させている。

（1）清宮『権力分立制の研究』（有斐閣（法学選書）、一九五〇年）二頁以下参照。
（2）Wright, Benjamin Fletcher, *A Source Book of American Political Theory*, Macmillan, 1929, p. 327; Warren, Charles, *Congress, the Constitution, and the Supreme Court*, Little, Brown, 1935, p. 153から引用。
（3）Schmitt, *Verfassungslehre*, S. 126f.
（4）McIlwain, C. H., *Constitutionalism and the Changing World*, The University Press, 1939, pp. 244-245.
（5）二人の所説の概要については、清宮『権力分立制の研究』一五頁以下参照。
（6）アメリカ及びフランスにおける権力分立制の成立についても、清宮『権力分立制の研究』七七頁以下参照。

三　最高法としての憲法

憲法は、しばしば、最高または最上級の法であるといわれる。その場合、最高の法(supreme law または highest law)とは何を意味するかはかならずしも一定していない。あるいは、国家作用の根源または基礎に横たわる法、すなわち、さきに述べた基礎法としての憲法と同義に用いられ、あるいは、国法の一形式として、最高の形式的効力をもつ法という意味に用いられ、また、時には、右の両者を含めて最高という言葉が使われている。〔ジョルジュ・〕ビュルドー(Georges Burdeau)〔一九〇五―八八年〕が、憲法の最高性について、実質的最高性(la suprématie materielle)と形式的最高性(la suprématie formelle)とに分けているのは、右の最後の場合の用例である。(1) さらにまた、基礎法と最高法とは、憲法について交互に使いわけてもいいという学者もある。(2) しかし、一つの法が他法にその権能を授権する基礎法であることは、当然に前者の後者に対する優位を推定せしめるが、形式的効力関係は授権関係とは独立にも存しうる。例えば、命令に対する法律の優先的効力は、憲法の規律にもとづくものであって、法律の命令に対する授権によって直接に生ずるものではない。したがって、憲法の特質を論ずる場合は、基礎法と最高法とを区別したほうが妥当のように思われる。ここに最高法としての憲法とは、国法の体系のうちで最高の段階に位し、もっとも強い形式的効力をもつ法としての憲法をいう。したがって、この特質は、成典憲法であって、普通の法律よりも高められた効力をもった憲法、いわゆる形式的意味の憲法についてのみ認められることになる。

憲法の最高法的性質について、日本国憲法は特に第一〇章に「最高法規」という章を設け、いろいろの角度から、憲法の最高法規性を強調している。ここで、当面の問題との関係上、一言すれば、第九八条第一項で、「この憲法は、国の最高法規であつて、その条規に反する法律、命令、詔勅及び国務に関するその他の行為の全部又は一部は、その効力を有しない」といっているのは、もっとも端的に、憲法の最高法規性を謳ったものである。特に明文がなくても、憲法の最高法規たる点にかわりはないが、このような規定が設けられたのは、憲法が国法体系において最高の形式的効力をもつことを明らかにし、それによって、国家機関及び一般国民に、最高法規を尊重し、遵守することの重要性を自覚せしめるためであろう。また、日本国憲法第八一条で、憲法の最高法規性を保障する制度として、最高裁判所に、「一切の法律、命令、規則又は処分が憲法に適合するかしないか」についての最終的審査・決定権を与えているのは、実際的意義をもった重要なことである。なお、日本国憲法は、憲法の最高法規性に着目しながら、第九九条で、国家の機関として、国家の作用を担当し、直接または間接に憲法を運用する任にあたる天皇及び公務員の、憲法を尊重し、擁護すべき義務を掲げている。そうして、この趣旨にもとづき、諸種の法律で、特定の公務員について、憲法を尊重し擁護する旨の宣誓をなすべきことが定められている。(3) 国の最高法である憲法を尊重し、擁護することは、単に公務員たる者ばかりでなく、日本国を構成するすべての者の義務でなければならない。殊に日本国憲法は、日本国民が、その代表者を通じて、みずから制定したものとみなされるのであるから、制定者たる国民がそれを尊重し、擁護すべき義務があることは、特別の規定をまつまでもないことである。憲法が公務員の義務のみを規定し、国民の義務を謳わないのは、おそらく、当然のことと考えたからであろう。なお、国民は、憲法ばかりでなく、憲法にもとづいて定立せられるすべての国家行為を尊重し、遵守する義務がある。これについても、憲法に明文の規定はないが、自明のこととして前提されているものとみなされる。

日本国憲法には、さらに、第九七条の規定がある。これは、すでに第一一条で明らかにされている、「侵すことのできない永久の権利として信託されたものである」という特質をもつ基本的人権が、確保されねばならないゆえんを、人権の歴史的由来から強調し、このような権利を保障する憲法は、国家権力を制約する最高法規として尊重されるべきものであるとしているのであろう。

憲法と他の法令との効力関係において、憲法が最上位にあるとして、憲法以下の法令相互の効力関係を定めることも、憲法のなすべき事項の範囲に属する。憲法は、法律・命令などの制定権をそれぞれ特別の機関に授権すると同時に、それらの法令の効力関係をも定めなければならない。明治憲法には、法律と命令との効力関係について、第九条但書に、「命令ヲ以テ法律ヲ変更スルコトヲ得ス」とあり、第八条に、緊急命令は、法律に代わる効力をもつ旨を示す規定があった。日本国憲法には、そのような明文の規定はない。政令と法律、最高裁判所規則と法律、地方公共団体の条例と法律・命令など、個々の場合について、憲法の趣旨を考えてみるより仕方がない。例えば、政令と法律との関係においては、憲法は、国会を唯一の立法機関とし、また、政令としては、法律の規定を実施するための政令、いわゆる執行命令的政令と、法律の委任にもとづく政令、いわゆる委任命令的政令としか認めていないから、一般に政令の効力は法律に劣るとしているものと解せられ、最高裁判所規則と法律との関係においては、憲法は、国民の代表機関であり、国権の最高機関、かつ、唯一の立法機関である国会の立法として、憲法に次ぐ形式的効力を与えている法律に優位を認めているものと解せられる。(4) 一般に、憲法による立法の授権には、直接に明文の規定のない場合でも、効力関係の規定が含まれているものと解すべきである。

(1)　Burdeau, Georges, *Droit constitutionnel et institutions politiques*, pp. 64-67〔版不明〕.

(2)　〔ハワード・リー・〕マックベーン (Howard Lee McBain)〔一八八〇―一九三六年〕は、アメリカ合衆国憲法について、憲法は、アメリカ国法の頂点 (pinacle) にあると同時に基底 (bottom) にある、という。そうして、一つの法が頂点にも基底にもあるとは、パラドックスのようにきこえるが、それは外見だけであり、たんに比喩を変えたにすぎない。憲法がすべての他の法に対して優越しているというときは、擬人化しているのである。憲法は、すべての他の法の上にあってそれらをコントロールする。憲法が基礎にあるというときは、建築の用語をそれに用いるのである。憲法は、すべての他の法の下部にあってこれを支持し、他の法は憲法の基礎ラインを守らなければならない。かくして、「国の最高法」――絶頂のもの――という文句と、「国の基礎法」――最底のもの――という文句は、絶えず交互に用いられることになる。この場合なんの矛盾もない、という（McBain, Howard Lee, *The Living Constitution*, Macmillan, 1927, p. 10）。

（3）一般職に属する公務員（国家公務員法第九七条、人事院規則一四－六）、人事官（国家公務員法第六条第一項、人事院規則二－〇）、警察官（警察法第三条）など。

（4）各種の法令の効力については、清宮『憲法Ⅰ』（有斐閣（法律学全集）、一九五七年）三〇七頁以下参照。

四　根本規範及び憲法改正規範としての憲法

憲法が国法体系における基礎法であるとして、憲法そのものは何にもとづいて存立し、通用するものであろうか。これに対し、憲法が基礎法なのであるから、憲法をさらに根拠づける法というものは存在しえないし、また現に存在していないという理由から、憲法の法的根拠を求めることを断念する学者もかなりある。代表的な者として、ブルクハルトをあげよう。いわく、憲法は何が合法的（rechtens）であるかを終審的に決定する者を規定する秩序であり、普通の法律以下の国法は憲法の授権によって成立し、その通用は法的には憲法から派生し、憲法から誘導せられ、その制定・改正は法的に憲法によって基礎づけられうるのに対し、国家の最上級の法律としての憲法の通用はそれ以上さらに法的に誘導せられえないもので、憲法を権利づけるものはその内容的正当性であって、その成立が形式的に正しいことやその内容が既存の法命題と一致することではない。憲法の通用は、法名義にもとづくものではなく、法律や命令の上には憲法があるが、憲法の上には何ものもない、と。[1] しかし、このようにして、憲法の法的根拠の問題を断念してしまうのは早計である。なぜなら、憲法を制定する行為を根拠づける法規範を認めることが、法論理的に可能であり、また、実際に必要であるから。憲法制定者の憲法制定行為は、歴史的行為として現実に存在する行為であるが、それを法的に根拠づけ、制約するものとして、憲法制定者に憲法制定権を授権し、その憲法制定行為を制限する法規範、すなわち、ここにいう根本規範を想定することは、必要でもあるし、可能でもある。憲法制定行為は、単なる事実行為ではなくして、一種の法的行為とみなされるべきものなのである。ところで、憲法制定行為を制約する法規範は、どのような法規範であろうか。この場合、あるいは、ケルゼンのいわゆるGrundnormまたはUrsprungnormが連想されるであろう。ケルゼンの場合、Grundnormは、それ自身実定法ではなく、法論理のうえで、仮設的に、実定法の前提として認められるものであって、実定的に定立された（gesetzte）規範ではなく、思惟のうえで前提された（vorausgesetzte）規範であった。しかし、憲法制定者の憲法制定行為は、歴史的行為として現実に存在する行為であり、われわれは、憲法制定の主体及び制定の過程を歴史的事実として確認することができる。そうして、憲法制定者の憲法制定行為を根拠づけ、拘束する法規範としての根本規範も、歴史的意志行為にもとづいて定立されているものであり、現に各国の憲法について現存しており、のちに述べるように、日本国憲法における国民主権の原理のごときはそれに当るものである。したがって、根本規範は、単に思惟のうえで前提された規範ではなく、「実定的」に定立された法規範とみなすのが妥当である。(2)憲法制定行為については、その法的根拠を求めることができるが、さらにさかのぼって、根本規範について、その定立の主体、定立の法的根拠をたずねることも可能であろうか。それは、もはや仮想の問題であり、根本規範については、さらにその法的根拠を求めることは不可能であり、断念しなければならない。

根本規範は、憲法が下位の法令の根拠となり、その内容を規律するのと同じように、憲法の根拠となり、また、その内容を規律するものである。それは、一つには、何人《なんぴと》が憲法制定権をもつ機関であるかを定め、これに憲法制定権を授権する規範である。例えば、君主または国民ないしはその代表に授権し、それらの者の意志によって憲法が成立するとなす。二つには、制定せられる憲法の内容について、例えば、人権の尊重、平和主義などというような限定を加える規範である。いずれにしても、根本規範は、憲法を根拠づけ、その内容を制約するものであるから、憲法の憲法である。根本規範は、性質上は、憲法の基礎をなすものであるが、国法体系においては、特別の法形式は与えられないで、憲法の中にその席をしめている。この意味では、憲法の一部であり、憲法の憲法という憲法である。諸国の実定法には、根本規範の存在を認証し、これを宣明しているものもある。諸国の憲法で、主権または国家権力は、国民に由来するといい、わが日本国憲法の前文で、「主権が国民に存することを宣言し」といい、明治憲法第一条で、「大日本帝国ハ万世一系ノ天皇之ヲ統治ス」といっていたのはその例である。一般に、君主国の憲法における君主主権の宣言、民主国の憲法における国民主権の宣言は、根本規範を宣明する意味をもつものと解せられる。とにかく、われわれは、憲法の内部において、根本規範と他の普通の憲法規範という段階構造の存在を認めることができる。そうして、後者は前者によって、根拠づけられ、規律されているのである。ところで、具体的に、日本国憲法における根本規範の内容として、どのようなものが考えられるか。国民主権主義、基本的人権尊重主義及び永久平和主義の三つの原理がそれに該当するものであろう。

次に、憲法改正作用及び憲法改正に関する規定の性質について一言する必要がある。憲法改正作用は、憲法改正に関する憲法の規定にもとづく作用であり、憲法上の作用、学者のいわゆる pouvoir constituée の一種である。しかし、この作用は、単なる立法作用と異なり、憲法規範を生み出す作用である。ここにこの作用の特殊性がある。それは、憲法制定作用と普通の立法作用との中間に位する作用である。憲法改正に関する規定は、根本規範にもとづく規定であるが、改正作用によって生みだされる普通の憲法規範は、直接に改正規定にもとづき、間接に根本規範にもとづく規範である。ここにまた、根本規範－憲法改正規範－普通の憲法規範、という、憲法における段階構造がみられる。

憲法改正に関する規定には、改正の形式的手続及び時期に関するものと改正行為の内容に関するものとがある。改正の形式的手続に関するものとしては、例えば、日本国憲法第九六条、明治憲法第七三条の規定がある。これらは一種の授権規定であると同時に、改正手続を限定する規定である。また、改正の時期に関するものとしては、憲法制定後一定の期間内の改正を禁ずるもの、例えば、一九五〇年のシリア憲法第一五六条は二年、一九二二年のポルトガル憲法第五七条は四年以内における改正を禁じており、また、一八三一年のザクセンの憲法第一五一条は、憲法発布後の最初の立法期における議会は憲法改正を行なうことができないとしている。(3)なお、憲法上非常状態にある間は、憲法の改正を認めないとするものもある。わが明治憲法第七五条の、「憲法……ハ摂政ヲ置クノ間之ヲ変更スルコトヲ得ス」、一九四六年のフランス憲法第九四条の、「本土の全部もしくは一部が外国軍隊によって占領されている場合は、いかなる改正手続も着手され、または遂行されることはできない」のようなものがこれに当る。

改正行為の内容については、改正行為がこれらの規定によって制約を受けることは明らかである。改正行為の内容について、明文の規定が設けられている場合と、そうでない場合とがある。前者の例としては、フランスの一八八四年八月一四日の法律で、「共和政体は憲法修正の目的となすことができない」と定めていたのは、以前から有名である。一九四六年のフランス憲法第九五条にも同じような規定がある。また、アメリカ合衆国憲法第五条の、「いずれの州もその同意なしには元老院〔上院〕における均等の投票権を奪われることがない」とあるのも、憲法改正の制限に関するものである。第二次世界大戦後の新憲法には、フランス憲法のほか、イタリヤ憲法、ブラジル憲法、ドイツのバイエルン憲法、西ドイツ憲法などは、いずれも改正行為の内容に制限を設けており、西ドイツの憲法における制限は、きわめて詳細である。(4)わが日本国憲法は、前文で、民主制の原理は、「人類普遍の原理であり、この憲法は、かかる原理に基づくものである。われらは、これに反する一切の憲法、法令及び詔勅を排除する」といい、民主制の原理を、根本規範、憲法の憲法とみなし、これと矛盾するような内容の憲法改正は許さないとしている。

改正の内容について、憲法に特別の規定がない場合でも、根本規範にふれることは、一般に許されないものと解すべきである。根本規範は、憲法の核心をなし、改正規範を含めて憲法全体の基礎となり、改正規範に対しても授権的及び制限的基礎法たるものであって、改正手続によってもこれを動かしえないことは、特別の規定をまつまでもなく、当然のことだからである。(5)

（1）Burckhardt, Walther, *Die Organisation der Rechtsgemeinschaft*, Helbing & Lichtenhahn, 1927, S. 206, 212, 214.

（2）清宮『憲法Ⅰ』一九頁。

（3）Menzel, Eberhard, „Rechtsformen der formalen Verfassungsänderung", in *Festschrift für Friedrich Giese zum 70. Geburtstag, 17. August 1952*, Kommentator, 1953, S. 186.

（4）清宮『憲法Ⅰ』三二頁。なお、〔ヴェルナー・〕ケーギ〔一九〇九―二〇〇五年〕は、スイス憲法における根本規範として、(1)人間たる者の不可侵の基本価値、(2)自由権、(3)法的平等、(4)連邦的・連合原理、(5)法治国的原理、(6)民主主義的原理の六つを挙げている（Kägi, Werner, *Rechtsfragen der Volksinitiative auf Partialrevision*, Helbing & Lichtenhahn, 1956, S. 830a ff.）。

（5）清宮『憲法Ⅰ』三二三―三二四頁。

五　憲法前文の法的性質

諸国の憲法をみると、前文（Preamble）がつけられているものが相当あるが、その内容はまちまちである。前文は、形式的には憲法典の一部をなすとみなされるものが多いが、その内容がどのような性質のものであるかは、いちがいに断定することはできない。外国憲法の前文についての学者の説明をみると、フランスの一九四六年の憲法の前文のように、権利章典を含んでいるものは別として、他の欧米諸国の憲法の前文については、それらは、憲法の由来や目的を宣言するにすぎず、法的意義をもったものではないとなす者が多い。わずかな例外として、カール・シュミットが、ワイマール憲法の前文について、憲法制定権の所在を示す法的意義をもつと主張し[1]、ケーギが、スイス憲法の前文について、憲法制定権者たる国民の行為をも法的に制限するものであるといっている[2]。わが憲法の前文についてみると、それは、憲法制定者がその理想と目的とを内外に宣明するという形式をとっていて、別段の法的意義はもたないような外見を示している。しかし、そこに理想または目的としてかかげられ、国民がその達成を誓っている民主主義、自由主義及び平和主義は、同時に、憲法の基本原理、すなわち、本文各条項の基底によこたわり、それらを方向づける原理をなすもので あって、根本規範または憲法の憲法と名づけられるべき規範的性質をそなえているものとみなされる。それは、国家の組織及び作用並びに国民の地位及び権利・義務についての窮極の基準を示すものであり、それ自身また憲法的性質をもつものである。いな、憲法そのものの基礎となり、核心をなす本質的な部分である。わが前文は、民主主義の基本原理を「人類普遍の原理」とみなし、「これに反する一切の憲法、法令及び詔勅を排除する」といっている。民主主義の原理は、憲法改正行為、いな、憲法制定行為をも制限するという意味のものと解せられる。したがって、憲法制定・改正作用以下の段階における、立法、司法及び行政作用が、右の原理によって拘束されることは当然である。このようにみると、前文は、それ自身法的性質をそなえているものであり、したがって、それに反する行為は違憲の行為とみなされなければならない。(3)

（1） Schmitt, *Verfassungslehre*, S. 25.
（2） Kägi, *Rechtsfragen der Volksinitiative auf Partialrevision*, S. 757a.
（3） 清宮編『憲法』（青林書院（新法律学演習講座）、一九五九年）四―五頁。

六　憲法の自律性

国家の基礎法かつ最高法としての憲法には、自律性または自主性がともなわなければならないといわれる。そうして、それは、時に国内政治における要請として唱えられ、また、時に国際関係を考慮に入れて主張せられる。まず、国内政治における憲法の自律性について考えよう。この場合は、それは、民主主義の要請と結びつけられている。民主主義は、国家の統治意志と、それによって統治される国民の意志とを一致せしめ、統治する者と統治されるものとの間に自同性（identity）の関係をもたせようとする政治原理、いいかえれば、国民の政治的自治または自律を認める原理である。国家最高の統治意志の発現である憲法が国民の自律にもとづかなければならないことは、民主主義の当然の帰結とみなされる。民主主義における国民主権の思想にもとづき、国民が、直接に、またはその代表者を通して、制定する憲法は、民定憲法といわれる。多くは共和制を採るが、稀には君主制の形を採るものもある。アメリカ諸州の憲法、一九四六年のフランス憲法は前者に属し、一七九一年のフランス憲法及び一八三一年のベルギー憲法は後者に属する。これに対して、専主主義の政治原理、すなわち、統治する者と統治される者との間に超越的な関係を存在せしめ、被治者が治者の側に立つことを許さない、他律主義による統治の原理を認める国家においては、国民の自律によらないで、憲法を制定・改廃することが認められる。憲法史のうえでは、そのような成典憲法は、国民の意志を超越した、君主または神の意志によって定められるとせられた。いわゆる欽定憲法はその例である。欽定憲法とは、君主主権の思想にもとづき、君主が単独に制定する憲法をいう。普通は、一八一四年のフランス憲法（Charte constitutionnelle）が最初の事例とせられ、一般に、Charte octroyée（欽定憲法）であるといわれ、また、憲法自身もそのように宣言している。しかし、それはおもに形式のうえからいえることであって、実体はむしろ君主主権の原理と国民主権または国民代表の原理との妥協の産物であって、君民協約憲法に近い[1]。わが明治憲法のほうがもっと純粋な欽定憲法であろう。

憲法はかならず民定憲法でなければならないというわけのものではない。しかし、近代立憲国における民主主義の発達は、多くの憲法に民定憲法の型を採らせている。憲法は、生誕の当初においても、天くだり的なものでなく、民意にもとづいたものでなければならず、「国民のための憲法」であるばかりでなく、「国民による憲法」、「国民の憲法」でなければならないとの要請からである。憲法がひとたび制定されれば、個々の場合にその条規を適用するにあたっては、いちいち国民の同意を要するわけではない。各国家機関は、国民の信託にもとづいてという制約はあるが、独自の立場において憲法を適用する。この関係は他の法令の場合と異ならない。したがって、その意味では法の他律（Heteronomie）が認められるわけである。しかし、憲法秩序全体としては、民主国におけるそれは、秩序に服する者の自由な同意にもとづいたものでなければならない。ケーギとともに、自律的秩序（autonome Ordnung）であることをもって、民主憲法の本質的契機に数えることができる[2]。

わが明治憲法が欽定憲法であったことについては、ほとんど異論がないが、現行日本国憲法が欽定であるか、民定であるかについては争いがある。多くの学者は民定憲法とみなしているが、なかには欽定憲法とみなす者もある。代表的な学者として佐々木惣一博士を挙げよう。いわく、「日本国憲法は……帝国憲法第七十三条の定めるところの、天皇の提案、帝国議会の議決、天皇の裁可という行動により、成立したのである。即ち、日本国憲法は天皇が制定したもうたのである。故に、日本国憲法は欽定憲法である[3]」と。たしかに、日本国憲法制定の形式的手続については明治憲法の改正手続が採用されている。しかし、日本国憲法をもって直ちに欽定憲法とみなしがたい別の事実がある。日本国憲法の制定にあたっては、明治憲法第七三条による改正であるとしながら、「大日本帝国憲法」を「日本国憲法」に改め、形式的に全条文を一新したばかりでなく、内容的にも、全部にわたって根本的に重大な変更を加えた。明治憲法の根本規範たる天皇主権の基本原理は国民主権の原理におきかえられており、議会は、政府原案について、自由に積極的修正を行なっている。このようなことは、明治憲法第七三条の適用の限界を超えることであって、法理上同条によってその合法性を根拠づけることのできないことである。したがって、日本国憲法を制定した行為は、形式的手続のうえでは、旧法の改正とせられても、内実は、新原理にもとづく新法の制定とみなさなければならない。しかも、これよりさきに、日本国民の自由に表明した意志によって、政府を樹立し、最終的の政府の形態を決定すべきことを要求しているポツダム宣言の受諾によって、天皇主権から国民主権へ移行が行なわれ、そのため、明治憲法は根底から動揺をきたし、その第七三条も憲法改正規定としての資格があやぶまれるようになったという事実がある。これらの事実を綜合すると、日本国憲法は民定憲法であるとみなすのが正しい(4)。日本国憲法みずからも、その前文の冒頭で、「日本国民は、……この憲法を確定する」といっている。ここに「確定する」という文句の意味について、議会における草案審議のさい、政府筋では、日本国憲法は明治憲法の改正憲法であるから、制定するというのとは異なるといい(5)、学者のうちにも、日本国憲法は、天皇が制定したのであって、日本国民が制定したのではなく、国民は、これを国家生活の基本原則として定める、という意味で、確定したのである、という者もある。(6) しかし、日本国憲法制定行為は、明治憲法改正行為ではなく、新憲法定立行為であり、日本国憲法は、ポツダム宣言受諾の結果、日本国民が新たに獲得した主権・憲法制定権にもとづいて定立した民定憲法とみなすべきであるから、ここに「確定」とは制定と同義に解してさしつかえない。

民主国における憲法の自律性は、憲法の制定についてばかりでなく、憲法の改正についても要請される。国民主権の原理にもとづき憲法の制定権が国民にあるとせられる以上、憲法の改正権も国民にあるとするのは当然の帰結である。右の要請を実現する方法としては、いろいろの制度が行なわれているが、日本国憲法は、第九六条で、憲法の改正は、国会が発議し、国民がこれを承認するという方法を採っている。憲法改正について、主権者である国民を代表し、国権の最高機関とせられる国会が発議するというのは、民定憲法を民主的に改正する手続として、自然の第一歩である。国会の発議に対する国民の承認は、「特別の国民投票又は国会の定める選挙の際行はれる投票」によって示される。国会は発案者であり、国民は決定者である。国会の発議ののちに、国民投票によって決定するのは、民定憲法の民主的改正手続として、自然の帰結である。国民投票は直接民主制のあらわれである。この場合の国民投票は、憲法改正という国家的大問題について主権者たる国民が直接に手をくだして決定するという重要な意味をもち、しかも、全国民による国家意志の決定という、限られた範囲においてしか実現しがたい直接民主制のうちで、比較的実行に適するものに属し、民主政治を高度に実現する制度として、きわめて高く評価されるべきものである。このごろ、憲法改正に関連して、現行憲法改正手続を改め、改正案について、衆・参両議院でいずれも三分の二以上の賛成をえたときは、国民投票を要しないものとしようとの提案をするむきもあるが賛成できない。とにかく、改正に関しては、わが憲法は、スイス憲法などと同じように、自律的秩序であることを本質的契機としているということができよう。

次に、憲法の自律性ということは、欽定か民定かというような国内問題としてばかりではなく、対外関係において、一国の憲法が他国の干渉を受けないという意味でいわれることがある。国家の対外主権が認められるかぎり、一国の憲法はその国の自主・独立の意志によって自律的に制定・改正せられるべきであり、それが国際政治の原則である。わが憲法前文にも謳われている通り、「いづれの国家も、自国のことのみに専念して他国を無視してはならないのであつて、政治道徳の法則は、普遍的なものであり、この法則に従ふことは、自国の主権を維持し、他国と対等関係に立たうとする各国の責務である」。ところが、日本国憲法の場合は、これについて問題が生じている。現在ではすでにひろく知られているように、日本国憲法には、その制定の過程において、外国の力が加わっている。まず、連合国の占領によって、日本の主権が特別の制約を受けるという変態的国情のもとに、連合国の指令にもとづいて、日本政府の憲法問題の調査が開始せられた。それればかりではない。調査の結果作成せられた日本政府原案について連合国側の承認がえられず、連合国総司令部の起草にかかる草案にもとづいて、あらためて日本政府の「憲法改正草案要綱」が作成せられた。いくぶん異なる事情もあるが、かつて、満州国の「統治組織法」及び「人権保障法」と名づけられる憲法の制定にあたって、日本の当局者がかなり深く関与した事実が思い合せられる。それはとにかく、一国の基礎法の原案が、秘密のうちに、しかも外国人の手によって作成せられ、ついにそれが成案となってしまったのは、たしかに、国際政治法則の要請たる憲法の自律性・自主性と相容れない事実であって、日本国憲法は、この点において、欠陥のある憲法である。フランスの一九四六年の憲法第九四条に、「本土の全部もしくは一部が外国軍隊によって占領されている場合は、いかなる改正手続も着手され、または遂行されることはできない」という規定が設けられたのは、ヴィシー政権のもとに、一九四〇年の憲法がつくられた事実を反省して、そのような事態が生ずるのを防ぐためである。日本国憲法の原案が外国人によってつくられ、占領の重圧のもとにその成案ができたという事実を重くみて、わが現行憲法は、「外国製」の原案が、占領国によって「おしつけられ」、自由を欠いた審議を経て成案となってしまったものであり、憲法の自律性の原則に反し、感情的にも面白くないから、あらためて自主的に憲法をつくりなおすべきであるという意見もある。なかには、わが憲法は、制定の過程において自主性を欠くうえに、内容において明治憲法改正の限界を超えるものがあるから無効であるとなす見解もある(7)。しかし、外国人が原案を作成したにしても、政府当局者の納得と責任とにおいて政府案が作成され、天皇がこれを議会に発案し、草案審議のために衆議院議員を改選し、議会で三ヵ月半にわたって審議したのちに、修正可決して天皇が公布したのであって、わが方にもかなりの自主性はあったわけである。また、明治憲法改正の限界を超え、明治憲法との法的連続性は認められないにしても、ポツダム宣言の受諾によって、明治憲法は根底から動揺をきたし、日本国家の根本規範は天皇主権から国民主権へと転移し、それにもとづいて、日本国憲法が制定せられ、法的拘束力をもって今日まで現実に通用しているのである。これらの事実からみると、今日になって、憲法を全体として無効とみなすべきほどの欠陥があるとは思われない。制定過程における法的手続とその根拠の問題は別として、内容においては、日本側の政府・議会及び政党の大部分は原案を納得し、国民の多くもまたそれを支持した。外国の力が加わったことは、成立の過程については、前記の程度にせよ、自律性に反し、マイナスにはたらいているが、別にプラスの面にもはたらいている。当時の政府や議会などの手だけによってはおそらく実現できなかったと思われるような、国民主権主義、基本的人権尊重主義及び平和主義に徹した内容の憲法がきわめて短時日のうちに成立したのは、それによるところが多いとみなすべきであろう。制定の過程においては自律性に欠けるところのあった憲法ではあるが、成立した憲法のもとでは、日本国民は、国民主権の原理のもとに、憲法改正についても、第九六条の、国会の発議と国民の投票による旨の規定によって自律性が保障されている。改正の主体はあくまでも国民である。この意味では、さきにも述べたように、日本国憲法は、スイス憲法と同じような自律性をもった憲法である。占領下という、特別の事情のもとに、自律性の制限を受けて、早急に制定された憲法について、このさい、諸種の角度から再検討を加えるのは結構であるが、その重点は制定のいきさつよりも、内容におかれるべきであろう。ところで、わが憲法の具体的内容の核心をなす根本原理、国民主権主義、基本的人権尊重主義及び平和主義は、人類の長い歴史から生れた偉大な思想を背景とし、普遍の原理として公認せられているものであり、それにもとづいて設けられている諸制度も、過去の人類の貴重な体験と努力の結果考案されたものであって、それらがどのような仕方で憲法にとり入れられたかによって価値に変動をきたすようなものではない(8)。問題はむしろ、日本の国民と為政者とがみずからの力によって、それらを身につけ、活用できるかどうかにかかっている。憲法の検討にあたっては、特にこの点に留意すべきである。

なお、当面の憲法改正問題について、憲法の自主性との関連において、もう一つ注意すべきことがある。それは、現在、わが国は、日米安全保障条約及びそれにもとづく行政協定、MSA協定などによって、実際に特別の制約のもとにあるということである。これは、当面の憲法改正を考えるにあたって、みのがすことのできない事実であって、この制約のもとに憲法の改正を行なう場合は、再び改正の自主性(9)が問題になるおそれがある(10)。

(1) 清宮『権力分立制の研究』二七三頁。
(2) Kägi, *Rechtsfragen der Volksinitiative auf Partialrevision*, S. 753a ff.
(3) 佐々木惣一『日本国憲法論』(有斐閣、一九四九年)一二三頁。
(4) 詳しくは、宮沢俊義「日本国憲法生誕の法理」、『日本国憲法』別冊附録(日本評論新社、一九五五年)、清宮『憲法I』三三頁以下参照。

（5）　岡田亥之三朗編『日本国憲法審議要録』（盛文社、一九四七年）六三頁以下、一一四頁以下、佐藤達夫「日本国憲法成立史（23）」、『ジュリスト』第一〇七号（一九五六年六月）、六一頁。

（6）　佐々木、前掲書、一四七頁。

（7）　井上孚磨「無効・復原・改正」、『自由と正義』第七巻第八号（一九五六年八月）、同『憲法研究』（政教研究会、一九五九年）、相原良一「現行憲法の効力について」、『公法研究』第一六号（一九五七年四月）、菅原裕「日本国憲法無効論と明治憲法復原論」、自由党編『憲法の根柢と新憲法無効論』（特別資料）（自由党憲法調査会、一九五四年）。これらの論者は、当面の処置として、まず、日本国憲法の無効を確認すると同時に、明治憲法を「復原」させたうえで、旧憲法第七三条の規定によって、あらためて憲法改正を行なうべきである、と主張している。

（8）　これについて、小林直樹助教授の次の発言に耳を傾けるべきである。「今日の日本の改憲論の多くは、現行憲法が……外国製憲法（又は当時の司令官の名でマッカーサー憲法とも呼ぶ）だから、これを「自主」憲法に改めよという。この立論の誤りと愚かさは、現行憲法の具体的内容をなす諸々の価値と制度が、欧米での長い反絶対主義の闘争のなかで文字どおり血と涙で闘いとられたものであることを知らないか、又は故意に無視している点にある。SCAPの実さいの起草者たちの主観や努力は、この長い歴史的体験の重さに比べたら殆んど問題にするに足りない。現行憲法の真の執筆者はロックやルソーやモンテスキュー、あるいはジェファソンやリンカーン等をふくんだ歴史という巨大な人間であって、米軍司令部の起草者たちはそのささやかな媒介者にすぎない。ましてその内容が一週間で「作られた」と考えるのは誤想も甚だしい。現憲法の採択は、何よりも人類の重大な歴史的体験の継受に外ならない。だからさきのような理由で改憲を主張するのは、欧米での貴重な歴史的な体験を経た価値や制度の意義を無視するものであって、たんに「アメリカ製品」の破壊にとどまるものではない」（小林「憲法における「規範的なるもの」」四二頁、註（4））。

（9）恒藤恭博士は、日本国民は、法的には、憲法にもとづいて、自主的に憲法を改正しうる条件をあたえられているが、わが国が安保条約などのために、対米従属関係にある現状においては、政治的には、自主的に憲法を改正しうるための充分な条件がそなわっていないことを指摘している（恒藤恭「憲法問題解決の基準」、『世界』第一五九号（一九五九年三月）、三六頁（『憲法問題』講談社（講談社学術文庫）、二〇二〇年所収））。

（10）この部分は、編者の許しをえて、『東北法学会雑誌』第九号（一九六〇年一月）、一頁以下（「憲法の自律性」）に掲載した。

七　憲法の永続性

憲法にかぎらず、法はすべて、社会生活の安定を確保するために存在する。安定性の確保はすべての法の主要な目的である。そうして、この目的を達成するためには、まず法みずからが安定していなければならない。安定することは同時に永続することである。そうして、法は、法みずからその通用期限を限定している場合のほかは、後に他の法によって廃止・変更せられるまでは、いつまでも通用しようとの要請をもって定立せられており、少なくともこの意味において永続性を身につけている。永続性は、法の一般的な固有性であるといってよかろう。ところで、永続性ということは、憲法についていう場合は、他の法についていう場合とは異なる、特別の意味がある。[1]

まず、第一に、憲法が、基礎法かつ最高法の性格をもつかぎりは、それらの性格と不可分に結びついて、他の法令の場合と異なる特別の永続性が認められなければならない。これは憲法の理念から生ずる当然の帰結である。「憲法が、たびかさねて、「根本秩序」とか、「根本規範」とか、lex fundamentalis とか指称される場合は、それをもって、内容の重要性ばかりでなく、その永続性をも示そうとする意図が含まれている。憲法は、(理念上) 継続的な根本秩序であり、……民主的憲法も、まさに、そのときどきの多数の意志ではなくて、「あまねく考慮を払った結果到達した、確定的、かつ、持続的な民意の表現である」(ジェームス・ブライス〔一八三八—一九二二年〕)。人は、変更を困難にするか、さもなくば禁止することによって、この根本規範を法的に確保しようとする。とにかく、規範的憲法は、それが永続的根本価値 (Grundwerte) の表現であるかぎりにのみ有意義である」[2]。〔オリヴァー・〕クロムウェル (Oliver Cromwell)〔一五九九—一六五八年〕は、すでに、一六五三年にその Instrument of Government を発布するにあたり、憲法における基礎的・永続的なるものを認め、変化する議会の多数の意志に対して、永続的・不可侵的な、規律が存在しなければならず、国家の根本法には、「何か基礎的なもの、恒常的であり、変更されてはならない、マグナ・カルタのようなものがなければならない」といったという[3]。

憲法の永続性に関連して、かつて、二つの極端な思想が表現された。一つは、憲法は、全部・一部にかかわらず、ひとたび成立し、通用するに至ったのちは、絶対に変更することのできない「永久的」な根本秩序であるという思想である。この思想は、フランスで、大革命ののちに、憲法の制定に関与した人たちのかなり多くの者を支配したようである。そのため、新たに制定される憲法は完全無欠で永久無限に行なわれるべきものであるから、改正に関する規定を設けるには及ばないという意見も唱えられ、一七九五年の憲法の制定にあたって、国民議会の議員〔ジャン＝フランソワ・〕フィリップ＝デルヴィル（Philippe-Delleville）〔一七四〇―一八二八年〕という者が、憲法改正の提案をなす者には死刑を言渡すべきであるという動議を提出して、議場を騒がせたという。(4) この思想は、フランスの一八一四年及び一八三〇年の憲法制定のさいにさらに影響を及ぼし、これら二つの憲法は、改正についてなんらの規定も設けていない。一七九一年の憲法以来今日までに十数個の新憲法が制定されているフランスで、「永久」憲法の思想がしばしば現われているのは興味ある現象である。トックヴィル（Tocqueville）が、右に掲げた二つの憲法について、次のようにその永久性を述べているのは注目に価する。「フランスにおいては、憲法は不動の作品（œuvre immuable）であり、あるいは、そのようにみなされている。いかなる権力もそれになんらの変更も加え得ないというのが定説である。フランス憲法のこの不動性（immutabilité）は、フランス法の必然の帰結である。……国王は誰からその権力を与えられるか。憲法から。上院議員は誰から。憲法から。下院議員は誰から。憲法から。それゆえ、国王、上院議員及び下院議員の三者は、合同しても、かれらの統治行為の唯一の基礎をなす法を変更することはできない。憲法を離れては三者はなにものでもない。それゆえ、かれらは何処に足場を求めて憲法を変更することができようか。かれらにとっては次の二者択一がありうるのみ。すなわち、その努力が憲章に対して無力であり、憲章はかれらにかかわらず存続する場合に、ただ憲章の名において統治を継続するか、あるいは、憲章の変更に成功して、かれらの存立の基礎たる法の消滅を招き、かれら自身がもはや存在しなくなるかである。憲章の破壊はみずからの破壊となる。このことは一八一四年の法よりも一八三〇年の法においていっそう明瞭である。一八一四年には、国王の権力は、いわば憲法を超越してその上にあった。しかるに、一八三〇年には、それは明白に憲法によって創設せられ、憲法に絶対に依存するものである。かくして、フランス憲法の一部は一家族の運命に結びつけられている故に不動であり、その総体はそれを変更すべき法的手段が見当らぬ故に不動である」[5]。

これに対し、憲法の永続性について、根本から疑問をもち、これを否認する思想もある。ドイツの〔ヨーゼフ・〕コーラー（Josef Kohler）〔一八四九―一九一九年〕を引き合いに出そう。コーラーは、法の本質的永久性を否認するとともに、永久法の定立をめざす立法行為の効力を疑う。すなわち、一般に永久法なるものはこれを認めることができず、たとえ立法せられてもそれは無効である、という。「いかなる法律も不易のものではなく、いかなる立法者も法生活を化石化し、終始その意のままにこれを形成せしめる力はなく、いかなる立法者も将来の立法者の力を殺《そ》ぐことはできぬ。……なんとなれば、法秩序においては絶対的によいものは存在せず、一つの時代にとってすばらしいものも、他の時代にとっては耐えがたい障害物となる。法は一つの文化現象であって、文化の変わるとともに変移し、文化の亡《ほろ》びるとともに没落せねばならないものである。すべての精神的な事物と同じように、法もまた絶えず流動するものであり、……立法がその任務を果すためには法理念の時々の傾向にともなうべき手段をもたなければならない」。立法について一般に通用することは憲法制定についても通用する。憲法は憲法改正の可能性を認めなければならない。もっとも、改正の仕方は憲法で任意に定めることができる。「これに反して、いかなる憲法も、憲法が一般に改正せられ得ない旨を有効に規定することはできない。そのような不動性を招こうとする法律はすべて無効であろう。それは過去に対する現在の立法権、しかも組織立法権を減殺し、現在の国家高権の充実を否認するものであろうから」。一般に「憲法変更の可能性は法そのものの原理から生ずるものであり、過去はそれ自身現在の憲法制定権を減殺する力はなく、不動性を定める過去の規定は現在の国家の活動を低下せしめることはできないのである」という[6]。これは、フランスの一七九三年六月二四日の人権宣言第二八条で、「国民はつねに憲法を再閲し、刷新し及び変更する権利をもつ。一代の法をもって後代の法を拘束することはできない」と定めているのと相通ずるものがある。

ここで、右の二つの極端な考え方の内容に立ち入って詳しく検討する余裕はない[7]。今日では少なくとも、もはや、トックヴィル流の永久憲法論に賛成する者はないようである。現に近代の憲法の多くは、憲法改正を予想し、これに関する手続規定を設けていて、しかもそれを無効とみなす者はない。また、コーラー流の後代立法者自由論に全面的に賛成する者もあまり見当らないようである。かえって、憲法改正にも内容的な限界を認める考え方が有力になりつつあり、また、さきに述べたように、諸国の実定憲法でそのような制限が設けられている。これらの規定の法的意味については、諸種の説が唱えられているが、基礎法・最高法としての憲法には、理念上、他の法令と比較して、いっそう強く永続性が要請されるのは当然のことである。「当初から比較的短期にのみ限られた憲法制定――例えば、四年に限られた〝憲法増補〟――は、変態、いな、実は contradictio in adjecto（形容矛盾）である」[8]。

憲法の永続性の要請は、いわゆる硬性憲法の理念とも結びついている。硬性憲法（rigid constitution）とは、普通の法律に比べて特に慎重な改正手続を必要とする憲法をいう。憲法を硬性にすることは、同時にその永続性に対する期待を含む。硬性憲法の制度は、他の法令と比べて、憲法により多くの安定性と永続性を保障するものであるということができる。

憲法には、理念上、全体として、他の法令に対し、比較的永続性が要請せられるが、憲法のうちには最も強く永続性が要請される部分がある。それは根本規範である。根本規範は、憲法の核心をなし、基礎をなすものであって、さきに述べたように、改正作用の対象とならず、したがって、法的にはこれを変更することのできないものである。憲法のこの部分は、法的に絶対的な永続性をもつものとみなさなければならない。根本規範にふれるような憲法の変改は、たとえ憲法改正の手続によってなされたとしても、実は憲法の改正ではなくて、憲法の破壊であり、憲法を超えた革命行為であって、それは憲法の自殺にほかならない[9]。

（1）　憲法の永続性の問題については、私は、かつて、発表した「憲法の時間的通用範域」、『国家学会雑誌』第五七巻第四号（一九四三年四月、一―四〇頁）で論じたことがある。ここにもその一部を引用したが、明治憲法に関する記述については妥当でない点があるので、別の機会に書き改めるつもりである。

（2） Kägi, *Die Verfassung als rechtliche Grundordnung des Staates*, S. 52.

（3） "There must be something Fundamental, something like a Magna Charta, which should be standing, should be unalterable". Friedrich, Carl J., *Constitutional Government and Democracy*, Ginn and Co., 1946, p. 133; Kägi, *Die Verfassung als rechtliche Grundordnung des Staates*, S. 52による。

（4） Hildesheimer, Walther, *Ueber die Revision moderner Staatsverfassungen*, J. C. B. Mohr, 1918, S. 7. 清宮「憲法の時間的通用範域」一四頁。

（5） Tocqueville, *De la démocratie en Amérique*, tome I, pp. 166, 311-312.

（6） Kohler, Josef, „Verfassungsänderung während der Regentschaft“, *Annalen des Deutschen Reichs für Gesetzgebung, Verwaltung und Statistik*, 1, 1888, S. 1ff.

（7） 清宮「憲法の時間的通用範域」では、トックヴィル及びコーラーの所説に対して少しく論評を加えておいた。一八―二〇、二三頁。

（8） Kägi, *Rechtsfragen der Volksinitiative auf Partialrevision*, S. 753a.

（9） 清宮『憲法I』三三五頁。

（『日本国憲法体系――宮沢俊義先生還暦記念』第一巻、有斐閣、一九六一年一月）

憲法の前文

一　意義及び特質

一　意義

日本国憲法は、前文及び本文一一章一〇三ヵ条から成る法典である。前文とは、法令の本文のまえに、序文として、つけられている文章をいう。憲法のほかに、教育基本法、警察法、日本学術会議法などの法律にもこの例がみられる。

二　外国憲法の前文

外国憲法の例をみると、一八三一年のベルギー憲法のように、前文がつけられていないものもあるが、多くの国の憲法は、これをもっている。しかし、その内容はもとより、形態も一様ではない。アメリカ合衆国の憲法の前文では、「われら合衆国の国民は、いっそう完全な連合を組織し、正義を樹立し、国内の安寧を確保し、共同の防衛にそなえ、一般の幸福を増進し、われらとわれらの子孫に自由の福祉を確保する目的をもって、合衆国のためにこの憲法を制定する」といい、一九一九年のドイツのワイマール憲法の前文では、「ドイツ国民は、その各民族一体となり、かつ、自由と正義とによってそのライヒ（連邦国家）を革新し、これを鞏固にし、国内及び国外の平和に仕え、社会の進歩を促すことを欲して、ここにこの憲法を制定する」といっている。これらは、わが憲法の前文とくらべて、はるかに簡潔であり、短文であるが、前文としては、この程度のものがこれまで普通の例である。これに対し、一九四六年のフランス第四共和国の憲法の前文は、わが憲法の前文とくらべても、ずっと長文であるうえに、きわめて特色ある内容をもっている。そこでは、(イ)一七八九年の人権宣言によって定められた権利及び自由並びに共和国の法律によって認められた基本原則をおごそかに再確認したのち、さらに、(ロ)「特に現代に必要ある政治的・経済的及び社会的原則」として、(a)両性の法のまえの平等、(b)領土内で庇護をうける権利、(c)植民制度における民主、平等、(d)国際法の遵守、国際平和への協調、(e)侵略戦争の放棄、(f)勤労の権利、勤労者の団結権、罷業権、経営参加権、(g)一定の財産及び企業の公有化、(h)個人及び家庭の発展の保障、(i)保健、物質的安定、休養及び閑暇の保障、生活保護、(j)国家的災厄から生ずる負担の平等、(k)教育の機会均等、などがかかげられ、諸国の憲法で、本文に定められているようなな、いくたの法的規定が含まれている（なお、一九五八年の現行フランス憲法は、前文第一項で、「フランス国民は、一七八九年の人権宣言が確定し、一九四六年の憲法前文が確認し、かつ補足した、人間の権利と国民主権の原理とに深く愛着することを、厳粛に宣言する」といっている)。

三　日本国憲法の前文の形式

日本国憲法の前文について、まず注意すべきは、その形式である。前文は、本文のように条章に分たれず、全体として、ひとつのまとまった文章になっている。しかし、それは、本文とともに憲法典を構成し、憲法典の一部をなすものである。それゆえ、前文は、「日本国憲法」という題名のあとに、題名と本文第一章以下の条文とのあいだにさしはさまれている。この点で、前文は、いわゆる公布文とは異なる。公布文は、法令を公布するにあたり、普通に、「何々法をここに公布する」という表現を用いて、法令のまえにつけられるが、法令の一部をなすものではない。前文が法令の一部をなすということから、前文を改正する場合には、法令改正の手続によるを要するという重要な結果が生ずる。日本国憲法の前文は、憲法の一部をなすものとして、帝国議会の議決を経て制定せられており、将来これを変更する場合は、憲法の定める憲法改正の手続(第九六条)によらなければならないのである。

四　日本国憲法の上諭

日本国憲法には、前文とは別に、上諭といわれるものが、法典のまえにつけられている。上諭が、「日本国憲法」という題名のまえにかかげられているのは、立法者がこれを法典の一部とせず、そのそとにおいている証拠である。上諭には次の文句がうたわれている。

朕は、日本国民の総意に基いて、新日本建設の礎が、定まるに至つたことを、深くよろこび、枢密顧問の諮詢及び帝国憲法第七十三条による帝国議会の議決を経た帝国憲法の改正を裁可し、ここにこれを公布せしめる。

この上諭は、日本国憲法の定立が、明治憲法の改正の形式で行なわれたために、旧公式令第三条の規定によってつけられたもので、公布文の一種に属するものである。ところで、そこにいわれている文言には、疑義の余地がある。前段で、「国民の総意に基いて、新日本建設の礎が、定まるに至つた」というのは、これをすなおに解すると、憲法が国民によって定められたこと、すなわち、民定憲法成立の事実を指すものとみられ、前文第一項に、「日本国民は、……この憲法を確定する」とあるのにも照応するのに対し、後段で、「枢密顧問の諮詢及び帝国憲法第七十三条による……帝国憲法の改正を裁可し」というのは、たんなる欽定憲法の改正の事実を示すもののように思われる。この両者の矛盾は、日本国憲法の定立を、新憲法の制定とみるか、旧憲法の改正とみるかによって解決せられねばならない。この場合、のちに述べるように（前文第一項の説明参照）、新憲法の制定とみれば、前段の文言からは、国民主権の原理にもとづく憲法の制定をよみとることができるが、後段の文言は、欽定憲法改正の手続が民定憲法制定の手段として用いられたことを示すものとしか解せられない。

五　日本国憲法前文の内容及び法的性質

普通の法令には、法令制定の根拠を明らかにするために、いわゆる制定文がつけられる場合がある。制定文の例は多く政令にみられ、それらには、「内閣は、何々法第何条第何項の規定に基づき、この政令を制定する」という表現形式が用いられるのが普通である（例、法務省組織令）。これに対し、憲法の前文は、たんに制定の根拠を示すにとどまらず、そこには、いろいろの内容がもられている。すなわち、憲法成立の由来や、憲法制定の目的または精神、ないしは本文各条項の基調をなす原理または理念並びにそれについての立法者の心構えなどが宣明せられている。そうして、そのために、前文は、形式的に憲法典の一部をなすばかりでなく、その内容も、本文と同じような法的性質をもつものであるかどうかが問題になる。

外国憲法の前文について、学者の論ずるところをみると、アメリカ合衆国憲法及びワイマール憲法の前文については、それらは、憲法の由来や目的を宣言するにすぎず、したがって、法的意義をもたないものであるとなす見解が多い。わずかに、カール・シュミット〔一八八八—一九八五年〕が、後者について、憲法制定権の所在をしめす法的意義をもつと主張している（Carl Schmitt, *Verfassungslehre*, Duncker & Humblot, 1928, S. 25〔『憲法理論』尾吹善人訳、創文社（名著翻訳叢書）、一九七二年／『憲法論』阿部照哉・村上義弘訳、みすず書房、一九七四年〕）だけである。これに対し、権利章典を含むフランス憲法の前文については、説明の仕方は異なっていても、その法的性質が多くの学者によって認められている。米・独二つの憲法の前文と仏憲法の前文との中間にあるとみられるわが憲法の前文については、どのように考えたらよいか。

わが憲法の前文には、本文各条項と同じような仕方で法規範が定められてはいない。そこには、憲法制定権者たる国民が、その理想と目的とを内・外に宣明するという形式がとられている。しかし、そこに理想または目的としてかかげられ、国民が、「国家の名誉にかけ」て、その達成を誓っている民主主義、自由主義及び平和主義は、同時に、憲法の基本原理、すなわち、本文各条項の底によこたわり、それらを方向づける原理をなしており、したがって、根本規範または憲法の憲法とでも名づけられるべき規範的性質をそなえたものとみなされる。それは、国家の組織及び作用並びに国民の地位及び権利・義務についての窮極の基準を示すものであり、国家機関にとっても、一般国民にとっても、憲法を解釈し、適用する場合の最高の基準とされるべきものであって、それ自身また憲法的性質をもつものである。いな、憲法そのものの基礎となり、核心をなす本質的な部分である。のちにも説明するように、前文は、民主主義の基本原理を「人類普遍の原理」とみなし、「これに反する一切の憲法、法令及び詔勅を排除する」といっている。たとえ憲法改正手続をもってしても、基本原理を動かすことは許されず、憲法改正行為にもこのような法的限界がある、というのである。憲法改正作用以下の段階における、立法、司法及び行政作用が、それによって、拘束されることは当然である。このようにみてくると、前文は、たんに憲法の由来や目的を宣言するばかりではなく、国家及び国民の行態を窮極の要点において拘束する根本規範として、それ自身法的性質をそなえているものであり、したがって、それに反する行為は違憲の行為とみなされなければならない。

六　明治憲法の上諭

明治憲法には、本文のまえに、上諭があり、さらにそのまえに、告文及び憲法発布勅語というものがつけられていた。

告文は、天皇の祖先に対し、そうして、勅語は、一般国民に向って、憲法制定者である明治天皇が、憲法制定の事実を告げると同時に、その動機、目的ないしは精神などを述べたものであり、いずれも、帝国憲法の構成部分ではなく、前文とはみなされないものである。

上諭は、六項の長文から成り、そこには、憲法制定の由来、目的のほか、憲法の基本原理、憲法改正の方法、憲法施行の時期、国民の従順義務などが示されている。この上諭の性格は複雑であり、これを憲法典のそとにある声明文にすぎないとみる説（佐々木〔惣一〕博士）と、憲法典の一部をなし、しかも法的性質をもつとみる説（美濃部〔達吉〕博士）とがある。前者は、上諭の形式、そのかかげられている位置を重視して、明治憲法では、上諭の次に「大日本帝国憲法」という題名があり、そのあとにすぐ憲法本文の条項がかかげられているから、上諭は、帝国憲法の一部をなすものではなく、憲法のそとにあるもので、日本国憲法の上諭と同じ性質のものである、という。後者は、内容を重視して、上諭のうちには、君主主権主義、立憲主義、憲法改正手続、殊に、憲法施行時期を定めているから、上諭も憲法の一部をなし、本文と同じように法的効力をもつ、という。この二つの説の是非の判定はむずかしいが、上諭が告文、勅語とは別につけられており、憲法の基本原理、改正方法、施行時期などを定めている点からみて、憲法の一部をなし、日本国憲法の前文と同じような法的性質をもつものと解するのが正しいように思われる。ただし、この上諭は、欽定憲法の創定にあたり、本文とともに、天皇単独の意志によって定められたもので、議会の議を経たものではない。

二　大意

日本国憲法の前文は、四項に分けて述べられている。次に、順を逐《お》ってその大意を解明する。

一　第一項

第一項では、日本国憲法確立の事実と方法とを宣言すると同時に、その目的及び基本原理を概括的にかかげ、これについての憲法制定者の根本的態度を明らかにしている。すなわち、まず、憲法が民定にかかることを述べたのち、憲法制定の目的が、平和の達成と自由の確保にあることを示すとともに、民主主義が憲法の基本原理であって、これを破ることは許

さない旨を宣言している。文句を逐って分説すると、
「日本国民は、……この憲法を確定する」というのは、この憲法は、日本国民の制定にかかるもので、日本国民全体が、この憲法を制定するにあたっての淵源であり、憲法制定権者であることを表明するものである。憲法を制定するにあたり、まず明らかにされなければならないのは、誰が憲法を制定する権能をもつか、ということ、すなわち、憲法制定権の所在の問題である。日本国憲法は、その前文の冒頭で、すでに、この問に答えている。国の最高法規たる憲法を制定する権能をもつということは、言葉をかえていえば、主権、すなわち、国政についての最高の決定権をもつことであるから、「日本国民は」とうたわれている前文の最初のところに、すでに、国民主権の原理が首を出していることになる。要するに、ここでは、国民が憲法を確定するという事実を宣言すると同時に、国民が憲法制定権者であることを表明し、この憲法が、事実上も法上も、民定憲法である旨をうたっているものとみなされる。

ところで、日本国憲法の制定は、明治憲法の改正の形式で行なわれ、現に、「帝国憲法改正案」が勅書をもって帝国議会に提出され、議会は明治憲法第七三条の定める要件によってこれを審議し、さらに天皇の裁可を経るという手続がとられている。そのため、草案審議のさい、政府筋では、日本国憲法は明治憲法の改正憲法であるから、ここに「確定する」というのは制定するというのとは異なるといい（岡田亥之三朗編『日本国憲法審議要録』六三頁以下、一一四頁以下）、学者のうちにも、日本国憲法は、天皇が、帝国議会の協賛を経て、

帝国憲法所定の手続で、制定したのではなく、国民は、これを国家生活の基本準則として定める、という意味で、確定したのである、という者もある（佐々木惣一『日本国憲法論』一四七頁）。しかし、日本国憲法は、ポツダム宣言受諾の結果、国民が新たに獲得した、主権・憲法制定権にもとづいて定立した民定憲法とみるのが正当であり、このような憲法定立行為は、明治憲法第七三条の適用による欽定憲法改正行為ではなく、新憲法の定立行為とみなすべきである。したがって、ここに確定とは、制定と同義と解してよい。

「正当に選挙された国会における代表者を通じて行動し」とは、憲法制定権者である日本国民が、その代表者として選挙した国会を通じて憲法を制定するというのであって、国民主権の原理にもとづく憲法確立の仕方として、直接民主制によらず、間接民主制または代表民主制によることを意味する。実際には、あらかじめ政府作成の草案を公表し、草案審議のために衆議院を解散し、総選挙を行なって議員の顔ぶれを新たにしたほかは、明治憲法改正の手続により、民定憲法制定の手続としては、姑息なやりかたとしかとられなかったが、これで、「正当に選挙された国会における代表者を通じて」憲法を制定したとみなされたと解するほかはない。

「われらとわれらの子孫のために、諸国民との協和による成果と、わが国全土にわたつて自由のもたらす恵沢を確保し、政府の行為によつて再び戦争の惨禍が起ることのないやうにすることを決意し」とは、対外的には、諸国民との協和による成果を確保し、また、戦争に対する深い反省にもとづいてその発生を防止し、対内的には、全国いたるところで、すべての国民があらゆる自由を充分に享有できるようにさせようとの決意を明らかにして、憲法制定の目的が、平和の達成と自由の確保にある旨を宣言するものである。この目的に仕えるものとして、前文第二項及び本文第二章にうたわれる戦争の放棄、並びに、本文第三章における各種の自由の保障及び同第四章以下の権力分立制の採用などがある。

「ここに主権が国民に存することを宣言し」とは、主権、すなわち、国政についての最高の決定権が、国民にあることを明らかにするものであって、この憲法が国民主権を基本原理とすることの率直な表明である。政府の原案には、「ここに国民の総意が至高なものであることを宣言し」という、やや曖昧な表現がなされていたが、衆議院の修正で、国民主権主義を端的に示す文句にあらためられた。なお、国民主権については、本文第一条にも、「主権の存する日本国民」とうたわれている。

「そもそも国政は、国民の厳粛な信託によるものであつて、その権威は国民に由来し、その権力は国民の代表者がこれを行使し、その福利は国民がこれを享受する」とは、まず、国政は、主権者たる国民の信託にもとづいて各国家機関が担当するのであって、国政の機関はその権能を固有するものではないという、ジョン・ロック（一六三二―一七〇四年）あたりの流れを汲む民主思想を述べたのちに、さらにこれを細説して国政の権威は国民から発すること（国民主権）、国政の権力は国民がその代表者によってこれを行使すること（国民自治）、及び、国政の福利は、すべての国民がひとしくこれを享受し、国政は国民全体の利益・幸福のために行なわれるを要すること（国民享益）を説き、この三拍子そろったのが民主政治であるという。これは〔エイブラハム・〕リンカン〔一八〇九―六五年〕が、一八六三年にゲティスバーグにおける演説のなかで、民主政治を簡単に定義した名文句、「国民の、国民による、国民のための政治」（Government of the people, by the people, and for the people）と符合する。

「これは人類普遍の原理であり、この憲法は、かかる原理に基くものである」とは、民主政治の原理は、アメリカとか、スイスとか、特定の国だけでなく、世界のすべての国に通用すべき原理であるといって、民主原理の普遍性を強調したのち、この原理が日本国憲法の基本原理であるというのである。なお、ここでは、民主主義の普遍性及び基本原理性だけがうたわれているが、自由主義・平等主義及び平和主義も同じ性質をもつものとみなされる。

「われらは、これに反する一切の憲法、法令及び詔勅を排除する」とは、人類普遍の原理である民主政治の原理は、憲法の基本原理であり、憲法の憲法であり、根本規範であるから、これに反するものは、普通の法令や詔勅はもとより、憲法といえどもその存立を認めることはできず、すべてこれを排除するというのである。明治憲法はこの見地から排除されたが、将来憲法を改正する場合でも、この原理による制約を無視することは許されない。これは、憲法を含めて、すべての既存の法令の解釈の基準となるばかりでなく、また、憲法改正作用を含めて、すべての将来の立法作用を拘束する法的限界を示す主権者の意志である。ここに、前文の法的性質は、もっとも端的にあらわされている。

二　第二項

第二項では、三段に分けて、第一項でうたった平和主義をさらに展開し、戦争の放棄・軍備の撤廃をなすにいたった理由と、その結果として予想せられる事態についての決意を表明している。

第一段の「日本国民は、恒久の平和を念願し、人間相互の関係を支配する崇高な理想を深く自覚するのであつて、平和を愛する諸国民の公正と信義に信頼して、われらの安全と生存を保持しようと決意した」とは、本文第二章第九条に規定するように、この憲法で、きわめて徹底した戦争の放棄・軍備の撤廃という、世界史上画期的なくわだてをあえてしたが、それは、たんに国をあげての大戦争に敗れ、ポツダム宣言を受諾した結果、やむをえないものと認めたからではない。冷静に過去の行為を反省するとともに、国家・人類の将来進むべき道を考察してみた場合、そこにおのずから恒久平和の念願が湧きいで、また、人間相互の関係を支配する崇高な理想――友愛・協和――を深く自覚するにいたったからである。そうして、このような念願と自覚とにもとづき、みずからさきがけて、非常な決意のもとに、あらゆる戦争を放棄し、いっさいの戦力を保持しないことにした。その結果、自国の安全と生存を諸外国民の公正と信義にゆだねることになるが、それは覚悟のうえである、というのである。そこには、このごろ問題になっている、自衛のための戦争・軍備を除外するような意図はすこしも認められない。ひとは、これを「捨て身の態勢」とか、「信を相手の腹中に置く男子の態度」とかいった。要するに、ここでは、戦争放棄・軍備撤廃の挙にでた理由と、その結果生ずる事態についての悲壮な決意を率直に述べているのである。

第二段の「われらは、平和を維持し、専制と隷従、圧迫と偏狭を地上から永遠に除去しようと努めてゐる国際社会において、名誉ある地位を占めたいと思ふ」とは、世界各国とも、やがては、わが国と同じように、平和主義と民主主義に専念するにいたるであろうことを信じて、すでに徹底的な平和国となった日本は、そのような国際社会で、模範となるような名誉ある地位を占めたいと希望しているというのである。専制・隷従とは、国内における、非民主的な、専制政治・奴隷政治をいい、圧迫・偏狭とは、対外的に、みずからの強力によって他に圧迫を加えたり、独善・排他的な偏狭な態度にでたりする、これまた非民主的な行動を意味する。要するに、ここでは、民主的・平和的な国際社会の実現を信じ、その社会のうちでも、もっとも高度な、模範的な民主・平和国になりたいという希望が述べられている。

第三段の「われらは、全世界の国民が、ひとしく恐怖と欠乏から免かれ、平和のうちに生存する権利を有することを確認する」とは、みずから世界にさきがけて平和国となるが、世界各国も同じように、戦争の恐怖と経済的な欠乏からまぬかれて、平和のうちに生存する権利があるのだといい、平和国家の生存権を自他について確認し、主張するものであって、平和国の理念の普遍性を強調すると同時に、各国に対して、わが平和主義にならうことをすすめているのである。

三　第三項

第三項では、国際民主主義の原理を確認し、その遵守を公約している。

「われらは、いづれの国家も、自国のことのみに専念して他国を無視してはならないのであつて、政治道徳の法則は、普遍的なものであり、この法則に従ふことは、自国の主権を維持し、他国と対等関係に立たうとする各国の責務であると信ずる」とは、日本が、過去において、独善的な優越思想のとりこになり、他国を無視して極端な国家主義的行動に出た事例などを深く反省し、国際社会において各国家が守るべき政治道徳の法則も、国内政治における民主主義と同じように普遍性をもったものであることを確認し、この法則に従うことは、独立主権国として他国と対等関係に立とうとする世界各国の責務であると信ずるにいたったことを告白し、国際社会の一員として行動する場合の覚悟と心構えとを述べたものである。なお、ここに「主権」とは、第一項にいう主権と異なり、国家の権力の属性としての対外独立性を意味するものと解せられる。

四　第四項

第四項では、結びの言葉として、民主・自由及び平和という理想と目的の達成についての決意と誓いとを声明している。

「日本国民は、国家の名誉にかけ、全力をあげてこの崇高な理想と目的を達成することを誓ふ」とは、過去の悪夢からさめて再生した新日本の国民は、民主・自由及び平和という、いずれも人類普遍の原則と認められる崇高な理想と目的との達成に全力をあげて努力することを、国家の名誉にかけて、世界各国に誓う、という意味で、新憲法の根本理念の実現について、堅い決意をもって、全世界にむかって宣言し、公約しているのである。

〔参考文献〕特別の著書・論文は見当らないが、巻尾にかかげた一般文献のうち、特に、宮沢俊義『日本国憲法』(日本評論新社、一九五五年)、法学協会編『註解日本国憲法』(全二巻、有斐閣、一九五三—五四年)、佐々木惣一『日本国憲法論』(有斐閣、一九四九年)、美濃部達吉『新憲法逐條解説』(日本評論社、一九四七年)、黒田覚『新憲法解説』(京都新聞社、一九四六年)、沼田稲次郎・星野安三郎・岡本鐳輔『憲法要義』(法律文化社、一九五三年)、和田英夫『憲法体系』(弘文堂、一九五九年)、岡田亥之三朗編『日本国憲法審議要録』(盛文社、一九四七年)、また、佐藤功「日本国憲法制定の法的手続」(『日本国憲法十二講』学陽書房、一九五一年、七二頁以下)、清宮「憲法改正行為の限界」(『法律タイムズ』第三巻第四号(一九四九年七月、一二頁以下)(のち『国家作用の理論』有斐閣、一九六八年所収))参照。

(清宮四郎編『憲法』青林書院(新法律学演習講座)、一九五九年一一月)

国民主権と天皇制

一　国民主権

国民主権と天皇制について考えるにあたっては、まず、国民主権とは何か、ということを明らかにしなければならないが、この場合、問題になるのは主権の意味である。

主権という言葉は、ずいぶんいろいろの意味に使われているが、わが憲法との関係から見て、少なくともつぎの三つの用法を心得ておく必要がある。

第一は、国の統治についての最高または最後の決定権という意味である。統治についての最高の権威として、最後にものをいう力のことである。国の統治は、立法、司法、行政などの各方面に及び、国会、裁判所、内閣など、いろいろの機関によって、さまざまの仕方で行なわれるが、それらの機関の統治の力は、いったい、何を根拠にしているのであろう。それらの力は、いずれも、各機関に固有の力ではなくて、憲法にもとづき、憲法によって授けられた力である。それでは、その憲法は何にもとづいてつくられたのか。憲法をつくる権力

（憲法制定権）によってつくられたものである。憲法は、国の根本法とか、基礎法とか、あるいは最高法規とかいわれるが、この憲法をつくる権力こそ、国の統治を最後に決定し、統一する力、すなわち、ここにいう主権の具体的内実である。そうしてまた、立法、司法、行政など、憲法にもとづいて行なわれる統治作用を最後に決定する力についても、同じように考えられる。君主主権とか国民主権とかいう場合の主権とは、右のような、統治の最高決定権のことであり、日本国憲法の前文第一項で、「ここに主権が国民に存することを宣言し」といい、また、第一条で、天皇の地位は「主権の存する日本国民の総意に基く」といっている場合の主権はそれにあたる。

第二は、国家の権力に属する性質としての独立性という意味である。独立とは、国際間の関係において、他の国家の支配を受けないこと、対外独立性をいう。この意味の主権も憲法上の用語であって、前文第三項で、「自国の主権を維持し」といっている場合の主権はそれにあたる。「連合国の占領によって、日本の主権は重大の制限を受けていたが、講和条約の発効によって、日本は主権を回復した」などといわれた場合の主権も同様である。

第三は、ひろく国家において統治する権力、すなわち、国権または統治権という意味である。この意味の主権の用例は、憲法の明文には見られないが、ポツダム宣言第八項で、「日本国ノ主権ハ本州、北海道……ニ局限セラルヘシ」といっている場合の主権はそれにあたる。

君主主権とか、国民主権とかいわれる場合の主権とは、さきに述べたように、国の統治についての最高の決定権ということである。そうして、君主また国民は、その意味の主権のありか（所在）であり、保持者または帰属者（主体）であり、「主権者」である。

学者は、主権というのは「抗争的概念」、すなわち、対立する相手を意識して、これを論破し、自己を正当づけるために用いられた概念であるという。近代のヨーロッパで、まず、君主主権が唱えられた。ジャン・ボダン〔一五三〇—九六年〕がその代表的提唱者であるが、ボダンは、君主——とくにフランスの君主——の権力は、外に向っては、ローマ法皇およびローマ皇帝の権力に対して独立であり、内に向っては封建領主などの権力に対して最高のものであると主張した。ところが、その後、民主思想が発達し、市民階級が勢力を得るようになると、それにともなって、こんどは、君主主権に対抗して、国民主権が唱えられるようになった。〔ジョン・〕ロック〔一六三二—一七〇四年〕、〔ジャン＝ジャック・〕ルソー〔一七一二—七八年〕、〔エマニュエル＝ジョゼフ・〕シェイエス〔一七四八—一八三六年〕などが代表的提唱者である。そうして、国民主権は、ついに、日本国憲法の前文にうたわれているように、「人類普遍の原理」と認められるようになり、多くの、国民主権の建前の国家が成立するにいたった。

憲法は、全体として、国の根本法とか、基礎法とかいわれるが、憲法規範の中でも、国家統治の基本的な原理を定めるものは、統治全体の建前と方向とを決定する、もっとも根本的な規範であって、すぐれた意味における〝根本規範〟であり、〝憲法の憲法〟ともいうべき規範である。国民主権または君主主権の原理をうたう規範はまさにそれにあたる。

国民主権は、まず、アメリカおよびフランスで、憲法のうえで宣言された。アメリカでは、一七七六年の独立宣言がすでに国民主権の理論にもとづくものであったが、同年のヴァージニア憲法は、「すべて権力は、国民に存し、したがって国民に由来するものである」（第二条）といい、他の州の憲法にも同じような規定を設けているものがあり、一七八七年の合衆国憲法の前文で、「われら合衆国国民は……ここに合衆国憲法を制定する」といっているのも、国民主権をうたうものである。フランスでは、一七八九年の人権宣言が、「あらゆる主権の原理は、本質的に国民に存する。いずれの団体、いずれの個人も、国民から明示的に発するものでない権威を行い得ない」（第三条）といっている。アメリカおよびフランスに次いで、世界の多くの国の憲法で、国民主権が宣言されるようになり、日本もおくればせながら、現行憲法でその仲間入りをした。

国民主権の確立にともなって、君主主権は廃棄され、君主制の国は次第に少なくなってきているが、国民主権の建前のもとになお君主制を認めている憲法もある。一七九一年のフランス憲法などがその例であり、現在でも、ベルギーなどいくつかの国の憲法がある。日本国憲法のもとの天皇が君主といえるかどうかは議論のあるところであるが、なお君主といえるとすれば、日本国憲法もその一例となる。

二　明治憲法の天皇主権

明治憲法では、主権という言葉は使われていなかったが、天皇主権の建前がとられていたことは明らかである。第一条に、「大日本帝国ハ万世一系ノ天皇之ヲ統治ス」とあるのは、それをあらわすものである。しかも、天皇の統治は、天皇の祖先である神、天照大神の神勅にもとづくものと考えられ、憲法の上諭に、「国家統治ノ大権ハ朕カ之ヲ祖宗ニ承ケテ之ヲ子孫ニ伝フル所ナリ」(第二項)といわれている。そうして、天皇は、人間であると同時にまた神でもあり、現人神《あらひとがみ》として、絶対の権威をもって統治し、臣民は、それに服従し、それを輔翼《ほよく》(おたすけ)するのを本分とし、天皇統治・万民輔翼という建前が、「国体の本義」であるとされた。憲法の制定権も改正権も天皇の手にありとされ、明治憲法は、天皇によって欽定された憲法とみなされた。

天皇は、主権者であると同時に、統治の中心に位する者であり、「国ノ元首ニシテ統治権ヲ総攬シ此ノ憲法ノ条規ニ依リ之ヲ行フ」(第四条)と規定された。立法、司法および行政の三権は、もともと天皇の「総攬《そうらん》」(すべてを一手におさめる)するところであり、その行使にあたっては、憲法の規定にしたがい、立法権は、帝国議会の「協賛」(おたすけ)を経て天皇が行ない(第五条)、司法権は、天皇に属するが、天皇みずからは行なわず、裁判所が天皇にかわって行ない(第五七条)、行政権は、国務大臣の「輔弼《ほひつ》」(おたすけ)によって、天皇がみずから行なうか、行政機関に委任して行なわせるかした。議会、裁判所、国務大臣は、いずれも天皇の統治を助ける機関にすぎなかった。議会は、臣民を代表するものとして設けられたものの、その権限はかなり大きく制限され、天皇および天皇をいただく政府に対して、むしろ弱い立場にあった。天皇は、広い範囲にわたって、議会によらない立法権をもち、さらに、外に向っては、無条件に和戦および条約締結権をもち、内に向っては、文武官の任命その他多くの行政権をもっていた。

明治憲法は、以上のように、天皇主権および天皇中心の体制を定め、憲法発布の勅語で、「不磨《ふま》ノ大典」（永久にほろびない大法典）とうたわれたが、太平洋戦争の結果、土台からくつがえされ、現行憲法に変えられてしまった。現行憲法でも、天皇制は残されてはいるが、国民主権のもとの天皇制であって、明治憲法のそれとは根本の性格からちがうものである。

三　現行憲法の国民主権

現行憲法は、国民主権の原理を明文をもってうたっている。前文の冒頭に、「日本国民は、正当に選挙された国会における代表者を通じて行動し、……主権が国民に存することを宣言し、この憲法を確定する」といって、国民主権を宣言し、国民がその憲法制定権にもとづいて憲法を制定したことを明らかにしている。なお、さきに引用したように、第一条で、天皇の地位は、「主権の存する日本国民の総意に基く」といい、さらに、前文第一項で、「そもそも国政は、国民の厳粛な信託によるものであつて、その権威は国民に由来し、……これは人類普遍の原理であり、この憲法は、かかる原理に基くものである」といって、国民主権の原理が憲法の基本原理であると宣示している。

憲法の基本原理である国民主権の原理は、ひろくいえば、憲法の全条文に滲みわたっている。第三章の基本的人権の保障、第二章の平和主義は、国民主権の前提であり、また、目標でもある。統治の機構における権力分立制は、国民の自由の保障と結びついた制度であり、国会、内閣、裁判所の組織、権限および地方自治の保障にも、国民主権の原理は影響を及ぼしている。天皇の地位および権能も、この原理と「調和」できる限りにおいて認められており、天皇の地位そのものがこの原理によって根拠づけられていることは、さきに述べた通りである。

さらに、もっと端的に国民主権の原理をあらわしている規定として、第九六条の、憲法の改正は国民投票で決定されるとなし、国民を憲法改正権者としている規定、第一五条の、「公務員を選定し、及びこれを罷免することは、国民固有の権利である」との規定、第四一条の、主権者たる国民を代表する国会が、「国権の最高機関」であるとの規定などがある。

四　主権の理念と現実の政治

国民主権とか君主主権とかいうのは、統治の原理、理念であり、建前である。現実に政治を動かす力とそのありかを示すものではない。したがって、憲法にそれらの建前がうたわれているからといって、実際に政治を動かす力が、かならずしも国民または君主にあるとは限らない。天皇主権の明治憲法のもとでも、政治を実際に動かしたのは、軍閥や官僚であったり、財閥であったり、あるいは、天皇の側近であったりした。国民主権の現行憲法のもとでも、実際に政治を制する者は、政党またはその背後にある圧力団体であったり、政党や圧力団体の中の実力者であったり、あるいは、やはり、財閥であったり、時には、外国の政治家であったりするかもしれない。それでもしかし、最高の権威をもって、最後にものをいうのは誰の意志であるかという理念、建前は、それ自身特別の意義をもった重要なことである。実際に政治を動かす者も、法律、条約、公務員の任免などの国家行為を実現させるにあたっては、憲法の建前に拘束され、これを無視することはできない。

明治憲法は、天皇をとり巻く官僚がお膳立てをしたにせよ、天皇主権の建前のもとに制定され、その憲法のもとで、軍部にかつがれたにせよ、国の運命にかかわる大戦争が、天皇の詔勅によって始められ、敗戦の結果、国民主権の現行憲法に変えられた。もしも、はじめから国民主権の建前がとられていたならば、日本は、別の経路を辿ることができたであろう。

現行憲法誕生のいきさつは、かなり複雑である。占領軍のあとおしのもとに、明治憲法の改正として、天皇の発案と裁可による形式がとられているが、生れた憲法は、国民主権を建前としている。日本国憲法の制定は、形式的手続のうえでは旧法の改正とされていても、形式的に全条文を一変したばかりでなく、内容的にも、根本規範をはじめ、全部にわたって根本的に変改を加えており、内実においては、新原理にもとづく新法の制定である。

憲法が定める国民主権の建前は、「人類普遍の原理」であるが、それが現実の政治に生かされ、実際に、民意にもとづき、民意を反映する政治が行なわれなければ、絵にかかれた餅になってしまう。国会をはじめ、国民の信託によって国政を担当する者が、旧憲法式の考え方で行動したり、特定の者の利益に仕えて国民を抑えつけるようなことがあっては、民主憲法も台なしである。一方、国民自身も、国会や内閣などに期待するだけでなく、国民主権の建前を生かすため、主権者たるの自覚のもとに、進んでみずからの権利を確保し、責務を果すように努めなければならない。ことに、遅かれ、早かれ、憲法改正という大問題を投票によって決する日が来ることが予想される今日、それにそなえて憲法意識を高め、正しい判断としっかりした心構えのもとに行動する用意をととのえておく必要がある。この場合、何よりも大事なことは、憲法は何のためにあるかということを見きわめることである。

近代立憲主義の憲法は、国民主権、人権の保障、権力の分立、法の支配などの原理をとりあげているが、これらはいずれも、近代における個人の人格、価値、「個人の尊厳」の自覚から出発するものであり、そうして個人を尊重するという立場から、国の統治を法の軌道に乗せる必要があるとして設けられたのが憲法である。このような立場からすれば、国家も、憲法も、「個人の尊厳」に仕える使命をもち、人権を保全する任務をもつものとみなされる。フランスの人権宣言第二条で、「あらゆる政治的団結の目的は、人の消滅することのない自然権を保全することである」といっているのは、この思想のあらわれである。要するに、国家も憲法も国民のためにあるのであり、逆に、国家や憲法が目的であって、国民はその手段であるというような見方をしてはいけないというのである。

憲法は、国家の統治を軌道に乗せるために、統治を担当する機関を設け、これに統治の権能を授けるが、同時に、人権を保障するために、統治の権能に制限を加えている。憲法には、権能の授与と制限という二つの役割があるが、憲法本来の使命が、統治の手段、道具になることではなくて、国民に仕える点にあるとすれば、比重は統治の制限にかかる。憲法は、人権を保障し、国家権力を制限するためにあるものとみなされる。これが国民主権をうたう近代憲法本来の姿である。憲法全体の性格、使命をどう見るかによって、個々の憲法問題の判断についても、大きな相違が生じてくる。憲法問題をとりあげるにあたっては、為政者にとっても、一般国民にとっても、まず第一に重要なことは、憲法全体の見方であり、憲法は何のためにあるかを知ることである。

五　現行憲法の天皇制

明治憲法時代は、天皇制はタブーであり、その改正を口にするなどとは、とんでもないことだとされた。ところが、太平洋戦争が終ると間もなく、天皇の制度をどうするかについて、各方面で論議され、一方、天皇制の廃止・打倒、他方、明治憲法天皇制の維持を両極とし、その中間にまた、いろいろのニュアンスのある意見が唱えられた。現行憲法の成立によって、問題はひとまず解決されたが、現行憲法の解決に対しても、諸種の批判が行なわれており、改正を唱える者もあるが、それについてはつぎに述べることにして、まず、現行憲法の定める天皇制を概観しよう。

日本国憲法は、「個人の尊厳」ということをもっとも根元的な原理とみなし、国民主権という人類普遍の原理を採用しながら、同時に天皇の存在を認めた。天皇の制度は、普遍的な原理という立場からではなく、日本の歴史、伝統ないしは国民感情を重んずるという立場から必要であるとして存続を認められたものである。しかし、日本国構成員のうちに、天皇のような、生れによって特別の権威ある地位につく者を認めるのは、もともと、個人の尊厳、国民主権、民主・平等の原理とは相容れないことである。国民主権と天皇制という、原理的にはむしろ相対立する二つのものを採用するとなると、どのようにして両者を「調和」あるいは「妥協」させるかということが問題になるが、これは、憲法みずからが背負っている、たいへんむずかしい課題である。この解決のために、明治憲法の天皇制に根本的な変革が加えられ、神意にもとづく主権者として、国家統治の中心にあって、強大な権能を与えられていた天皇が、民意にもとづき、国家および国民統合の象徴の地位にあって、それにふさわしいと認められる権能だけを行なう天皇に変えられた。しかし、これに対しても、なお、いろいろの論議が行なわれている。

憲法第一条で、「天皇は、日本国の象徴であり日本国民統合の象徴であ」るといっているのは、天皇が、日本国および日本国民の統合という、無形の抽象的な存在（目で見ることのできないもの）を表現または体現する有形的、具体的なもの（目で見ることのできるもの）であるということを意味する。これによって、明治憲法の統治者天皇の地位は否定されることになる。さらに、第一条は、天皇の地位の根拠について、とくに、「主権の存する日本国民の総意に基く」と定めている。明治憲法では、天皇の地位は、国家・国民を超越する神の意志、皇祖神の神勅にもとづくという建前をとっていたのに対し、現行憲法は、そのような神秘思想を排し、合理主義的立場から、天皇の地位は民意にもとづくと定めた。これによって、憲法の基調をなす国民主権の原理と天皇の制度とを結びつけ、両者を「調和」させようとしているのである。

天皇はまた、象徴としての地位のほかに、国家機関としての地位が認められ、第六条および第七条によって、内閣総理大臣の任命以下、一定の「国事に関する行為」を行なう権能が与えられている。そうして、第三条によって、天皇の国事行為は、すべて内閣の助言と承認によって行なわれることになっている。しかし、第四条によって、天皇は「国政に関する権能」、すなわち、国の政治に影響を及ぼすような行為をなす権能をもつことはできないとされている。これは、重要な意味をもった規定である。天皇の意志によって国の政治が動かされるようなことがあっては、明治憲法時代の二の舞を演ずることになり、象徴たる地位と相容れないばかりでなく、国民主権の建前がゆがめられてしまうから。なお、天皇の国事行為のうちには、衆議院の解散のような、国政に関する大問題も含まれている。この場合、解散するかどうかの実質的な決定は内閣が行ない、天皇は、形式的に解散の宣示をするだけであるということになっているが、形式面にせよ、解散のような国政問題に天皇がタッチするのは、憲法自身が徹底していないきらいがある。

象徴天皇について、とくに注意すべきことは、天皇が象徴する日本国、日本国民の統合とは、現行憲法のもとにおける日本国、日本国民の統合であるということである。それは、平和で、民主的な日本国、日本国民の統合でなければならない。にもかかわらず、明治憲法のもとにおける日本国、日本国民統合の象徴を、現在の天皇においてみようとする者もあるが、それは大きな間違いであるばかりでなく、人を迷わすものである。

六　天皇制改正問題

現在、憲法改正問題に関連して、天皇制もとりあげられており、各方面で諸種の論議が行なわれているが、紙面の都合もあり、ここでは、憲法調査会で述べられた意見のうち、めぼしいものについてだけ触れることにする。

憲法改正論議を全体として見渡すと、保守陣営から改正が提唱され、革新陣営がそれを阻止しようとしている。これは、普通の法令の改正の場合には、あまり見られない現象である。調査会における改正論の多くは、なお明治憲法に強く心をひかれているように見受けられ、改正にあたっては「前向きに」といわれる場合でも、一度明治憲法に戻ったうえで、前向きの姿勢がとりなおされている。天皇制の場合は、とりわけ、この傾向が目につく。

少数委員の見解ではあるが、いちばん右よりの極端なものとして、天皇制と国民主権とは、本来調和し得ないものであるとし、日本の歴史になじまない国民主権を捨てて、歴史的な天皇の権威のもとに「民主主義」を実現すべきであるとする見解がある。これは、世界の歴史の流れにさからい、人類普遍の原理に目をおおうものであって、国民主権を捨てた民主主義とは自己矛盾であり、肝腎なところを取り去って、民主主義を骨抜きにするものである。しかも、現行憲法の建前を根本からくつがえし、根本規範の変更をくわだてるものであるから、法理論的には、憲法改正という形式で行ない得る行為の限界を超えたものであり、現行憲法から見れば、革命的構想である。

つぎに、天皇に元首的地位を認めようとする意見がある。それには、象徴を元首と改むべきであるとの意見、元首と明記しないで、「天皇は、外国に対して日本国を代表する」という規定を設けるべきであるとの意見、および、天皇は、象徴であることによって元首でもあると解釈することができるとの意見、の三種がある。

国の元首という言葉も、いろいろの意味に使われているが、現在、憲法改正に関連して、問題にされているのは、外に向って一般的に国を代表する資格をもつ国家機関という意味の元首である。元首には、条約を締結し、外交使節を任免し、全権委任状や信任状を発受する権能などが認められているのが普通である。明治憲法の天皇は、「国ノ元首」と明記され、条約締結権その他元首にふさわしい権能を与えられていた。現行憲法の天皇は、第七条により、全権委任状、信任状の認証、批准書その他の外交文書の認証および外国の大使・公使の接受をなし、その限りで国を代表するが、これだけでは元首とみなすわけにはいかない。現行憲法草案が貴族院で審議されたさい、一部の議員から、天皇に元首の資格を与えようとの提案がなされたが、賛成が得られなかったいきさつもある。なお、解釈によって天皇を元首とみなすのも無理である。象徴と元首とはもともと異なる地位であり、象徴はすなわち国家機関であるとも、国の代表者であるともいえないからである。天皇は元首といえないとして、内閣はどうか。内閣には、第七三条によって、外交関係の処理、条約の締結その他、天皇より多くの対外代表権が与えられていて、内閣を代表する内閣総理大臣を元首とみなしてもよさそうでもあるが、天皇が国を代表する分だけ、内閣の代表資格には欠けるところがある。要するに、現行憲法のもとでは、元首的役割が内閣と天皇とに分け与えられていて、どちらも、その限りでは国を代表するが、元首と呼ぶのは無理である。したがって、現在の日本には元首の名に値いする者はいないというべきであろう。それでも、国を代表する者は存在するのであるから、さしつかえないように思われる。

憲法を改正して天皇に元首の資格を与えることは、国家機関としての天皇の地位および権限を強化することであり、現行憲法の天皇についての重大な変更を意味し、国民主権と天皇制の関係をいっそう複雑にするものである。それによって、国民主権がさらにゆがめられることになるばかりでなく、たとえば、天皇が日米安全保障条約の批准をするようなことがあっては、その場合、内閣の助言と国会の承認によることにしても、天皇自身も政治に関与することになり、また、天皇の名にかくれ、それを利用する者が出てきて、天皇制にとってもかえって危険をまねくおそれもあるから、慎重に考えなければならない問題である。

（憲法問題研究会編『憲法読本』上、岩波書店（岩波新書）、一九六五年四月）

天皇の行為の性質

〔設　問〕

国会の開会式における天皇の「おことば」の中に次のような文句があったと仮定する。「世界の平和を念願し、且つ国際政治の現状にかんがみ、政府は日米安全保障条約の改訂を企てておりますが、私は、国会が全国民を代表する国権の最高機関として、この問題に関し、特に慎重に審議を尽すことを期待します」。

政府反対党たるA党は、この「おことば」は違憲であるとし、内閣に対しその取消を要求した。これに対して、内閣は、この「おことば」は政治的に無色な内容のものであり、したがって、内閣には責任がないと主張した。

いずれの憲法解釈が正しいか。

はじめに

設問において、争いの中心となるのは、国会の開会式における天皇の「おことば」の内容の政治性であろう。しかし、内閣の主張については、違憲でないとする理由として、「おことば」の内容が政治的に無色であるということが示されているのに対し、A党の主張については、「おことば」を違憲であるとしているという事実が示されているだけであって、違憲とする理由は挙げられていない。したがって、A党の主張の理由については、「おことば」の内容に立ち入るまえに、そもそも「おことば」というものが、天皇の行為として、憲法上認められるかどうかという問題も考えなければならない。そうして、これに関連して、「おことば」がどのような性質の天皇の行為であるかが問題になる。「おことば」が現に実際に行なわれていることは事実であり、また、それは、一般に容認されている事実のようである。「おことば」の存在は、すでに憲法上の習律として確立されているという学者もある（橋本公亘『憲法原論』（有斐閣、一九五九年）二八三頁、註（二））。しかし、「おことば」が、どのような性質の行為であるかについては、私的行為説、国事行為説、象徴行為説などいろいろの学説があって、いまだ定説はない。これを決定的に解決することはむずかしいが、この場合、順序として、まず、この問題と取り組まなければならない。そのうえで、中心問題である「おことば」の政治性の有無をたしかめ、さらに、「おことば」についての内閣の責任、「おことば」の取消の問題などに論及することにしよう。このような見地からすると、設問における論点は上記のようなものになる。

なお、論点については、わたしとして、現在もっとも正しいと信ずる見解を述べたが、議論が分れているむずかしい問題も多いので、同時に、異なる見解も紹介・批評しておいた。

読者諸君は、第三者の立場に立って比較・検討したうえで、みずから正しいと思われるものを考え出していただきたい。

一　天皇の事実的行為

一　この場合の「おことば」とは、天皇の式辞のことである。明治憲法時代にも、天皇が議会の開院式に臨んで式辞を述べることが慣例的に行なわれ、式辞は当時は「勅語」と呼ばれた。この慣例が現行憲法のもとでも引き続いて行なわれているように見えるが、天皇の憲法上の地位・性格・権能の変化にともない、当時の「勅語」と現在の「おことば」とにはいちじるしい相違があることを、まず注意しなければならない。現在の「おことば」は、もはや神の「おことば」、主権者の「おことば」ではない。当時の「勅語」については、問題にすることが許されず、また、実際に問題にならなかったことも、今日の「おことば」については問題になりうるのである。

二　国務に関する天皇の法的意思表示については、現行憲法はこれを詔勅と呼んでいる（前文第一項、第九八条第一項）。ひろく天皇の意思の表現を詔勅というとすれば、「おことば」もその一種であるが、狭義の詔勅とは、国家機関としての天皇の国務に関する意思表示である公文書をいい、そのうち、一般に公示されるものを詔書といい（例えば、国会召集の詔書)、特定の人に対するものを勅書という(例えば、内閣総理大臣任命の辞令書)。これらは、いずれも、特別の法的効果を生ずる天皇の法的行為であるが、「おことば」は、特別の法的効果を生じない事実的行為であるのが普通である(佐藤功『憲法』(有斐閣〈ポケット註釈全書〉、一九五五年)五八三―五八四頁参照)。国会開会式における「おことば」もこれに属するものと認められる。

二　天皇の私的行為

一　「おことば」が事実的行為であるとして、次の問題は、それが、天皇の私的行為か公的行為かである。天皇の行為に公・私の別が認められるのは、天皇の地位に公・私の別があるのにもとづく。

天皇には、日本国を構成する特別の一員として、象徴としての地位、国家機関としての地位及び私人としての地位の三つの地位が認められ、それに応じて、天皇の行為にも、象徴としての行為、国家機関としての行為及び私人としての行為が認められる(清宮『憲法I』(有斐閣〈法律学全集〉、一九五七年)一一二頁以下)。象徴及び国家機関としての天皇については、憲法に規定があるのに対し、私人としての天皇については、特別の規定はないが、当然認められるべきものであり、それを前提とした諸種の法令の規定がある(例えば、すぐ次に述べるように、憲法第八条、皇室経済法第二条、皇室典範第九条など)。

二　私人としての地位は、人としての天皇に一般的・恒常的に認められる地位であって、この地位における天皇の行為には、(イ)内廷における起居・散歩、(ロ)生物の採集、(ハ)野球や相撲の見物、(ニ)避暑・避寒その他いろいろある。宮中における元始祭、春季皇霊祭、神武天皇祭などの祭りも、現在は皇室の私事とせられ、これを行なうのは天皇の私的行為とされている。天皇の私的行為は、特別の法的根拠を必要とせず、任意に行なうことができるものであるが、法の規律に服することもある。天皇が、「財産を譲り受け、若しくは賜与する」ときは、民法の適用を受けるほか、国会の議決を経るを要し（憲法第八条、皇室経済法第二条）、天皇は養子をすることができない（皇室典範第九条）。

三　国会開会式における「おことば」について、これを天皇の私的行為と見る説がある（結城光太郎「天皇の憲法上の地位」、『公法研究』第一〇号（一九五四年四月）、四九頁、橋本『憲法原論』二六二頁）。しかし、「おことば」は、天皇が公の資格で、国会という国家機関の公の儀式に加わる行為であるから、それを単なる私的行為とみなすことはできない。公人としての天皇の公的行為とみるのが妥当である（黒田了一教授は、天皇の地方巡幸を中心に、この種の行為をとりあげ、同じ見解を述べている。黒田了一「天皇」、『法学セミナー』第三七号（一九五九年四月）、二三―二四頁）。「おことば」が単なる私的行為であるならば、私的地位における天皇の言論は、原則として自由であり、内閣とは独立に行なわれ、内閣はそれについて何らの責任も負わないことになり、設問におけるような問題は生ずる余地がないことになる。あとでも述べるように（四の三、本書一四八頁以下、六の一、本書一五二頁以下）、これは、明らかに不合理であって、憲法の趣旨とは解せられない。

三　国家機関としての天皇の行為（国事行為）

一　天皇の公的行為として、憲法上特にはっきりと認められているのは、国家機関としての天皇の行為である。国家の機関とは、国家意思の形成に関与する者として認められる人の地位をいう。憲法は、天皇に、国家機関として「国事に関する行為」を行なう権能を与えている。国家機関としての天皇の地位は、特別の公的地位であって、法の定めにもとづいて、個別的・随時的に認められるものであり、この地位における天皇の行為は、法の特別の規定がある場合にのみ行なわれうる。憲法第四条に、「天皇は、この憲法の定める国事に関する行為のみを行ひ」とあるのは、国家機関としての天皇の行為は、憲法第六条、第七条などに特定されている行為に限られ、それ以外のものに及び得ないことを意味する（第四条第二項の定める「国事に関する行為を委任する」行為も「国事に関する行為」である）。

二　憲法第七条第一〇号は、天皇の国事行為として、「儀式を行ふこと」を掲げている。天皇が国会の開会式に参列して「おことば」を述べることは、それに含まれるか。

これについては、第一に、ここに「儀式」とは、天皇が国家機関の地位において、国事行為として行なう国家的儀式と解せられる。したがって、天皇が行なうものであっても、皇室に関する事項を宮中三殿に告げる儀式のような私的な儀式はそれに含まれない。第二に、「儀式を行ふ」とは、天皇がみずから主宰して儀式を行なうことを意味すると解すべきである。憲法が特に天皇の国事行為としている儀式は、この種の儀式であり、天皇以外の者の主宰する儀式は、それらの者が行なう儀式である。したがって国家的祝日・祭日もしくは記念日などに行なわれる式典であって、天皇の主宰にかかるものは、憲法にいう儀式であるが、外国で行なわれる国家的儀式、例えば、外国の国王の戴冠式、他の国家機関が行なう儀式、例えば、国会の開会式などは、儀式としては公的なものであっても、憲法にいう儀式ではなく、天皇がそれらに参列することは、ここにいう儀式の挙行とはみなされない（このように解する説が多いようである。法学協会編『註解日本国憲法』上（有斐閣、一九五三年）一八〇頁、註三四、佐藤『憲法』六三頁、和田英夫『憲法体系』（弘文堂、一九五九年）七三頁、橋本『憲法原論』二八一―二八二頁、清宮『憲法Ｉ』一三八頁）。これまでの政府の解釈及び実際の取扱いもこのようになっている（鈴木俊一内閣官房副長官報告、『憲法調査会第二十七回総会議事録』（大蔵省印刷局、一九五九年）一二頁）。しかし、このように解することは、かならずしも、天皇が国会開会式のような儀式に参列することを憲法が禁じているとなし、違憲とすることを意味するものではない。それは別に考えなければならない問題である。これに対しては、異なる見解もある。宮沢（俊義）教授は、「「儀式を行ふ」とは、儀式を主宰し、執行することだけでなく、儀式に参列することをも意味すると解すべきである」。さもなければ、「天皇が国会の開院（会？）式に参列することの根拠が見出されなくなり、国家機関としての天皇の開会式参列は、憲法で許されないのではないか、との疑義が出てくる」。「天皇が、……（このような）儀式に参列することを禁ずる趣旨を憲法が定めていると解するのは、良識に反する」という（宮沢俊義『日本国憲法』（日本評論新社、一九五五年）一四五頁）。しかし、憲法にいわゆる「儀式を行ふ」とは、天皇が主宰して行なうことをいい、他の者の主宰する儀式に参列することは含まないとみるのが素直な解釈であろうし、また、憲法が天皇の国事行為を特に狭く限定している趣旨にもかなうであろう。さればといって、それと同時に、天皇が国会開会式のような儀式に参列することを禁ずる意味があると解するのは、たしかに良識に反するが、参列の根拠は、別のところに求めるべきである。

四　象徴としての天皇の行為

一　国会開会式における「おことば」が、天皇の私的行為としてもまた国事行為としても認められないとすると、問題として残されるのは象徴としての行為である。

象徴としての地位は、憲法によって、天皇の存在そのものに一般的・恒常的に認められた公的地位である。しかし、象徴としての地位にあることから、当然に、その機能を発揮するために特別の行為を行なう必要が生ずるのではない。憲法にも、象徴としての天皇の行為そのものについては何らの規定もない。象徴は、もともと、国旗などの場合に見られるように、静態における存在について認められるのが普通である。人間象徴というのはむしろ異例であって、この場合はじめて、その動態における行為が問題になる。人間象徴が認められる以上、それが象徴として、何らかの行為をなすことは当然考えられるところであって、憲法もこれを予期しているものと解せられる。どのような行為がそれに当るか。ここで問題になるものとして、当面の「おことば」があり、そのほか、外国の元首などとの親書・親電の交換、公的な色彩のある国内巡幸などがある。これらの行為は、単なる私的行為でもなく、また国事行為でもないとすると、象徴としての特別の行為と見るか、それとも憲法の認めない行為とみなすか、二つに一つしかなくなる。憲法が認めないところとなすのは、徹底した一つの見解であるが、そのような主張をなす者は見当らないし、それが憲法の趣旨とは思われない。

二　象徴としての行為について、特に注意を要するのは、国家機関としての行為との区別である。憲法上の天皇の象徴としての地位と国家機関としての地位とは無関係ではない。機関としての地位は象徴としての地位を背景としているということはできよう。しかし、象徴であることと機関であることとは、もともと別のことであり、象徴としての行為と機関としての行為とを同視することはできない。第一に、機関を構成するものは、常に自然意思をもった人間であるのに対し、象徴はかならずしもその要なく、国旗や国歌も象徴であり、人間が象徴とせられるのはむしろ異例である。第二に、機関は、機関として行動する場合にのみ機関とみなされ、その機能を発揮するのに対し、象徴は、個々の行為をまたずに、常に認められる地位であり、またその機能を発揮する。第三に、機関の行為は国家の行為とみなされるのに対し、象徴の行為は国家の行為とはみなされない。第四に、機関の行為は、法的効果をともなうものが多いのに対し、象徴の行為は法的効果をともなわない事実的行為であるのが普通である。さらに第五に、機関の行為については、委任が可能であり、憲法も天皇の国事行為の委任を認めているが（憲法第四条第二項）、象徴の行為については、委任ということはありえない。

天皇が、特定の国事行為を担当するのは、憲法によって特に国家機関としての地位が定められているからであって、象徴であることの直接の結果ではない。何らの国事行為も担当しない、単なる象徴ということも考えられるのである。

三　天皇の公的行為として、国事行為のほかに象徴としての行為を認めるのに対しては反対の見解もある。橋本〔公亘〕教授は、「象徴としての天皇が、憲法に定めた以外の行為を行うことができるとすることは、憲法の精神に反する。……明文もないのに重要な政治的意味をもち得る公的行為を行うことを天皇に許してはならない。天皇の公的行為を広く認めようとする解釈論のもたらす危険を顧みることが必要である」という（橋本『憲法原論』二六八頁）。次にも述べるように、天皇が「重要な政治的意味をもち得る公的行為」を行なうことができないことは、憲法第四条に「天皇は……国政に関する権能を有しない」とあり、この制限は、国事行為ばかりでなく、当然象徴としての行為にも及ぶと解せられることによって明らかである。さればといって、この制限は、国事行為以外の天皇の公的行為をすべて排除するという意味をも含むものではない。憲法が、天皇に象徴としての公的地位を認めていることは、かえって、右の制限のもとに、象徴として、何らかの公的行為を行なうことを容認しているものと解せられる。「おことば」はこの種の公的行為に当るものである。このように解しても、この種の行為が政治的意味をもってはならないという制限が守られる以上、論者のいうような危険な解釈にもなるまい。なお、さきにも述べたように、「おことば」のような行為がありうることを容認しながら、これを私的行為とみなすと、そのような天皇の行為は、内閣の輔佐と責任から解放されて野放しにされたものと解されるおそれがあり、そこには、象徴行為として認める場合よりもはるかに大きな危険があるであろう。

五　天皇の行為の限界（非政治性）

一　「おことば」のような行為は、象徴としての天皇の、国事行為以外の公的行為であるとして、A党が「おことば」の違憲性を主張する理由については、別に、「おことば」の政治性が問題になる。日本国憲法は、第一条で、天皇を象徴であると規定して、明治憲法におけるような統治者としての天皇を否定し、さらに、第四条で、天皇が、「国政に関する権能」すなわち、国の政治を決定し、またはそれに影響を及ぼすような行為をなす権能をもつことを禁じており、天皇の行為の非政治性または政治的無色性を要求しているからである。憲法は、天皇が国の政治に介入するのは、象徴たる地位と相容れないとして、これを認めないのである。したがって、天皇が、国政を決定する行為をなすのはもとより、選挙権を行使したり、特定の政党を支持する態度を示したりするのも憲法の趣旨に反することになる。非政治性は、すべての天皇の行為に対する憲法上の重要な制限であって、国事行為はもとより、象徴としての行為もこの制限に服しなければならない。設問における「おことば」は、この制限を超えているか。

二　さきに、サンフランシスコ平和条約の成立に際し、昭和二七（一九五二）年一月二二日の第一三回国会の開会式に臨んでの「おことば」で、次のようなことが述べられた。

平和条約については、すでに国会の承認を経て、批准を終り、その効力の発生を待つばかりとなつたことは、諸君とともに、まことに喜びに堪えません。……

わたくしは、全国民諸君が、六年余の長きにわたり終始かわらずわが国に寄せられた連合諸国の好意と援助とに対する感謝の念を新たにしつつ、新日本建設の抱負と誇りをもつて、今後の多くの困難を克服する不動の決意をさらに固めることを望むものであります。……

ところが、当時、平和条約については、野党たる社会党をはじめ、一般国民のうちにも、別の見解をもつ者がかなりあり、一部で「おことば」の政治性が問題にせられたことがある。

三　設問における「おことば」についてみると、やはりその内容に、次の諸点において、かならずしも内閣の主張するように、政治的に無色であるとはいえないようなものが含まれている。(イ)安保条約という特定の具体的議案をとりあげているのは、それを他の議案と差別し、重視させる意図をうかがわしめること、(ロ)安保条約は現にはげしい政治論争の対象となっているものであること、(ハ)「世界の平和を念願し、且つ国際政治の現状にかんがみ……」のうちには、議案に対する評価を含み、条約の改訂に関する政府の態度に賛意をもっているような語調がうかがえること、(ニ)「特に慎重に審議を尽すことを期待します」という文句は、国会における審議の仕方に対する要望であり、しかも、単に慎重に審議せよ、というばかりでなく、「審議を尽すこと」の期待には、審議の結果に対する特定の期待を匂わせているきらいがあること、などがそれに当る。これらは、かえって、「おことば」の政治性を疑わしめ、A党の主張を正当づける根拠となりうるものと認められる。

四　天皇の行為については、別に、憲法における国家と宗教との分離の原則（第二〇条第二項、第三項、第八九条）から、非宗教性が要請せられているが、当面の問題とは直接の関係がないことであるから、一言注意しておくにとどめる。

六　天皇の行為に対する内閣の責任

一　天皇の国事行為については、すべて、「内閣の助言と承認を必要とし、内閣が、その責任を負ふ」ことは、憲法第三条の規定によって明らかである。国会開会式における「おことば」を国事行為とみなせば、右の規定がただちにそれに適用されることになるが（宮沢『日本国憲法』一四七頁）、国事行為でないとみなすと、別に考えなければならない。天皇の私的行為、例えば、売買のような行為については、憲法第八条に特別の制限はあるが、内閣とは独立に、天皇が単独に行ないうるものと解せられ、実際にもそのように扱われているようである。国会開会式における「おことば」を私的行為とみなせば、天皇が内閣とは独立に行ない、それについて内閣は原則として責任を負わないことになる。その不合理なことはさきに述べた。これに対し、「おことば」を、国事行為ではないにしても、天皇の公的地位における公的行為とみなせば、それについての内閣の輔佐と責任が問題になりうる。この種の行為は、憲法の明文の規定によって閣議事項とされてはいないが、公的性質の行為とみなされる以上、天皇が単独に行ないうる行為ではなく、内閣の直接または間接の輔佐と責任とにおいて行なわれるべき行為であると解するのが妥当であり、それが憲法の趣旨であろう。実例では、以前は閣議にかけられ、近年は宮内庁の責任において処理されているようである。総理府の外局である宮内庁の責任は同時に内閣の責任である。設問における「おことば」のように、違憲の疑いのあるものについて、直接に輔佐した宮内庁ばかりでなく、指揮監督の任に当る内閣もその責任を免れることができないものと解せられる。仮りに、輔佐に当るような事実がなかった場合があったとしても、「おことば」について問題が生じたときは、やはり内閣の責任は問題になるものと解すべきである。

以上要するに、憲法解釈としては、設問は、A党の主張を根拠づける材料を提供しているものと認められる。

二　違憲問題をひきおこした「おことば」について、A党の主張するような取消ということがありうるか。「おことば」は、直接の法的効果をともなわない事実的行為とみなされるから、それについて、行為から生じた法的効果を失わしめる意味における取消ということはありえないが、たとえ天皇のおことばであっても、違憲とみなされる点があるならば、いわゆる失言であるから、それを是正する意味での取消ということは考えられる。しかし、実際問題としてはすでに述べられた「おことば」の取消ということは、どれだけの実際的意義があるかは疑問であり、また、望ましいことでもあるまいから、A党としては、「おことば」の形式的な取消よりも、「おことば」についての内閣及び宮内庁の責任の追及に重点を置くのが妥当であろう。

（清宮四郎・佐藤功編『憲法演習』有斐閣、一九五九年九月）

数と理

一

「数と理」という表題は、尾高朝雄教授の著書『数の政治と理の政治』（東海書房、一九四八年）にちなんでつけたものである。尾高教授のこの著書は、日本国憲法によって日本の民主体制が確立されてから間もなく、昭和二三年に公刊され、民主政治と多数決という、きわめて重要であり、しかも、非常にむずかしい問題についての貴重な文献になっている。教授は、そこで、まず、「民主政治は「数の政治」である。なぜならば、それは多数決によって運用されるからである。したがつて、多数決主義の否定は民主主義の否定に帰著する。しかし、また、民主政治は単なる数の政治ではなく、同時に「理の政治」でなければならない。なぜならば、民主主義は理性にかなつた正しい社会秩序の原理でなければならないからである。正しい道理を無視する多数支配は、衆愚政治に堕落する外はない。それでは、民主主義における数の政治と理の政治とを合致させるには、どうすればよいか」といい（はしがき）、次いで、いろいろの角度から、多数決制度に鋭くかつ深い考察を加え、その本質、根拠、価値、あるべき姿などについて、いくたの示唆多い見解を述べている。教授が特に問題にしているのは、「民主主義における数の政治と理の政治の合致」ということである。この小論文でも、尾高教授及びその他の学者の思索の跡をたどりながら、多数決制度における数と理の関係、いいかえれば、多数決制度において、理はどのような点に認められるか、または、認められなければならないか、という問題について、あらためて少しく考えてみたいと思う。

数と理の問題を扱うに当っては、まず、数に理がともない、数と理が合致するということがありうるか、という問題にふれねばならない。しばしば唱えられている、多数決の根拠は、多数のもつ事実上の力にあるとみなす説（いわゆる実力説）にしたがえば、おそらく、数と理の結びつきを認める余地はなくなろう。また、これもときどき主張される説であるが、多数決は、集団において、争いのある問題の解決につき、別段の名案が見つからないために、一般に認められている、一つの便法にすぎないとみなす説（いわゆる便宜説）によるとしても、数と理とは、かなり縁遠いものになってしまうであろう。

これに対し、多数決においては、数は理をともない、数と理は合致しうるし、また、多数決における数と理とは、そのような関係にあるものでなければならないと唱える学者もかなり多い。尾高教授もその一人である。この場合の「理」とは、合理性または正理性の意味の「正しさ」と解せられている。

多数決にも「理」がありとせられる場合に、多数決のどこに、どのような仕方で、「理」が認められるかが、さらに問題になる。そうして、これがこの稿の主題である。多数決における「理」は、大別して二つの面で問題になる。一つは、多数決によって形成される意志決定の内容における「理」、すなわち、多数決の結果における「理」であり、他の一つは、多数決の結果ではなくて、多数決による意志形成の過程、意志形成の仕方における「理」である。

二

多数決による意志決定の内容に「理」を認める者もかなりある。まず、〔ジャン＝ジャック・〕ルソー〔一七一二―七八年〕をとりあげよう。ルソーは、自然法的契約説を唱えると同時に、独自の見地から、多数決の問題に論及している。ルソーは、多数決を肯定するかと思うと、時にはこれを否定するようなこともあり、真意を捉えることは容易でないが、肯定するときは、多数決の結果として生まれる多数の判断に「正しさ」を認めている。ルソーは、その特異の一般意志（volonté générale）の理論と結びつけて、多数決を説明することによって、その合理性を根拠づけようとする。人の知るように、『社会契約論』〔一七六二年〕第一篇第一章の書き起しに、次のような文句がある。「人間は自由なものとして生まれた、しかもいたるところで鎖につながれている。……どうしてこの変化が生じたのか？　わたしは知らない。何がそれを正当なものとしうるか？　わたしはこの問題は解きうると信じる」（桑原武夫・前川貞次郎訳、ルソー『社会契約論』（岩波書店（岩波文庫）、一九五四年）一五頁。以下もこの訳による）。『契約論』の主題は、国家及び法の正当性を論証するにあった。そうして、この場合、決定的な役割を演じているのが一般意志の理論である。ところで、この言葉の用い方もまた一義的ではなく、なかなか真意を捉えることができないが、しばらくルソーの説明をきこう。

一般意志は、つねに正しく、つねに公けの利益を目ざす、……しかし、人民の決議が、つねに同一の正しさをもつ、ということにはならない。人は、つねに自分の幸福をのぞむものだが、つねに幸福を見わけることができるわけではない。（『契約論』第二篇第三章、四六頁）

このような一般意志と各人の意志の総計としての全体意志（volonté de tous）とは、かならずしも一致しない。

全体意志と一般意志のあいだには、時にはかなり相違があるものである。後者は、共通の利益だけをこころがける。前者は、私の利益をこころがける。それは、特殊意志（volonté particulière）の総和であるにすぎない。しかし、これらの特殊意志から、相

殺しあう過不足をのぞくと、相違の総和として、一般意志がのこることになる。（同上、四七頁）

その性質上、全会一致の同意を必要とする法は、ただ一つしかない。それは、社会契約である。なぜなら、市民的結合は、あらゆるものの中で、もっとも自発的な行為であるから。（同上、第四篇第二章、一四八頁）

この原始契約の場合をのぞけば、大多数の人の意見は、つねに他のすべての人々を拘束する。これは、〔原始〕契約そのものの帰結である。（同上、一四九頁）

国家のすべての構成員の不変の意志が、一般意志であり、この一般意志によってこそ、彼らは市民となり、自由になるのである。ある法が人民の集会に提出されるとき、人民に問われていることは、正確には、彼らが提案を可決するか、否決するかということではなくて、それが人民の意志、すなわち、一般意志に一致しているかいなか、ということである。各人は投票によって、それについてのみずからの意見をのべる。だから投票の数を計算すれば、一般意志が表明されるわけである。（同上、一四九―一五〇頁）

多数決に関する、右のようなルソーの所説には、明らかにいくつかの矛盾が含まれている。「一般意志」が「つねに正しく、つねに公けの利益をめざす」ものであり、各人の「特殊意志」またはその総計としての「全体意志」と異なるものであるならば、そのような理念的存在が、どうして現実の国家意志、立法意志となりうるか。ルソーにおいては、この問題の根本的解決はみられない。多数の意志はもちろん、全員一致の意志であっても、「一般意志」に一致するとはかぎらない。したがって、ルソーの場合は、多数意志に「理」は認められず、多数決原理は否定されなければならないはずである。それなのに、ルソーが、一方、突如として、多数決を肯定し、多数の意志が立法意志となり、「一般意志」の淵源となることを認めているのは、解しがたい、意外なことである。現実の多数意志そのものに「理」、「正しさ」を認めるということは、ルソーにおける内在的矛盾であるばかりでなく、のちに述べるように、一般的にも問題を含むことなのである。(1)

多数の意志決定の内容に「理」があるとするのは、ルソーばかりでなく、かなり多くの学者に見られる傾向である。スコットランドの〔ジョージ・〕ブカナン（George Buchanan）〔一五〇六―八二年〕は、一五七九年のその著 *De jure regni apud Scotos*〔『スコットランドにおける国王の法について』〕で、“a number of men see more and see better than any one man”といい、多数決には“virtue transcendent”が内在すると主張したという。(2) すでに、アリストテレスが、多数人は単一人よりもよき判定者である、といっている。(3) イギリスで、“many heads are better than one”といい、日本の諺で、「三人寄れば文殊の智恵」というのも、相通ずるものがある。わが森口繁治教授も、「実際に何《いず》れが真に妥当なる意見であるかは何人《なんぴと》も之を決定し得ない」が、「実際問題に就《つい》て何れかを妥当なる意見と定める必要が起つたとしたならば、大多数の意見を以て正当なる判断と決定するの外はないではないか」といった。(4) 近くは、アメリカの〔ジョン・H・〕ハロウェル(John H. Hallowell)〔一九一三—九一年〕も、「民主政体の要求するところは、数的に優るが故の多数意志への服従ではなくて、むしろ多数の論証された判断(reasoned judgement)への服従である。われわれが多数の決定に服する義務があるのは、それが、特殊な時における特殊な事物についての、社会の最良の判断をあらわすからであ」り、「多数の判断は、おそらく、少数の判断よりすぐれているという原理にもとづくものである」といい、(5) ドイツの〔ヘルベルト・〕クルューガー(Herbert Krüger)〔一九〇五—八九年〕は、「多数の決定は、比較的にもっとも正しい決定である。なぜなら、各人は何が彼にとって必要であるかについてもっともよく判断し、したがって、多数の判断は、公共の福祉の要求にもっとも接近する判断であるから」という。(6)

以上の諸説について、共通していえることは、多数決にもとづく意志内容そのものに「理」が認められるとしていることである。そうして、いずれも、そこに認められる「理」は、絶対的なものではなく、相対的なものにすぎないとしている。多数意志といえども絶対的な真・理・正・義などを含みうるものでないということは、ひろく承認されているところである。相対的なものならばどうか。諸学者の主張にもかかわらず、相対的にせよ、つねにかならず、少数意志にくらべて多数意志により多くの「理」が含まれるということの確実な保証を見出すことはむずかしいようである。多数決によって成立した意志決定は、集団における多数者の意見を反映するものではあるが、同時に、多数意見が少数意見よりも正しいということを証明するものではない。そもそも、多数決が行なわれるのは、「多数に理あり」とも、また、「少数に理あり」とも、しかと判定できない場合である。もしも「理」があることが証明されるならば、たとえ少数意見でも、それに従うのが当然であり、多数決の必要はないことになろう。宮沢俊義教授は、「具体的な政治方針を定める場合に、何が正しいかということを、客観的に知ることができないと考えるからこそ、多数決できめるのではないか。……たとえば、死刑廃止法を可決すべきや否やをきめる場合——には、何が正しいかが客観的には知られえないから、これを多数決できめるのである」という。[7]

たしかに、多数決が成立するまえに発表される意見については、どれが正しいかを知ることができず、さればこそ、多数決によるのであり、そしてまた、多数決が成立したのちにおいても、ほんとうにどれが正しいかは、やはり知ることができないというべきであろう。したがって、意志内容の正しさに多数決における「理」を見出し、それによって多数決を根拠づけようとする試みには無理があるように思われる。

なお、小林直樹教授は、趣を異にして、意志内容の正しさではなく、誤りを犯す確率が少ないという点に、多数決における「理」を認め、「多数者の決定が、少数者のそれに勝るとか、常に正しいとかの保障はどこにもないけれども、意見の衝突した場合、多数に従うことの方が、ヨリ合理的である。少くもメムバーの判断力や知識や良心のレベルが、ほぼ同一の水準にあるときには、多数の方が誤りを犯す確率は、ヨリ少いという推定は、その逆の推定よりも、一層合理的だといえよう」という。(8) 注目すべき見解であるが、この場合も、意志決定の内容における誤りの多少を証明しなければならないので、意志決定の正しさを証明する場合と同じような困難に当面しなければならないように思われる。

(1) ルソーの所説の批判については、左の諸文献を参照されたい。尾高朝雄『数の政治と理の政治』（東海書房、一九四八年）一一二―一二〇頁、五十嵐豊作『近代民主主義思想史』（中外出版、一九四八年）五四―五五頁、尾形典男「近代国家と政治的自由」、『近代国家論』第三部（弘文堂、一九五二年）一五三―一五五頁、Friedrich, Carl Joachim, *Die Philosophie des Rechts in historischer Perspektive*, Springer, 1955, S. 73-75; Derselbe, *Der Verfassungsstaat der Neuzeit*, Springer, 1953, S. 638.

(2) Allen, John W., *A History of Political Thought in the Sixteenth Century*, Methuen, 1928, pp. 341-342; Seabury, Samuel, *The New Federalism*, E. P. Dutton, 1950, pp. 150-151.

(3) 山本光雄訳、アリストテレス『政治学』（岩波書店（岩波文庫）、第二刷、一九六二年）一四七―一四八頁。

(4) 森口繁治『近世民主政治論』（内外出版、一九二〇年）三六一頁。

(5) Hallowell, John H., *The Moral Foundation of Democracy*, University of Chicago Press, 1954, pp. 120-121〔ジョン・H・ハロウェル『モラルとしての民主主義』山口晃訳、慶應義塾大学出版会、二〇〇六年〕.

(6) Krüger, Herbert, *Verfassungslehre*, 1954, S. 15.

(7) 宮沢俊義『国民主権と天皇制』（勁草書房（法学選集）、一九五七年）四五―四六頁。

（8）　小林直樹『法理学』上（岩波書店、一九六〇年）二三二頁。

三

個々の具体的な問題についての、一回の多数による判断には、「正しさ」が含まれるとはいえないとしても、多数意志は、正しい方向に向うべきものであり、また、現に向っており、いくたびか多数決を繰りかえすうちには、遂には正しいものが勝を制するにいたるものであり、そこに、多数決制度の合理的根拠が認められると唱える学者もある。この場合は、一つの多数ではなく、重ねて現われる多数のシリーズが予想されている。

代表的なものとして、まず、わが吉野作造博士の所説を引用しよう。博士は次のように説いている。「多数決の制度は適当なものではなく、止むを得ない制度だと言ふ者が現はれるかも知れぬ。果して然るか。決して左様ではない。一体、多数決制度の合理的根拠乃至《ないし》は道徳的基礎は、一人でも多くの賛同を得た意見が、当分の間優勝的地位を占めるといふ点にある。……人間には人間的なミステークを免れぬ。故に、現在多数決の制度によつて決したところは、客観的に見て或は欠点に満ちてゐるかも知れぬ。然らば、実際は正しいにも拘らず敗れた側は、今は不幸にして少数派として敗れたが、次回に於いては更に数人の賛成者を獲得することに成功して、勝敗の地位を転倒し得る可能性があるわけだ。かくて、自ら正しとする者には、前途に希望があり、この希望に促進されて、新しい努力が躍出する。そして、この努力は宣伝や勧説の形をとつて外部に現はれるのだから、他の人々に教育的効果を与へることになる。人間は、一時は錯誤や迷妄に陥ゐることがあるも、結局に於いては、正しい意見に賛成し之を支持するものだ。然らば、正しい意見は即ち終局に於いて勝利の途へ到達する道理だ。……多数決の制度は、その都度に正しい意見をして行はれざるを得ざらしめるところの制度なのではないが、しかも究極に於いては、正しい意見を発見確定するの制度であるというのである(1)」。ここに、多数決制度の究極の根拠があるというのである。

尾高教授の所説にも、このような傾向がうかがわれる。尾高教授は、多数決原理は、一面においては、相対主義・便宜主義に立脚するが、他面において、「正しさへの不断の志向を基礎」とし、「その根柢には、正しい道理が勝たなければならない、という理念が儼として横たわつて」いるとなし、そこに多数決原理の根拠を求めようとしている。教授によると、「多数決の原理には、確かに相対主義的な意味がある。甲論・乙駁の意見の対立がある場合に、神ならぬ人間の知性を以てしては、その中のどれを選ぶべきかを絶対の確信を以て断定し得る者はない。それを、なおかつ一人の絶対の権威を以て断定するという制度は、独裁主義である。独裁主義に走つて、人間の合理性を蹂躙し、国民の運命を奈落の底に顚落せしめる轍を踏むまいとする以上、多数の意見を採用するという方法を採らざるを得ない。それは、相対主義であると同時に便宜主義である(2)」。「しかしながら、多数決原理が全然底のない相対主義であり、決定のためのみに決定を求める便宜主義にすぎない、というのも、また極端な一面観であるといわなければならない(3)」。「多数決原理は確かに相対主義に立脚している。しかし、永い経過を通じて見るならば、そうして、少数も多数に屈せず、多数も少数を軽んぜず、互に切瑳・琢磨の過程を踏んで行くならば、多数決原理は結局やはり客観的な真理と正義とへの最も確実な道であるといわなければならない。……多数決は、正しさへの不断の志向を基礎とすることによつて、はじめて建設的な政治運用の原理となり、合理的な法定立の方法となる。……事を決する多数は、決して単なる「数」ではなく、単なる量でもない。それは、ともどもに正しい道を見出そうとする人々の中での、暫定的な数の勝利である。遂には正しさが事を決するであろうことを期待する人々の間での、取りあえずの量の優越である。したがつて、その根柢には、正しい道理が勝たなければならない、という理念が儼として横たわつてゐる。正しい道理が遂には多数の意見となるという期待は、単純な「量」の問題ではなくて、同時に「質」の問題でもある」[4]。教授は、このようにして、多数決における「数」の政治を「理」の政治として根拠づけようとした。

横田〔喜三郎〕最高裁判所長官は、最近、「多数決の原理」という論文を公表し、多数決の根拠は二つの点にありとなし、その一つは、多数の人が満足するという点にあり、もう一つは、人間はだんだん進歩していくと考えられるから、正しいことは、多数の人が知るようになって実現されるという点にある、という[5]。前者は、多数決による意志形成の仕方における「理」であるが、後者は、多数決の結果たる意志内容における「理」である。

一回の意志決定の場合でも、正しいものが勝を制すべきであり、一回の場合にそれが不可能にしても、意志決定を繰りかえすうちには遂に正しいものが行なわれるべきである、ということは、何人も異議のないところであろう。吉野博士のいわゆる「正しい意見は即ち終局に於いて勝利の途へ到達する道理」、尾高教授のいわゆる「正しい道理が勝たなければならない、という理念」、「正しい道理が遂には多数の意見となるという期待」は、いずれも、至極もっともな道理であり、理念であり、期待である。問題は、それらの道理、理念、期待が、現実の人間社会において、どうして実現されるか、である。ここで、多数決がとりあげられ、これこそ、終局において正しい意見を勝たしめる制度であり、「真理と正義とへの最も確実な道である」とせられる。横田長官は、「正しいことはやがて多くの人が認識するようになって、多数決によって、そのときに多数の人の意見を実行するということになる」という(6)。

この場合、「人間は、一時は錯誤や迷妄に陥ることあるも、結局に於いては、正しい意見に賛成しこれを支持するものだ」とか、「人間はだんだん進歩していくと考えられるから、正しいことは、多数の人が知るようになって実現される」とかいうことが、前提として主張されている。これは、人間性の根本及び人類社会の進化に関する大問題であるが、昔から、楽観・悲観両説が唱えられていて、今日でも、いずれともなかなか断定しがたい難問である。

かりに、右のような主張が容認されたとしても、多数決という制度によって、はたして正しいことが実現されるようになるかどうかについては、あらためて考えてみなければならない。一回の多数決によって、何が正しいかを知るのは困難であることは、さきに述べた通りである。ここで問題になるのは、一回の多数決では、何が正しいかを知ることができないとしても、多数決を繰りかえすうちには、遂に何が正しいかが判明してくるのではないか、ということである。なるほど、まえの多数決できめたことを、のちの多数決で適当でないとして、修正したり、とりやめたりすることは、日常見られるところである。一九一九年のアメリカ合衆国憲法修正第一八条で禁酒を規定したが、一九三三年の修正第二一条でこれを廃止した。いずれも多数決によって行なわれたが、このような場合に、のちの多数決によって何が正しいかが、しかと判明したとみなすことができるであろうか。将来の多数決によって、やはり禁酒がよいとして復活させられることがないともいえない。一般的にいえば、まえの多数決によってきめられたことがのちの多数決によって変更される可能性は、いくたび多数決を繰りかえしてもなお残されるというべきであろう。なぜならば、個々の多数決によっては、結局、何が正しいかを見出すことができないとみなされるからである。そうして、個々の多数決によって何が正しいかを見出すことができないとすると、いくたび多数決を繰りかえしてみても、結局たいした変りはなく、それからほんとうに正しいものが生れてくるということを期待することもできないといわなければなるまい。正しい意見が遂には勝つといっても、どれだけ多数決を繰りかえし、いつになったらそれが実現されるかについての保証はどこにもえられない。したがって、正しい意見の最後の勝利という目標が、多数決によってかならず達成されると断定することはできないわけである。正しい意見が遂には行なわれるようになるということは認められても、多数決から正しい意見が生れるということが確認できないのであるから、多数決によって正しい意見が行なわれるようになるとは断定できないのである。何が正しいかがほんとうに明らかになり、多くの人に知られているならば、その場合は、もはや多数決の必要はないであろう。

要するに、多数決の結果たる意志内容の正しさにおいて、多数決における「理」を求めるのは、一回の多数決の場合も、多数決を繰りかえす場合も、無理であると考えられる。

（1）吉野作造『近代政治の根本問題』（クララ社（民衆政治講座）、一九二九年）二〇―二二頁。
（2）尾高『数の政治と理の政治』一〇二頁。
（3）同上、一〇三頁。
（4）同上、一一三―一一四頁。
（5）横田喜三郎「多数決の原理」、『法曹時報』第一三巻第一号（一九六一年一月、一頁以下）、八頁。
（6）同上、七頁。

四

多数決における「理」を、多数決の結果たる意志決定の内容に求める試みには、以上のような難点があるとして、次に問題になるのは、意志形成の方法としての多数決において「理」を求める試みである。多数決は、もともと、集団における意志形成の方法の一つであって、そこでまず問題になるのは、どのような仕方で意志決定に到着するかであって、どのような意志決定に到達するかではない。意志形成の過程であって、結果として生ずる意志決定の内容ではない。したがって、多数決における「理」は、多数決の結果たる意志内容においてよりも、むしろ、意志形成の方法そのものにおいてまず求められるのが自然であり、それが、多数決固有の領域における問題であるように思われる。このようにして求められる、多数決における「理」は、当初にあげた、第二の面で問題になる「理」である。そうして、この見地から見た場合は、案外多くのものが考えられ、その主なものとして、次の民主、平和、自由及び平等の理念があげられよう。

一　民　主

多数決が、意志形成の方法として、民主的なものであることについては、多くの説明を要しないであろう。民主主義の本質が集団構成員の「自治」または「自律」にあるならば、これを実現するためには、多数決によらざるをえない。多数決が民主の理念にもとづくという点において、まず、多数決における「理」が認められる。多数決は、民主的意志形成の方法として、およそ考えられる、ほとんど唯一のものといえよう。民主的意志形成の方法としては、全員一致が理想的のようにも思われようが、全員一致制は、閣議のような場合を除き、案外行なわれうる範囲が狭く限られており、これを強行しようとすれば、多くの国家活動は停止されてしまうおそれがある。そこで、実際にも、多数決のほうがはるかに広く適用されている。直接民主制による国民投票の場合も、間接民主制による議会における議決の場合も、多数決が原則となっている。

多数決は、民主政治と密接に結びついている。それは、民主政治を行なうために欠くことのできない手段である。多数決原理は、民主主義的な原理の一つであるということもできる。「多数決原理は、まったく孤立させて評価されうるものではなくて、民主的政治体系を成す、相密結した一組の原理の一部としてのみ評価されうるものである」[1]。尾高教授のいう通り、「多数決主義の否定は民主主義の否定に帰着する」。多数決原理の価値は、民主主義の価値に通ずるものである。民主主義に「理」があるとすれば、多数決に「理」を認めないわけにはいかない。ここに、多数決における「理」の一つがあり、それは、きわめて奥深いものである。

多数決における多数の勝利は、文字通り数の勝利である。そうして、その数は、将来増減されうる数である。多数の勝利は、永久的・絶対的ではなく、一時的・相対的である。たとえ民主的に形成された多数であっても、絶対・万能と過信することはできない。現在の少数にも、将来多数になる可能性が残されている。ここに多数決制度の妙味と価値がある。これもまた、多数決における民主的「理」の一つに数えることができよう。

二　平和

多数決は、論争の平和的解決に役立つ方法である。多数決が平和の理念にもとづくものであることについても多くの説明を要しないであろう。よくいわれるように、多数決は、「弾丸にかえて投票を」（ballots for bullets）用いるものであり、「頭をたたきわるかわりに頭を数える」（a counting instead of a cracking of heads）ものである。それによって、論争を終結させ、もって社会の平和と安定とを確保するために用いられる手段である。多数決は、全体として、平和に仕えるための制度である。そうして、その結果において平和が確保されるばかりでなく、その成立の過程における論争も平和的手段による意見の表現によって行なわれなければならない。そこでは、〔シャルル・〕ルヌヴィエ（Ch. Renouvier）〔一八一五―一九〇三年〕のいうように、「すべての暴力は排除され、戦いは英知と情熱の領域に限られ[2]」、少数者も多数者の力に屈するのではなく、納得ずくで、多数の決定に服するのでなければならない。

昭和三五〔一九六〇〕年五月一九日の安保条約事件をはじめ、近年わが国会でしばしばみられた、多数派及び少数派の暴力沙汰が、多数決原理をふみはずした、議会制の病理的症状として、各方面からきびしく批判されたのは当然である。当時、「議会主義を守るための暴力はやむをえない」などということもいわれたが、[3]それは、とんでもない矛盾であり、心得ちがいである。

三　自　由

多数決においては、自由に意見が表現され、自由に討論され、自由に表決され、その結果、意志決定に到達しなければならない。これは、多数・少数を問わず、すべての構成員にひとしく認められる必要がある。「問答無用」としてつくりあげられた多数は、多数の仮面をつけた独裁である。多数は、自由の環境において形成された多数でなければならない。多数による意志決定にいたるまでの過程における、この種の自由は、多数決成立の前提条件であると同時に、多数決制度を根拠づける「理」とみなされるものである。多数決の価値が認められるためには、表現の自由がそれに先行していなければならない。「多数意見の権威は、多数そのものにもとづくのでなくて、意見の自由な環境において形成された多数にもとづくのである」[4]。数と理は、このようにして自由を通して結びつく。

なお、多数による意志決定は、少数をも拘束し、少数者もそれに服しなければならないが、それは、多数の力による少数の圧制、多数に対する少数の隷属ではなくて、多数による意志決定に対する少数者の納得と承認にもとづく服従を意味する。ここでもまた自由が問題となり、多数決における「理」がうかがわれる。多数者の側に少数者の納得と承認を待つだけの雅量と寛容さがなければ、「理」にもとづいた多数決は成立しない。

自由の理念によって多数決原理を根拠づけようとする考え方の代表的なものが、〔ハンス・〕ケルゼン（Hans Kelsen）〔一八八一—一九七三年〕の所説においてみられる。ケルゼンによると、多数決原理は、「自由の理念への相対的に最大の接近を意味する」[5]。そうして、「たとえすべての人が自由であるというわけにはいかないにしても、できるだけ多数の人が自由でなければならないとの思想、すなわち、社会秩序の普遍意志と矛盾する個人意志をもつ者をできるだけ少なくすべきであるとの思想のみが、合理的な道程を辿って多数決原理へ導く[6]」。

ケルゼンによると、多数決原理は、また別の意味でも政治的自由の理念に適合する。「なんとなれば、多数というものは、すでにその概念のうえで、少数の存在を前提とし、したがって、多数の権利は少数の存在権を前提としているのである。さればといって、かならずしもつねに多数に対して少数が保護されるとはかぎらないが、そのようになる可能性はそこにある。とにかく、多数決原理は、……少数に対する多数の無制限の支配という思想と同視されてはならない。少数は、すでに法的に存在するという事実によって、多数の意志にある程度の影響を与えることができるし、多数決原理によって作られる社会的秩序の内容が少数の利害と絶対的に対立するようになることを防止することができる。多数決原理は、規範服従者の総体を、本質的に、多数と少数という、ただ二つの集団に分つことによって、妥協の可能性をつくる。……妥協（Kompromiss）とは、和合（sich vertragen）することを意味する。すべての社会的結合は結局妥協によってのみ可能である。多数自身がたしかにそのような妥協によってのみ成立することができるのである[7]」。ケルゼンは、多数決によってつくられる意志は、多数者の意志のような外形を示してはいるが、実質のうえでは、多数者と少数者との合作にかかるものであるから、このような意志形成原理は、「多数決原理」というよりは、「多数－少数決原理」（Majoritäts-Minoritätsprinzip）というほうが適当であるといえう[8]。

要するに、ケルゼンは、多数決原理の根拠を自由に求め、それは、第一に、集団構成員のすべてではないにしても、できるかぎり多数の自由意志による自律が認められること、第二に、少数の存在権が認められ、少数にも自由にその意見を主張して多数に影響を及ぼし、多数との妥協を成立せしめる可能性が与えられることの二点に存するとしているのである。ケルゼンの所説に対しては、なお、批判の余地がありうる。尾高教授は、第一の点については、議会での多数決によってつくられる法が国民生活を規律するのは、結局、少数の意志決定によって加えられる多数の国民の拘束であり、大多数の国民にとっては自律ではなくて他律ではないか、といい、第二の点については、多数と少数との妥協のうえに立法意志を構成せしめるものであるとの論旨は、多数決原理の「明るい面から見た理論」であって、多数決は常にそうした精神で行なわれているのではなく、むしろ、妥協が不可能な場合に行なわれるのである、といって[9]、鋭く批判している。たしかに、議会内部の多数決の根拠についての、ただちに国民の多数を引合にだすのは問題であり、また、議会の議決は、妥協によって成立するとはかぎらず、妥協の成立しない場合にも、いな、そのような場合にこそ、多数決によらなければならないのであるから、多数決をつねに妥協と結びつけるのは当をえないであろう。ただ、議会の議決や国民投票などの場合の多数決について、国家機関内部におけるできるだけ多数者の自由を問題にし、また一方、少数の存在権を認め、少数者の意見発表、討論及び表決の自由などを採りあげること自体は、不当ではなかろう。

る。

四　平　等

多数決には、平等という「理」もうかがわれる。多数決は、各人の意志が平等であり、各人の表決が同等の価値をもつことを前提として行なわれる。各人の意志の平等は、さらに各人の人格の平等を前提とする。そうして、人格の平等は、人間を個人として尊重し、人の上に人なく、人の下に人なしとする、民主主義の根本理念と不可分に結びついている理念である。

ところが、実際の人間社会では、各人の間に、地位、能力、識見その他いろいろな点で差異がある。そこで、実際に等しくないものを形式的に等しいとして扱うのは、かえって不合理ではないか、という疑問が生ずる。平等を前提とする多数決について、「議会における政策決定はもちろん、選挙（普通平等選挙）の場合にも、人々の識見・地位・階級・性別等をとわず、1人を1票に換算して、多数の得票によって」ことを決めるのは、「見方によっては甚だ乱暴な擬制である。1人1人の識見や能力などの優劣を無視して、平等に1票を与え、その数で事を決するというのは、異質的なものを同質とみなし、多数者がヨリ妥当な決定をするだろうという、オプティミスティックな予定が、多少とも背後に存するからである」と説明されるところである[10]。

人間のあいだに、諸種の事実上の不平等が存在していることはたしかである。にもかかわらず、諸国の憲法で、国民の平等を保障しているが、それはどのような意味をもちうるであろうか。これについて、ケルゼンは次のように説明している。「すべての人間は平等に扱われるべきである、と定める規範は、決して、すべての人間が平等であることを前提とするものではなく、かえって人間の不平等を前提とするものである。けれども、右の規範は、人間の取扱いにおいて不平等が考慮されてはならないとするのである。すべての人間が平等であるという主張は、事実と明白に矛盾する。にもかかわらず、その主張が、すべての人間の平等扱いの根拠にされるとすれば、それは、事実上存在していて、否認しえない不平等が、人間の取扱いにとってはかかわりがないということをのみ意味しうる。人間のあいだに事実上存在する不平等が考慮されないかぎりにおいてのみ、人間は平等なものとみなされることができ、いいかえれば、平等な人間が存在する」[11]。

平等の原則をうたう憲法の規定には、ケルゼンのいうような意味が認められることはたしかである。しかし、それは平等原則のいわば派生的・消極的な意味であって、それよりまえに、この原則には、人間は、人間として、価値に変りなく、すべて同等である、という、いわば根源的・積極的な意味が含まれているものとみなされる。そうして、後者の意味における平等は、個人の人格そのものの平等であり、各人の人間としての存在という共通の事実にもとづくものであって、擬制ではないと考えられる。したがって、この意味の平等は、すべての人間にあらゆる場合に認められるべきものである。日本国憲法第一四条のような規定は、この根源的平等を前提として、派生的平等を定めているものと解せられる。ところで、派生的平等は、根源的平等と異なり、すべての人にあらゆる場合に認められるとはかぎらない。それは、不可能であり、また、適当でないとみなされる場合もある。成人と子供、男子と女子などについて、すべての場合に同じ扱いをするのはかえって不合理である。実定法の規定についても、考慮してはならないとされている不平等と考慮することが認められている不平等とがある。たとえば、日本国憲法は、「すべて国民は、法の下に平等であつて、人種、信条、性別、社会的身分又は門地により、政治的、経済的又は社会的関係において、差別されない」といい（第一四条）、さらに、公務員の選挙について、成年者による普通選挙を保障し（第一五条第三項）、なお、国会両議院の議員の選挙について、「人種、信条、性別、社会的身分、門地、教育、財産又は収入によつて差別してはならない」としている（第四四条）。これらは、派生的平等をうたい、考慮してはならない不平等をかかげたものである。これに対し、憲法は別に、特権をともなわず、また、一代かぎりという制限のもとに、栄典の授与を認めている（第一四条第三項）。さらに、公職選挙法では、選挙権の年齢を二〇年以上とし、また、禁治産者、及び禁錮以上の刑に処せられてその執行を終るまでの者、またはその刑を受けることがなくなるまでの者、並びに一定の選挙犯罪者は、選挙権を有しないとしている（第九条、第一一条、第二五二条）。これらはいずれも不平等を考慮するものである。以上のように、考慮してはならないとされる不平等と考慮することが許される不平等との二種の不平等が存在するのは、どのような理由からであろうか。それは根源的平等との関係から生ずるものと考えられる。人種、信条等による差別は、根源的平等の理念と相容れない不平等であり、「個人主義的・民主主義的理念に照してみて、不合理と考えられる理由による差別[12]」とみなされるからであり、これに対し、上記の栄典の授与や選挙権についての年齢、禁治産等による差別は、かならずしも根源的平等の理念と相容れない不平等ではなく、民主社会においてもなお容認される、合理的な差別と考えられるからである。

　多数決は、平等の原則のもとに、それを前提として行なわれる。人格の平等のコロラリーとして、各人に等しく一票が与えられる。そうして、選挙においては、選挙人の投票の価値は等しいものとされ（平等選挙）、議会の議決においても、各議員の表決の価値は同等とされる。その結果、価値の等しい投票の多い方に優位が認められる。それは、多数が正しいからではなく、ただ、等しいものの多数だからである。この場合、識見の高い者や特に熱意のある者の投票には、特別の価値が認められてもよさそうでもあるが、識見や熱意は、投票にいたる以前の、討論・説得の段階において発揮されるべきものであって、投票の価値にまで影響を及ぼすべきものではなく、それらによって投票の価値に差等を設けるのは、かえって平等の理念と相容れないと考えられるのである。ここにも、平等の理念にもとづく多数決における「理」がうかがわれる。

（1）Mayo, Henry B., *An Introduction to Democratic Theory*, Oxford University Press, 1960, p. 183.

（2）Renouvier, Charles, *Science de la morale*, tome 2, Librairie philosophique de ladrange, 1869, p. 242 (Burdeau, Georges, *Traité de science politique*, tome 5, Librairie générale de droit et de jurisprudence, 1953, p. 571 による).

（3）宮沢俊義「議会制の生理と病理」、『公法研究』第二三号（一九六二年一〇月、一頁以下）、和田英夫

「公法における多数決原理」、『日本法哲学年報 一九六二』（一九六二年四月、四九頁以下）、「まえがき」。

（4）Bertrand de Jouvenel, *De la souveraineté*, M. Th. Génin, 1955, p. 349.

（5）Kelsen, Hans, *Allgemeine Staatslehre*, Springer, 1925, S. 322（清宮訳、ケルゼン『一般国家学』（岩波書店（京城帝国大学法学会飜訳叢書）、一九三六年）七一九頁）。

（6）Kelsen, a. a. O., S. 323f.（清宮訳、七一九頁）。

（7）Kelsen, a. a. O., S. 324（清宮訳、七二〇—七二一頁（少し改訳した））。

（8）Kelsen, Hans, *Vom Wesen und Wert der Demokratie*, 2. Aufl., J. C. B. Mohr, 1929, S. 57（西島芳二訳、ハンス・ケルゼン『民主政治と独裁政治』（岩波書店、一九三二年）八二頁〔のち『民主主義の本質と価値 他一篇』長尾龍一・植田俊太郎訳、岩波書店（岩波文庫）、二〇一五年〕）。

（9）尾高『数の政治と理の政治』八六—八八、八八—八九頁。

（10）小林『法理学』上、二二一頁。

（11）Kelsen, Hans, *Reine Rechtslehre*, 2. Aufl., Deuticke, 1960, S. 390〔ハンス・ケルゼン『純粋法学 第二版』長尾龍一訳、岩波書店、二〇一四年〕.

（12）宮沢俊義『憲法Ⅱ』（有斐閣（法律学全集）、一九五九年）二六二頁以下参照。

（尾高朝雄教授追悼論文編集委員会編『自由の法理——尾高朝雄教授追悼論文集』有斐閣、一九六三年六月）

多数決の前提条件

はしがき

多数決の問題について、わたしは、さきに、「数と理」（尾高朝雄教授追悼論文編集委員会編『自由の法理——尾高朝雄教授追悼論文集』（有斐閣、一九六三年）六五—八六頁〔本書所収〕）および「多数決の意味」（『日本法学』第二九巻第五号（一九六三年一二月）、六〇五—六一九頁）（のち『憲法の理論』有斐閣、一九六九年所収〕）という、二つのささやかな論文を発表した。前者は、多数決の根拠の問題として、多数決のどこに、どのような仕方で〝理〟が認められるかということを主題としたものであり、後者は、多数決の概念・種類・効果などについて論じたものである。こんどの、この小論文は、右に掲げた二つの論文の、いわば中間にさし入れられるものとして、多数決成立の前提条件を扱ったものである。

多数決の前提条件の問題については、すでに内・外の多くの学者によってとりあげられており、わが国では、さきには、恒藤恭教授および木村亀二教授、近くは、宮沢俊義教授、和田英夫教授、碧海純一教授などによって、すぐれた研究が発表されているが[1]、前記のようないきさつもあり、わたしなりに考えをまとめる必要を感じたので、ここにあらためてとりあげる次第である。

多数決の根拠として、多数決における〝理〟、すなわち、合理性または正理性という意味の〝正しさ〟を求めようとする場合、多数決における〝理〟は、大別して二つの面で問題になる。一つは、多数決によって形成される意志決定の内容における〝理〟、すなわち、多数決の結果における〝理〟であり、他の一つは、多数決の結果ではなくて、多数決による意志形成の過程、意志形成の仕方における〝理〟である。わたしは、「数と理」において、多数決における〝理〟を、多数決の結果たる意志決定の内容に求めることは困難であり、多数決における理は、むしろ、意志形成の過程・方法において求められるべきであるという見地に立ち、この見地から見た場合の〝理〟として、民主、平和、自由および平等などの理念をとりあげた。このように考えると、多数決の根拠と多数決の前提条件とは、いろいろの点で関連をもつことになる。それは、あとの記述によって、順次明らかにされるであろう。

なお、多数決には、国法の規定にもとづいて行なわれるものとそうでないものとがあり、また、いわゆる政治的多数決と技術的多数決とがあるが、ここでおもに問題にするのは、国法、殊に公法にもとづく政治的多数決である。

（1）　恒藤恭「多数決の原理」、『我等』第六巻第二号（一九二四年三月、二七―四三頁）、木村亀二「多数決原理の省察」、『思想』第七二号(一九二七年一〇月、一—四三頁)、宮沢俊義「議会制の生理と病理」、『公法研究』第二三号(一九六二年一〇月、一—二三頁)、一二—一五頁、和田英夫「公法における多数決原理」、『日本法哲学年報 一九六二』(一九六二年四月、四九—九二頁)、五三—六〇頁、碧海純一「多数決原理」、『日本国憲法体系——宮沢俊義先生還暦記念』第三巻(有斐閣、一九六三年、四九—八一頁)、七四—七七頁。

多数決の前提条件

多数決が成立するために必要な前提条件としては、次のようなものが考えられる。

一 一つの全体として、一定の組織をもった集団が存在すること

多数決が成立するためには、それ以前に、多数・少数を含めた全体(ein Ganzes)としての集団が、一定の組織(Organisation)のもとに存在しなければならない。これは、概念上自明の論理的前提である。そもそも、多数・少数とは、このような全体においてのみ考えられることであるから。[1] これまでの国際共同体のように、個々の主権国から成り、全体としての結合が不十分で、弱い組織のもとにある場合には、特別の合意がないかぎり、多数決制度を採ることができない。[2] 国際連盟時代までは全員一致制により、国際連合にいたって、総会および理事会において、過半数または特別多数の制度が採られるようになったが、安全保障理事会では、実質的事項について、五大常任理事国の票に特別の価値が認められ、多数決制度がゆがめられている。[3]

（1）　Weber, Alfred, *Die Krise des modernen Staatsgedankens in Europa*, Deutsche Verlags-Anstalt, 1925, S. 50.

（2）　このことは、〔ヘルベルト・〕クルューガー〔一九〇五―八九年〕も指摘している。Krüger, Herbert, *Allgemeine Staatslehre*, W. Kohlhammer, 1964, S. 283, Anm. 45.

（3）　清宮「多数決の意味」六一五―六一六頁。

二　集団の全構成員または少なくとも一定数以上の構成員が意志形成に参加すること

多数決が行なわれうる集団は、少なくとも三人以上の構成員から成るものでなければならない。[1]そうして、多数決を行なうにあたっては、集団の全構成員を参加させるべきであるし、また、全員が参加することが望ましい。しかし、つねに全員の参加を期待することは実際上むずかしい。さればといって、ごく少数が参加しただけでは、意志形成が価値のないものになってしまう。そこで、一定数以上の構成員の参加が要請せられる。多くの会議体において、いわゆる定足数が定められているのは、このためである。

定足数とは、会議体で、議事を開き、または議決をなすにあたって、必要とされる出席者の数をいう。定足数をどのくらいにしたらよいかは、検討を要する問題である。定足数による制限が、高きにすぎると、流会を多くして会議の成立を困難にし、低きにすぎると、議事および議決の価値を減じ、会議の権威を失わしめる。日本国憲法では、両議院の本会議における議事および議決に必要な定足数を、ともに総議員の三分の一以上と定めている(2)（憲法第五六条第一項）。これに対し、憲法改正の国会の発議の場合は、「総議員の三分の二以上の賛成」を必要としているので（憲法第九六条第一項）、議決については、三分の二を定足数としていることになるが、議事については、憲法第五六条にいう三分の一で足りるとしているものと解せられる。

(1)　恒藤、前掲論文、二八頁、木村、前掲論文、四頁。これは、つとに〔オットー・フォン・〕ギールケ〔一八四一―一九二一年〕が指摘するところであるが（Gierke, Otto von, „Über die Geschichte des Mehrheitsprinzipes“, *Schmollers Jahrbuch*, 39, 1915, S. 565）、自明のことである。

(2)　憲法第五六条は、本会議についての規定であるが、その他の会議については、法律や議院規則でこれと異なる定めをなすことが可能であり、現に、委員会の議事および議決の定足数は、委員の半数（国会法第四九条）、両院協議会の議事および議決の定足数は、「各議院の協議委員の各々三分の二」と定めており（国会法第九一条）、常任委員会合同審査会の会議については、表決に要する定足数は、「各議院の常任委員の各々半数」とあるが（常任委員会合同審査会規程第八条第二項）、議事の定足数については、別段の定めはない。

三　すべての参加者に対して、意見表現、討論および表決の自由が認められること

多数決においては、すべての参加者が自由に意見を表現し、自由に討論し、自由に表決し、その結果、全体の意志決定に到達しなければならない。これは、多数・少数を問わず、すべての参加者にひとしく認められる必要がある。あたまから〝問答無用〟としてつくりあげられた多数は、多数の仮面をつけた独裁である。多数は自由の環境において形成された多数でなければならない。多数による意志決定にいたるまでの過程における、この種の自由は、多数決成立の前提条件である。「多数決の価値は、それに先行する意見の自由に由来し、多数意見の権威は、多数だけではなくて、意見の自由の環境のもとに形成された多数から生ずるのである(1)」。

(1)　Bertrand de Jouvenel, *De la souveraineté*, M. Th. Génin, 1955, p. 349.

四　すべての参加者に同等の資格が認められること

多数決は、少数者をも含めて、それに参加するすべての構成員の意志が平等であること、すなわち、一人の人間の意志が他の人間の意志よりも高い価値をもたないこと、各人の表決が同等の価値をもつことを前提として行なわれる(1)。多数決原理は平等の原理にもとづくものである(2)。各人の意志の平等は、さらに各人の人格の平等を前提とする。そうして、人格の平等は、人間を個人として尊重し、人の上に人なく、人の下に人なしとする、民主主義の根本

理念と不可分に結びついている理念である。[3]

これに対し、構成員の人格・意志に価値の差等を認め、特定人の人格・意志を特に高く評価する集団では、多数決は成りたちえない。独裁制はもともと多数決と相容れないし、〝鶴の一声〟でことがきまる社会でも多数決は結局認められないことになる。[4]

（1）多数決の場合に、少数者も平等の名義かつ同じ仕方において、審議および議決に加わるべきこと、および、多数者の恣意が許されないことは、すでに〔シャルル・〕ルヌヴィエ（Charles Renouvier）〔一八一五—一九〇三年〕が、その *Science de la morale*, tome 2, Librairie philosophique de ladrange, 1869 において、指摘しているそうである（Burdeau, Georges, *Traité de science politique*, tome 5, Librairie générale de droit et de jurisprudence, 1953, p. 571 による）。

（2）Starosolskyj, Wolodymyr, *Das Majoritätsprinzip*, F. Deuticke, 1916, S. 97.

（3）清宮「数と理」八二頁〔本書、一七六頁〕。

（4）宮沢、前掲論文、一二頁。

五　決定すべき問題について、集団構成員の間に意見の対立が存すること

「個性のない人間の社会では、意見の対立がないから、多数決の妥当する余地がない」[1]。構成員が個性をもち、意見をもっていても、それらの意見の間に相違・対立が見られない場合も、多数決が働らく余地はなくなる。

わが国の内閣の閣議の場合のように、制度として全員一致が要求されている場合と異な

り、制度としては多数決制が採られている場合でも、実際上全員一致の結果が見られることもある。それが、異なる意見を十分にたたかわした揚句《あげく》えられた結果であるならば望ましいことであるが、意見の対立を無理に抑えつけたり、意見をたたかわせることを殊更に回避したりする結果であるとすると、多数決の原理をゆがめるものである。ナチス・ドイツの指導者国家におけるヒットラーに対する〝Akklamation〟（歓呼）の方式や、わが日本の昭和ファシズムにおける大政「翼賛」方式・会議「統裁」方式などは、いずれも、「多数決原理の成立しうる基盤そのものをみずから否定し去った」事例である。(2)

（1）　宮沢、前掲論文、一二頁。
（2）　和田、前掲論文、五四頁。

六　対立する意見のうち、どれが正しいかを判定できないこと

集団において発表される、さまざまの異なった意見について、それらのうちでどれが正しいかを判定できるならば、それによって意志決定をなすべきことは当然である。多数決が問題になるのは、異なる意見のうち、どれが正しいかを判定しかねる場合である。ところで、そのような場合に、多数決を行なえば、それから〝正しい〟ものが生れるとなし、多数決による意志決定の内容に〝理〟を認め、多数決の結果として生れる多数の判断に〝正しさ〟を見いだすことができるとする者もかなりある。(1)しかし、それらの者も、そこに認められる

〝理〟、〝正しさ〟は絶対的なものではなく、相対的なものにすぎないというのであって、多数意志といえども絶対的な真・理・正・義などを含みうるというのではない。超越的な信仰の問題や客観的な知識の真否の問題が、多数決の及びえない領域に属することは、自明のこととして、多くの学者の指摘するところである[2][3]。

　相対的なものとしてならば、多数意志に、より正しいものが含まれるといえるか。諸学者の主張にもかかわらず、相対的にせよ、つねにかならず、少数意志にくらべて多数意志により多くの〝理〟が含まれるということの確実な保証を見出すことはむずかしいようである。多数決によって成立した意志決定は、集団における多数者の意見を反映するものではあるが、同時に、多数意見が少数意見よりも正しいということを証明するものでない。そもそも、多数決が行なわれるのは〝多数に理あり〟とも、また〝少数に理あり〟とも、しかと判定できない場合である。もしも〝理〟があることが証明されるならば、たとえ少数意見でも、それに従うのが当然であり、多数決の必要はなくなるはずである。たしかに、多数決が成立するまえに発表される意見については、どれが正しいかを知ることができず、さればこそ、多数決によるのであり、そしてまた、多数が成立したのちにおいても、ほんとうにどれが正しいかは、やはり知ることができないというべきであろう[4]。

　なお、一回の多数決による判断には〝正しさ〟が含まれるとはいえないとしても、いくたびか多数決を繰りかえすうちには、遂には正しいものが勝を制するにいたるものであり、そこに、多数決の〝理〟が認められると主張する学者もある[5]。しかし、個々の多数決によって何が正しいかを見出すことができないとすると、いくたび多数決を繰りかえしてみても、それから正しいものが生れるという保証はえられないであろう。正しい意見が遂には行なわれるようになるということは容認されるとしても、多数決から正しい意見が生れるということが確認できないのであるから、多数決によって正しい意見が行なわれるようになるとは断言できないのである。何が正しいかがほんとうに明らかになり、それが多くの人に知られているならば、その場合は、もはや多数決の必要はないであろう。要するに、多数決において示される意見の内容の〝正しさ〟を求めるのは、一回の多数決の場合でも、多数決を繰りかえす場合でも、無理なことである。[6]

(1)〔ジャン＝ジャック・〕ルソー〔一七一二―七八年〕をはじめ、スコットランドの〔ジョージ・〕ブキャナン (George Buchanan)〔一五〇六―八二年〕、わが森口繁治教授、アメリカの〔ジョン・H・〕ハロウェル (John H. Hallowell)〔一九一三―九一年〕、ドイツのクルューガー (Herbert Krüger) などがこれに属する。清宮「数と理」六八―七一頁〔本書、一六〇頁以下〕参照。

(2) Starosolskyj, a. a. O., S. 60; Weber, a. a. O., S. 51; 木村、前掲論文、三五頁、宮沢、前掲論文、一三頁。

(3) 宗教問題に対する多数決の適用については、すでに、〔ゲオルク・〕イェリネック (Georg Jellinek)〔一八五一―一九一一年〕が、その講演 (Das Recht der Minoritäten, 1891) で、「宗教事項に関しては多数決は嘗て正当と認められたることなく常に蛮力の発現として感ぜられたり」といい、三十年戦争後のドイツの議会では、宗教事項については、多数決制を用いず、旧教派と新教派の協議によって決定したという例を挙げている（美濃部達吉訳、ゲオルグ・イェリネック「少数者の権利を論ず」、『人権宣言論 外三篇』（日本評論社（社会科学叢書）、一九二九年）一四一—一四二頁〔のち、G・イェリネク『少数者の権利——転機に立つ憲法政治と憲法学』森英樹・篠原巌訳、日本評論社、一九八九年〕）。

（4） 清宮「数と理」七一—七二頁〔本書、一六一—一六二頁〕。同説・宮沢、前掲論文、一二—一三頁、和田、前掲論文、五五—五六頁。なお、宮沢俊義『国民主権と天皇制』（勁草書房（法学選集）、一九五七年）四五—四六頁にも同様の見解がみられ、スウェーデンの〔エリアス・〕ベルグ（Elias Berg）も、その近著 *Democracy and the Majority Principle*, Akademiförlaget, 1965 のなかで、多数が、もともと“正しい”決定をすることができるとか、多数はおそらく少数より正しいとか、いうことはできないという見解をのべている（pp. 126, 157）。

（5） わが吉野作造、尾高朝雄、横田喜三郎など諸氏の見解にこれがみられる。清宮「数と理」七三—七七頁〔本書、一六四頁以下〕参照。

（6） 清宮「数と理」七六—七七頁〔本書、一六八頁以下〕。

七　参加者の間に、意見の対立が見られても、根底において、精神的同質性または共通性が存在すること

多数決が行なわれるためには、その前提として、参加者の間に、意見の対立が見られても、その根底においては、いわゆる精神的同質性（Homogenität）または共通性が存在し、「たがいの間の歩みよりまたは共存」[1]の可能性がなければならない。多数決によって問題を解決しようとする、全体としての集団においては、「各成員間の意見の対立にもかかわらず、しかもその根源においては、基礎的な利益の同質性が、すなわち、たとえば国にあっ

ては国民的利益や国民的連帯性の共通的な認識といったものが、大前提となっていなければならぬ」(2)。ルソーが、「多数決の法則は、……少なくとも一度だけは、全員一致があったことを前提とする」(3)とか、社会契約は、その性質上、全会一致の同意を必要とするとかいっている(4)のは、多数決の前提として、右のような同質性・共通性の必要を念頭においているようにも思われる(5)。

資本家階級、労働者階級の対立が激化している社会において、なおかつ多数決の原理が適用されうるかどうか、適用されうるとしてそれはどの範囲に限られるかは、以前からはげしい議論がたたかわされている問題である。代表的なものとして、アドラーとケルゼンの所説をとりあげてみよう。

〔マックス・〕アドラー（Max Adler）〔一八七三―一九三七年〕は、マルキシズムの立場から、多数決の原理は、階級対立のない社会、成員の利益共同社会のうえに基礎をおいている社会には適用されるが、階級対立によって分裂している社会には適用できるものではない、といい、理由として、多数決原理は、第二義的な、いわば単に技術的意見の相違を克服するには適するが、生々しい利益闘争の調停には適しない、ということを挙げている。そうして、階級対立のない社会における多数は、「共同社会的管理」(gemeinschaftliche Verwaltung）を意味するのに対し、階級対立社会における多数は、「一方的支配」(einseitige Herrschaft）を意味し、階級社会における議会制度による国民の自決の諸形態においては、つねに階級闘争の一端が現われるにすぎず、それはいつも実力の強行であり、多数をもって反対階級に法律を押しつける、一つの階級の他の階級に対する権力である、という[6]。

これに対して、〔ハンス・〕ケルゼン（Hans Kelsen）〔一八八一－一九七三年〕は、「デモクラシーの、特に議会主義の基礎形態としての多数決原理を、階級分裂の社会に対して否定することは、多数決原理が不充分であるとの認識論的洞察に由来しないで、むしろ、階級対立を、平和的な妥協の途に依らず、革命的な暴力行使に依って、民主主義的ではなく、独裁専制主義的に克服せんとする――合理的には到底是認せられない――意思に因るものである。……（階級）対立を、流血の革命的な途に依って破滅に追いやることなく、平和に漸次に調停する可能性を提供する形式が存在するものとすれば、それは即ち、議会主義的民主政治の形態に他ならない[7]」という。

階級対立のはげしい社会においても、そこになお、全体の立場が考えられ、根底における同質性が認められる場合は、多数決による問題解決の余地は残される。さもなければ、議会民主制も行なわれえない。「この根源的な意味での同質性すらをも、そもそもの出発点において、承認できないという認識が各成員間に抜き難く内在しているならば、もはやそれは多数決原理が成功的に妥当しうべき状況もしくは争点ではないといわざるをえまい[8]」。

多数決の本質を妥協に求め、妥協にもとづいて階級対立が解決されるとみるケルゼンの見解には問題がある。多数決は、妥協によって成立するとはかぎらないし、妥協の成立しない場合にも、いな、そのような場合にこそ多数決によらなければならないのであるから、多数決を一般に妥協と結びつけるのは無理である[9][10][11]。また、階級対立を多数決による妥協によって調停できるとなすのも、きびしい社会的現実に対して楽観にすぎる。露骨な階級対立の立場をそのまま議会にもち込む場合は、多数決による問題の解決は不可能であるといわねばなるまい。議会民主制における多数決による平和的調停なるものは、国民全体の立場からの何らかの共通点が認められなければ実現の望みはなくなるであろう。

(1)　宮沢、前掲論文、一三頁。
(2)　和田、前掲論文、五五頁。
(3)　桑原武夫・前川貞次郎訳、ルソー『社会契約論』(岩波書店〔岩波文庫〕、一九五四年)二八頁。
(4)　同上、一四八頁。
(5)　宮沢、前掲論文、一四頁、和田、前掲論文、五五頁も同じように解している。
(6)　Adler, Max, *Die Staatsauffassung des Marxismus*, Verlag der Wiener Volksbuchhandlung, 1922, S. 122ff.(山本琴訳、マックス・アドラー『マルキシズム国家観』(改造社〔改造文庫〕、一九二九年)一七六頁以下)。
(7)　西島芳二訳、ハンス・ケルゼン『民主政治と独裁政治――デモクラシーの本質と価値』(岩波書店、一九三二年)九七、九九頁〔のち『民主主義の本質と価値　他一篇』長尾龍一・植田俊太郎訳、岩波書店〔岩波文庫〕、二〇一五年〕。
(8)　和田、前掲論文、五五頁。
(9)　清宮「数と理」八二頁〔本書、一七五頁〕。
(10)　尾形典男教授も、「多数決が最もよくその本来の統合の機能を果すのは妥協の成立し得ない場合、その所謂中間線の発見され得ない場合であることを考へるならば、多数決がもつ論理は「妥協」によっては説明され得ないであらう。討論による説服は妥協であり得ても、多数決そのものは妥協ではあり得ないであらう」といっている（尾形典男「近代国家と政治的自由」、尾形典男・五十嵐豊作『近代国家論』第三部（弘文堂、一九五二年）、一五六―一五七頁）。

(11) ベルグも、多数決原理の利用と妥協との間には積極的（positive）かつ明りょうな（unambiguous）関係はない、といっている（Berg, *Democracy and the Majority Principle*, p. 150）。

八　多数決の結果の承認および信頼が存在すること

およそ、集団において票決による意志形成が成立するためには、形成された意志に対して、集団構成員がそれを集団の意志として承認し、それに服する用意がなければならない。これは、すべての票決による意志形成の基礎的前提である。そうして、多数決による意志形成が行なわれるためには、少数者をも含めて、各構成員が、多数決の価値を認め、その結果を尊重し、それに対して信頼感をもたなければならない。

九　多数は少数を、少数は多数を、互いに尊重すること

多数決は、平和の理念にもとづき、論争を平和的に解決するために存在する制度である。それは、〝弾丸にかえて投票を〟（ballots for bullets）を用い、〝頭をたたき割るかわりに頭を数える〟（a counting instead of a cracking of heads）ことによって、平和のうちに論争を終結させるための手段である。(1) そこでは、ルヌヴィエ（Ch. Renouvier）のいうように、

「すべての暴力は排除され、戦いは英知と情熱の領域に限られる」[2]。

多数決による意志決定は、少数をも拘束し、少数の側にある者もそれに服しなければならないが、それは、多数の力による少数の圧制、多数に対する少数の隷属ではなくて、多数による意志決定に対する少数の納得と承認にもとづく服従であることを要する。多数の側において、少数を尊重し、その納得と承認を待つだけの雅量と寛容さがなければ、〝理〟にもとづいた多数決は成立しない。これは、わたしが、さきに多数決の〝理〟に関連して述べたところである[3]。多数決が数の力をたよって少数を抑えつけ、〝強行採決〟をあえてするようでは、多数決の名に値しない。わが、昭和二九〔一九五四〕年六月の〝乱闘国会〟における警察法の強行採決、昭和三五〔一九六〇〕年五月の新安保条約の強行採決などは、問題を残した事例である。

多数による少数の尊重は多数決の成立要件であるが、一方また、少数による多数の尊重も多数決の成立要件である。多数が少数を尊重し、また、少数が多数を尊重するところにはじめて多数決による民主政治は成長するのである。したがって、問題は多数の側にのみあるのではなく、少数の側にもありうる。少数が、その意見を貫徹するために暴力にうったえて意志決定を阻止するような場合は、やはり多数決の軌道からはずれることになる。さきの、昭和二九年六月および昭和三五年五月のわが国会において、少数派に属する野党側は、暴力によって採決を阻止しようとしたが、そのような態度も、脱線のそしりをまぬかれない。

（1）清宮「数と理」七九頁〔本書、一七二頁以下〕。
（2）Renouvier, *Science de la morale*, tome 2, p. 242 (Burdeau, *Traité de science politique*, tome 5, p. 571 による).
（3）清宮「数と理」八〇頁〔本書、一七三頁〕。

一〇　少数も多数になる可能性が存在すること

多数決が行なわれるためには、少数が少数として尊重されると同時に、少数が多数になりうる道が開かれていなければならない。多数決の原則は、〝話しあいの論理〟と〝少数派の多数派への転化の可能性〟を前提とする。この「前提がまるきり無視されて、たんに「頭数をかぞえる」だけの政治がおこなわれると、そこには多数という名の独裁があるだけにすぎなくなろう」[1]。同一の集団が、いつも「固定して変らない多数」（fixed and unchanging majority）を占め、他の集団には多数になる望みがまったく閉ざされてしまっては、多数決も民主政治もありえない。そこに実現されるのは、〝問答無用〟の絶対・専制政治である。一方では、「固定し、硬結した多数」（a stable and consistent majority）、他方では、「希望を失った少数」（a hopeless minority）が生ずるのを戒《いまし》めなければならない[2][3]。いわゆる〝永久的多数党〟、〝永久的少数党〟は、ともに、多数決原理をゆがめるものである[4]。

（1）小林直樹「憲法の正当性について（二・完）」、『国家学会雑誌』第七二巻第一二号（一九五八年一二月)、三七頁。

(2) Gosnell, Cullen B., Lancaster, Lane W., and Rankin, Robert S., *Fundamentals of American Government*, McGraw-Hill, 1957, p. 23.

(3) 昭和三四〔一九五九〕年八月に、日本でも封切られた、『十二人の怒れる男』〔シドニー・ルメット監督〕というアメリカ映画で、一二人の陪審員が、父親殺しの少年被告の有罪・無罪を決定するにあたって、当初は、一人の陪審員が有罪に疑問をもつにすぎず、一一対一で有罪意見が有力であったのが、論議を重ねるにしたがって、一〇対二となり、さらに六対六となり、ついに全員が無罪と断ずるにいたったのは、多数決のありかたについて、注目すべき示唆を与えるものである。

(4) 和田、前掲論文、五七頁参照。

(『日本法学』第三三巻第四号、一九六八年一月)

わが憲法上の解散

一　はしがき

日本国憲法の定める解散がどのようなものであるかについては、すでにかなり多数の研究が公表されているが、なお解散の実質的決定権の所在、解散の行なわれる場合など重要な点について、諸種の異なる意見が唱えられ、いまだに真相の明らかにせられない部分がかなり多く残されている。実際に行なわれた二回の解散の場合に異なる取扱いがなされていること、すなわち、昭和二三（一九四八）年一二月二三日の解散は憲法第六九条及び第七条によるものとせられ、昭和二七（一九五二）年八月二八日の解散は憲法第七条によるものとせられていることも、あらたに論議の種を播《ま》いている。筆者は、さきの小著でわずかに解散の問題に触れ(1)、さらに昭和二七年六月八日の東北法学会の席上で研究報告を行なったが、この機会に、その後の研究にもとづき、論争の的となっている二、三の主要問題について、卑見を公けにし、ひろく同学の諸兄の教えを乞うことにする。

（1） 清宮『憲法要論』（法文社、一九五二年）一七一―一七二頁。

二 解散の意義

ここで研究の対象となるのは、わが現行憲法上の解散である。日本国憲法は、第七条第三号、第四五条、第五四条第一項、第二項及び第六九条の五ヵ所で解散という言葉を用いているが、いずれも、衆議院議員の全部に対して、その任期満了前に、議員たる身分を失わしめることを意味するものと解せられる。

解散が、衆議院にのみ認められるものであることは、憲法の明文によって明らかである。これに対して、解散は、いわゆる「他律的解散」すなわち、衆議院以外の機関（諸外国の立法例によると、通常は国の元首または行政府、わが現行憲法では、天皇及び内閣）の行為にもとづく解散のみに限られるかどうかについては、定説はないが、わが憲法は、他律的解散のみを認めるものと解せられる。この点は、のちに漸次明らかになるであろう。なお、これは、憲法の文言によって決せられる問題ではないが、第五四条及び第六九条に、衆議院が「解散され」るという受身の形が示されていることは、憲法の真意をうかがうにあたって、ひとつの暗示とはなるかもしれない。とにかく、わが憲法のうえでは、一九二〇年のプロイセン憲法第一四条で認めている、議会みずからの議決による「自律的解散」あるいは、ベルギーの現行憲法第八五条で認めている、王位が空欠となった場合に当然に生ずる「自然解散」のようなものは存しえない[1]。これは、のちに述べる解散の決定権者及び解散の行なわれる場合の問題にも関連があることであるから、このさい、いちおう明らかにしておく次第である。

(1) 他律的解散、自律的解散、自然解散については、土橋友四郎「衆議院の解散」、『専修大学論集』第二号(一九五二年六月、八頁以下)、九—一一頁参照。

三　解散権とその主体

右に述べた意味における解散を行ないうる権能、すなわち解散権が、どのような機関に属するかという問題については、解散権を、さらに、実際に解散を決定する権能(実質的解散権または解散決定権)と、右の決定にもとづき、解散する旨を外部にも表示する権能(形式的解散権または解散宣示権)とに区別して考える必要がある。なぜならば、この二つの権能は、その性質を異にし、且つ、それぞれ別個の主体に属するものとみなされるからである。

一　形式的解散権

憲法は、第七条第三号に、衆議院の解散は、天皇がこれを行なうと定めている。これによって、天皇が、なんらかの意味で、解散を行なう権能をもつことは明らかである。ところで、別に、憲法第四条には、天皇は「国政に関する権能を有しない」と定められており、衆議院を解散するか、しないかを決定することは、国の政治に重大な影響を及ぼす行為であり、憲法第四条にいわゆる「国政」に該当するものとみなされるから、実質的解散権は、天皇の行ないうる権能には属しない。したがって、憲法第七条第三号によって、天皇が解散を行なう権能としては、他の機関の決定にもとづき、解散する旨を外部に宣示する権能、すなわち形式的解散権しか問題になりえないことになる。このように解釈することは、すでに学界の定説になっているとみてもよかろう。この問題に関連して、憲法が、一方では、天皇の「国政に関する権能」を全面的に否認しながら、他方で、天皇に解散権を認めているのは、たとえ天皇の解散権を形式的解散権と解するとしても、およそ解散というものは国政に影響を及ぼす性質の行為であって、形式的行為によるにせよ、天皇がそれにタッチするのは、結局、国政に関与することになるから、憲法自身の矛盾ないし少なくとも不徹底ではないかとの疑問が生じ、憲法が天皇の解散権を認めることそのことが問題になるが、これについては、別の機会にあらためて論ずることにする。(1)

(1)　筆者の疑義については、昭和二七(一九五二)年四月二八日に行なわれた日本公法学会第九回総会の第二部会における討議のさいにも一言した(『公法研究』第七号(一九五二年)、一一七頁参照)。

天皇の解散行為は、「国事行為」として、内閣の助言と承認によって行なわれる（憲法第七条、第三条）。この場合の内閣の助言と承認は、解散を行なう旨を宣示する、天皇の形式的行為について、しかもその限りにおいて、なされるものであって、のちに述べるように、天皇の形式的解散行為に対して内閣が助言と承認を与えることから、ただちに解散についての内閣の実質的決定権までも導きだされるものではない。なお、憲法には、解散についての内閣の「承認」という言葉が使われているが、解散の実質的決定について、天皇からの発意に対して内閣が承認するというようなことはありえない。それによって、天皇が国政に関与し、憲法第四条の原則に違反することになるし[1]、およそ内閣の助言・承認は、解散の実質的決定以後の段階でみられることであるから。

（1）土橋、前掲論文、一六頁。

天皇の解散行為は、「詔書」の形式によって行なわれ、衆議院の議長に伝達されると同時に、一般に公布される例になっている。実例によると、昭和二三年の詔書には、「憲法第六十九条及び第七条により、衆議院を解散する」とあり、これに対して、昭和二七年の詔書には、「憲法第七条により、衆議院を解散する」と謳《うた》われている。この場合、第七条は、天皇の形式的解散権の根拠を示すものと解することができるが、第六九条は、むしろ内閣の解散決定権を予定するものであって、これを解散決定権をもたない天皇の形式的表示行為の根拠として引用するのは、当をえたものとはいえない。

二　実質的解散権

憲法第七条によって、天皇に認められている解散権が、形式的解散権であるとすると、それに先行すべき実質的解散決定権が、どのような機関に属するかが、次の問題である。これについては、憲法に正面からこれを規定した明文がないため、論議すこぶる多く、諸種の説が唱えられているが、大別して、右の権能は、内閣にあるとする説、衆議院にあるとする説及び内閣にも衆議院にもあるとする説の三つに分けることができる。

(1)内閣説

解散の実質的決定権が内閣に、しかも内閣にのみあるとするのは、学界における多数説である。そうして、この場合、所説の根拠として、憲法第七条を引用するものが有力である。これによると、同条にいわゆる「内閣の助言と承認により」とは、天皇の形式的解散行為に対する内閣の助言・承認のほかに、その前提となる、解散を行なうかどうかについての内閣の実質的決定権をも含むものと解せられている。(1)

(1)　佐藤功「解散をめぐる憲法論争」、『法律時報』第二四巻第二号（一九五二年二月、二七頁以下）、三五頁及び、同「解散論争のその後」、『法律時報』第二四巻第九号（一九五二年九月、六四頁以下）、六六頁には、とくにはっきりと、この旨が述べられている。

解散の実質的決定は、その形式的表示とは別個の行為として、これに先行する行為であるから、後者についての助言・承認が認められるからといって、当然に、前者の権能もそれに含まれると解することはできない。実質的解散権と形式的解散権とを区別する実益の一つはここにある。一般に、憲法は、天皇の形式的国事行為とその実質的決定とは、これを区別して取扱っている。その結果、内閣は、総理大臣の任命の場合のように、国会の指名した者について助言することもある。ところで、解散の実質的決定権がどこにあるかについては、憲法上どこにもこれを明言する規定はない。第七条が、内閣の決定権を予想するものと推定する根拠となりうるものならば、直接に内閣の行動について規定している第六九条に、「衆議院が解散されない限り」とあるのは、第七条以上に有力な内閣説の根拠となるであろう。とにかく、第七条のみについて内閣の決定権の根拠を求める説には疑いなきをえない(1)。

(1)　小島和司「解散権論議について」、『公法研究』第七号（一九五二年、八三頁以下）、九〇頁参照。

筆者も、解散の決定権は内閣にあるとみなす者であるが、その根拠は次の諸点にあるものと解する。

(イ)すでに述べたように、わが憲法上、自律的解散は認められず、他律的解散のみ認められ、しかも天皇に決定権がないとすると、この場合に問題になるのは内閣だけである。(ロ)憲法は、権力分立制を採用し、行政権を内閣に属せしめている。解散の決定が憲法第六五条にいう「行政権」に属するかどうかは問題であるとしても、[1]憲法は、解散の決定を、ひろく内閣の担当する作用に属せしめているものと解することができる。(ハ)憲法は、議院内閣制を採用し、内閣の国会に対する責任を明らかにすると同時に、衆議院の内閣不信任決議権を認め、これに対応するものとして、内閣の解散決定権を認めるものと解せられる。

(ニ)さきに一言したように、解散決定権の所在を直接に示す憲法上の明文はないが、第六九条に、内閣の総辞職について規定し、衆議院の不信任決議が可決されたときは、内閣は、解散か総辞職かの二者択一を余儀なくされる旨を示すにあたって、「衆議院が解散されない限り」といっているのは、「衆議院の解散を決定しない限り」という意味を含むものとみて、内閣の決定権を推定せしめるものと解してよかろう。[2]

(1)　これについては、長谷川正安「解散論争の盲点」、『法律時報』第二四巻第七号（一九五二年七月、五〇頁以下）、五二頁及び、小島、前掲論文、九〇頁参照。

(2)　小島、前掲論文、九二頁。

(2)衆議院説

解散決定権が衆議院にのみあるとはっきり唱える者はないようであるが、尾崎行雄氏は、「ほんとうの民主国においては人民の選んだ代表者、人民にかわるものが衆議院である。……この人民にかわつた一番尊い機関を解散する……ということがあるべきはずのものではない」といい、天皇・内閣による解散をあたまから否認する超憲法論を唱え、もし国民の主張をききたいなら、議員が辞職すればよいとなしている。[1] 尾崎氏が、議員の辞職のほかに、衆議院自身の決議による解散を認めるかどうかは明らかでないが、もしそれを認めるものとすれば、ここであらたな問題が生ずる。[2] しかし、内閣説を採る筆者の立場から衆議院説に賛することができないのは、特にことわるまでもない。便宜のため次の内閣及び衆議院説について述べるさいに、さらに理由を明らかにする。

(1) 昭和二六（一九五一）年一一月一三日、第一二回国会両院法規委員会議録第四号、一頁以下。なお一九四七年一一月一二日『毎日新聞』参照。

(2) 宮沢俊義「解散の法理」、『ジュリスト』創刊号（一九五二年一月一日、一〇頁以下）、一一―一二頁及び土橋、前掲論文、一六頁は、いずれも、尾崎氏が決議による解散を認めるものと解している。

(3)内閣及び衆議院説

解散決定権は、内閣にも衆議院にもあるという説を提唱しているのは、長谷川（正安）助教授である。すなわち、「原則としては衆議院が自らの決議で解散するが、内閣を不信任した場合には、第六九条により、例外的に内閣が解散権をもつ」という。[1]　長谷川助教授は、フランスの第四共和国憲法の四月草案（国民投票で否決されたもの）で、議会の決議による解散を原則とし、内閣の決定による解散を例外としているのに魅力を感じながら、この結論を引きだしているようである。[2]　この説は、立法論ないしは政策論としては、傾聴に値いする。現に、中村哲教授は、立法論として、「自動的」解散制を認める必要を説いている。[3]　しかし、これを解釈論としてとりいれることには賛同しがたい。[4][5]　わが憲法が、衆議院の他律的解散のみを認め、自律的解散を認めていないと解せられることは、すでに述べたとおりである。いったい、憲法になんらの規定がない場合に、衆議院の解散決議なるものが、どのような法的意味をもち、どのような法的効果を伴うものであろうか。第六九条に定められる不信任決議の場合には、内閣は解散か総辞職かいずれかを選ぶように拘束される。解散決議の場合には、決議によってただちに解散の効力が生じ、あるいは内閣の決定を法的に拘束することになるのであろうか。昭和二七〔一九五二〕年六月一七日の両院法規委員会の勧告は、「衆議院が、解散に関する決議を成立せしめた場合には、内閣はこれを尊重し、憲法第七条により解散の助言と承認を行うというごとき慣例を樹立することが望まし」いといい、決議そのものの成立はこれを認め、内閣がそれを尊重する慣行の成立を希望してはいるが、ただちに解散の効力を生ぜしめるとも、また、決議によって内閣がかならず解散の決定をするように拘束されるとも断じてはいない。これに対して、佐藤〔功〕教授は、解散決議には諸種の疑義を提出しながらも、決議の法的効果は解散であるという。[6]　その真意は明らかでないが、おそらく内閣を拘束するというのであろう。さらに、小島〔和司〕助教授は、国会両院（衆議院のみでない）の衆議院解散決議は、憲法の定める議員の任期を短縮することになるという点から、その合憲性を疑っている[7]。自分は、衆議院単独の解散決議についても、その合憲性を疑う者ではないが、政治論としてはとにかく、法律論としては、決議がただちに解散の効力を生ずるとなすのはもとより、それが内閣の決定ないしは天皇の解散行為を法的に拘束するとなすべき、わが憲法上の根拠を見出すことはむずかしいと解する者である。なお、長谷川助教授は、衆議院の自律的解散を、国会の最高機関性から導きだそうと努めておられるようであるが、わが憲法は、国会の最高機関性を謳いながらも、解散の場合には、権力分立の原理にたちかえって、内閣によって衆議院を抑制するための他律的解散のみを認め、国会の最高機関性にもとづく自律的解散には席を与えていないものと解される。さらに、この点については、小島助教授とともに、「衆議院はそれだけではけっして最高機関とはなりえない」という反対理由をも加えることができよう[8]。

（1）長谷川、前掲論文、五六頁。
（2）長谷川、前掲論文、五五頁。
（3）中村哲『国会』（要書房〔要選書〕、一九五二年）一四一頁。
（4）この点については、小島〔和司〕助教授も批判している。小島、前掲論文、九一頁。
（5）長谷川助教授自身は、「昭和憲法の解釈として」と特にことわって、さきに掲げた結論を示しているが、別にまた、「わたくしのいう衆議院自身の解散の原則は、これから慣行として建設してゆかなければならない試論にとどまることはたしかである」ともいわれ（前掲論文、五六頁）、その真意は、かならずしも明らかではない。

（6）佐藤「解散論争のその後」六五―六六頁。

（7）小島、前掲論文、九三頁。

（8）小島、前掲論文、九三頁。

要するに、自分は、わが憲法の解釈論としては、衆議院の自律的解散を認めえないものと解する者であり、したがって、(3)説にも(2)説にも賛しえない者である。

四　解散の行なわれる場合

解散がどのような場合に行なわれるかという問題も、実質的解散権のそれと同じように、議論の多い問題であり、しかも、この二つは互いに密接な関連をもっている。この問題については、議論が出つくした観があり、多くの学者や実際家の所説についてはすでに詳しい紹介が発表されているから[1]、ここで個々の所説に深入りすることは省略する。

（1）佐藤功教授の前掲二つの論文及び土橋友四郎氏の前掲論文に詳しい紹介がある。

問題は、解散の行なわれる場合が、憲法第六九条に予想されている場合にかぎられるかどうかに集中され、今なお、これについてはげしく争われている。筆者は、さきに、この点についての簡単な見解を公表して、「解散が行われる場合について、これを正面から規定した明文は、どこにもない。わずかに、憲法第六九条に、内閣の総辞職について規定するにあつて、衆議院で内閣不信任の決議案を可決し、または信任の決議案を否決したときは、解散が行われる場合のあることが予想されているにすぎない。したがつて、第六九条のみにたよらず、一般に、解散の目的に照らして問題を決すべきである。解散は、国会、殊に衆議院が、民意を反映しているかどうか疑わしい場合に、民意を確めるために設けられた制度である。解散が行われる普通の場合としては、衆議院が内閣を信任しない場合、または重要問題について、衆議院と内閣とがはなはだしく意見を異にする場合などが考えられるが、解散は、これらの場合にかぎらず、憲法改正、条約締結など、国家の大事について、民意を確めるために行われることもありうる」といった。(1) これは、通説と認められるところであり、現在も、これを補足する必要は認めるが、その根本を改めるつもりはない。

(1)　清宮『憲法要論』一七一―一七二頁。

これに対し、長谷川助教授は、通説は明治憲法的天皇制に結びつきやすいという懸念から、衆議院の決議によるもののほか、例外的に第六九条による内閣の解散のみを認めようとする。形式的にせよ、天皇の解散権を認める憲法の不徹底については、すでに述べたが、立法論としてはとにかく、解釈論としては、天皇の権能を否認することはできないし、明治憲法時代と異なり、天皇の権能の影にかくれて独裁を行なうことができなくなった今日、筆者のように解することがただちに旧天皇制に結びつくとも思われない。衆議院の決議による解散については、すでに筆者の立場を明らかにした。残された問題は、内閣が解散を決するのは、第六九条の場合にかぎるとする点である。これらについては、小島助教授は、長谷川助教授よりさらに徹底した見解を述べ、「内閣に解散権あることを推定しうるのは第六九条のばあいのみ」であり、「そこで内閣が解散を決定しうるのはこのばあいのみに限定される」と断定している。[1] 第六九条によって内閣の解散権が推定されることから、「そこで」といって、ただちに内閣の決定がこの場合にかぎられるという結論を導きだすことには論理の飛躍があるように思われるし、筆者のように、内閣の決定権を、第六九条のみによらず、ひろく、憲法の認める他律的解散制、権力分立制、解散と不信任決議との対応などの諸点から、内閣の解散決定権を推論しようとする立場からは、長谷川・小島両説のいずれにも賛することはできない。

（1）　小島、前掲論文、九二頁。

筆者のような立場から、内閣が解散を決定しうる場合における衆議院との関係をみると、次のようなものが存しうることになる。

⑴内閣が衆議院の多数と対立した場合

憲法第六九条の場合はこれに属する。この場合は、衆議院の意志は、解散か総辞職かについて内閣を拘束する。これに対し、他の場合には、かならず内閣の解散の決定または総辞職という法的効果を伴うとはいえない。次の⑵及び⑶の場合も同様である。重要法案が否定された場合などはこれに属する。

⑵衆議院の解散決議による場合

反対党が多数のときは、不信任決議となるであろうから、解散決議は、与党が多数であり、しかも与党が解散を望んでいる場合に行なわれる。したがって、実際的意義は少ない[1]。しかも、この場合の衆議院の決議は、直ちに内閣の決定を拘束する法的効果を生ずるものではなく、解散は、やはり内閣の決定をまって行なわれるのである。

（1）　佐藤「解散論争のその後」六六頁参照。

⑶衆議院の少数党の希望に応ずる場合

これも、実際には稀な場合である。希望の法的効果については⑵の決議のそれと同様である。

(4)衆議院の意志とは独立に、内閣の発意による場合

憲法改正や条約締結の場合などについて考えられる。

五　解散の民主的性格

自律的解散制の強調や、解散の行なわれる場合をなるべく限定しようとの主張は、他律的解散制度に対する危惧または不信頼のあらわれとみられるふしが多いようである。いったい解散という制度は、はたして民主的なものであろうか。この大問題について、いま詳しく述べる余裕はないが、わが憲法上の解散の正体を明らかにするためにも重要な問題であるから、最後にこれについて一言する。

解散制度の背景をなし、その合理性を基礎づける原理として問題になるのは、自由主義と民主主義である。解散の自由主義的性格は、それが、権力分立の見地から、立法部と行政部との権力の均衡を保たしめ、立法部があまりに強大になり、専断または行き過ぎにおちいるのを、行政部の権力によって抑制し、立法部の権力の濫用に対して国民の自由を保障するために必要な手段として用いられるところにあらわれる。次に、解散の民主主義的性格は、行政部と立法部のあいだに意見の一致をみない場合に、国民に訴えてその判定を待つというね

らいをもっているところに示される。この場合、国民は、行政部及び立法部に対し、より上級の第三者として、両者間の勢力の均衡を保持する役割を演ずる。そうして、ここに、解散制度における自由主義と民主主義との結びつきがみられるわけである。〔ロベルト・〕レーズロープ〔一八八二―一九六二年〕が、政府による議会の解散権を高く評価し、この権能をいちじるしく制限するフランス型の議院内閣政治とそれをひろく認めるイギリス型の議院内閣政治とを比較し、前者を「不真正」(unechte, inauthentique) のものだといったことは、ひとの知るとおりである。(1)

(1) Redslob, Robert, *Die parlamentarische Regierung in ihrer wahren und in ihrer unechten Form*, J. C. B. Mohr, 1918, S. 106ff.; id., *Le régime parlementaire*, M. Giard, 1924, pp. 156ff.

解散という制度には、右のような自由主義的性格及び民主主義的性格がうかがわれるとしても、歴史のうえで実際にみられる解散が、いつもそのような性格を発揮しているということはできない。例えば、ドイツの帝政時代に行なわれた解散は、解散本来の性格を活かすことができなかった。カール・シュミット〔一八八八―一九八五年〕によると、その多くは、国民代表に対する君主の政府の優位を保とうとの目的をもち、解散の権能は議会に向けられた武器であり、解散権の行使は通例は衝突を前提とするが、解散は国民に訴えるものではなかったし、国王は何度でも解散を繰りかえすことができたから、新選挙は窮極の決定にはならなかった。このいちじるしい例として、かさねて解散が行なわれた、一八六二年から一八六六年までの、プロイセンの国王と議会との衝突の歴史を挙げることができる。ワイマール憲法第二五条で、同一事由にもとづく連続解散の制限が設けられたのも、そのためである、という[1]。たしかに、同一事由にもとづく連続解散が行なわれるようでは、解散の濫用であるばかりでなく、はなはだしく国民を愚弄するものというべく、そこではもはや解散の民主性などは影をひそめてしまう。

(1) Schmitt, Carl, *Verfassungslehre*, Duncker & Humblot, 1928, S. 353〔C・シュミット『憲法理論』尾吹善人訳、創文社（名著翻訳叢書）、一九七二年／カール・シュミット『憲法論』阿部照哉・村上義弘訳、みすず書房、一九七四年〕.

その後、各国における自由主義・民主主義の発達の結果、ドイツ帝政時代のような解散は、立法的にも実際的にも許されないようになってきている。解散制度の発展の跡を辿ると、行政部と立法部との関係からみて、行政部優位の解散から、行政部と立法部とを同等の立場において、両者の勢力の均衡をねらった解散へ、そうしてさらに、全体としては立法部に優位を認める制度のもとにおける解散へと進んできているようである。わが憲法上の解散も、まさにこの、最後の段階にあるものとみなされる。国民主権の原理にたち、国会の最高機関制を認め、議院内閣制を採る憲法のもとの解散だからである。

しかし、このように高度に民主主義的原理を採用しているわが憲法のもとでも、解散は、自由主義的な面を失っているわけではない。それにはなお、権力分立的見地から、行政部によって立法部を抑制するための手段として考えられている面が残されているものとみなされる。わが憲法の他律的解散制はこれを物語るものである。

解散制度における民主主義的性格は、行政部と立法部との不一致について、国民に訴えてその判定に待つという点に、もっとも強くあらわれる。この、国民に訴え、その判定に待つというやりかたは、たしかに民主的なものといえる。しかし、このやりかたが、どのようにして生れたかについては、あらためて吟味する必要がある。これについての筆者の研究は、いまだ、確たる断定をくだしうる段階に達してはいない。はじめは、議会を通して擡頭してきた民主的勢力に対抗し、これを抑制するための手段として考えだされたとみられるふしもある解散制度が、国民に訴えるということによって民主性を身につけるようになったのは、どのような理由にもとづくものであろうか。解散には、本来そのような性格もひそんでいたとみるべきであろうか。それとも、ただ、結果においてそうなったのであって、いわばひとつのけがの功名にすぎないものとみるべきものであろうか。いずれにしても、興味ある研究題目である。これに関連して、これまで伝統的に、法的にも事実的にもできるだけ解散を制限しようと努めてきたフランスで、解散の民主性を高く評価する学者の多いことは、注目に値いする。最近でも、〔モーリス・〕デュヴェルジェ〔一九一七―二〇一四年〕は、「理論的な角度から考察した場合、解散は、ときに、民主主義学説によって、次のように、反駁されている。すなわち、当初は、解散は、けだし、国王が勝手に行動できるようになるために、その議会の束縛からまぬがれる手段となる行為であった。しかも、執行部の議会支配を認めることによって、解散は、国民主権を無力なものにしがちである、といわれる。しかし、これらの議論にはやはりなんらの価値も認められない。解散は、それどころか、公権力のあいだに生ずるすべての重大な争議の裁定を国民に保障する手段である。解散は、実は、代表民主制において、国民が、一定の問題につき、その意見を表明して公認せしめうるための唯一の手段なのである」[1]といい、さらに、〔ジョルジュ・〕ビュルドー〔一九〇五—八八年〕は、端的に「解散はすぐれて、民主的な制度である」[2]と断じている。筆者は、これらの表現を、特別の興味をもって眺めている。

(1) Duverger, Maurice, *Manuel de droit constitutionnel et de science politique*, 5e éd., Presses Universitaires de France, 1948, p. 129.
(2) Burdeau, Georges, *Manuel de droit constitutionnel*, 6e éd., Librairie générale de droit et de jurisprudence, 1952, p. 103.

とにかく、民主主義及び議会主義の発達に伴って、解散制度もいろいろと変容を示していることはたしかである。そうして、この制度の基本を決する原理的性格において、その重点が、自由主義的・権力分立主義的なものから、民主主義的なものへと移行しつつあるように思われる。おそらく、それが自然であり、また、望ましいことでもあろう。わが国でも、将来、問題は、たんなる解釈や慣行の範囲内では片づけられなくなって、他律的解散か自律的解散かについて対決の結果、この制度にもっと根本的な変容がみられるようなときがくるかもしれない。そのような場合には、長谷川助教授や小島助教授の所説が、さらにあらためて、かえりみられねばなるまい。しかし、この問題は、本稿の目的を超えた領域に属する。

――昭和二七〔一九五二〕年一二月二四日稿――

（『法学』第一七巻第一号、一九五三年四月）

憲法の変遷について

一　憲法の変遷の概念とその実例

ここで憲法の変遷とは、ドイツなどで、「憲法の改正」(Verfassungsänderung) と区別して、特に「憲法の変遷」(Verfassungswandlung) といわれる現象をいう。ひろく憲法が変るというときは、次のようないろいろの場合が考えられる。

一　憲法の崩壊 (Verfassungsumsturz)

これは、国家の根本秩序としての憲法全体が廃棄されて、新しい憲法が作られる場合をいう。カール・シュミット〔一八八八―一九八五年〕は、これをさらに、「憲法の廃棄」(Verfassungsvernichtung) と「憲法の排除」(Verfassungsbeseitigung) の二つにわけ、前者は、憲法制定権者の交代をともなう革命による場合に見られ、後者は、憲法制定権はもとのままであって、クーデターによる場合に見られるとしている (Schmitt, Carl,

Verfassungslehre, Duncker & Humblot, 1928, S. 99, 103ff.〔『憲法理論』尾吹善人訳、創文社（名著翻訳叢書）、一九七二年／『憲法論』阿部照哉・村上義弘訳、みすず書房、一九七四年〕)。日本国憲法が作られた場合を例にすると、制定行為の性質については異なる見解もあるが、天皇主権から国民主権へと、憲法制定権の交代が行なわれ、明治憲法が廃棄されて、新しく日本国憲法が制定されたものとみなされる。

二　憲法の改正（Verfassungsänderung）

これは、特に「変遷」と区別されるもので、成典憲法の規定に基づいて、意識的に憲法を改変することをいう。日本国憲法第九六条に基づいて行なわれる行為などがその例である。

三　憲法の停止（Verfassungssuspension）

これは、成典憲法の規定に基づいて、憲法の個々の規定を一時的に停止することをいう。日本国憲法には、これを定める規定はないが、明治憲法では、第三一条のいわゆる非常大権によって、第二章の臣民の権利に関する規定を停止することが認められていた。

四　憲法の破毀（Verfassungsdurchbrechung）

これは、憲法の規定はそのままにしておいて、個々の場合に憲法と異なる措置をとることをいう。ドイツのワイマール憲法時代にときどきこれが行なわれ、賛否両論あったが、西ドイツ基本法のもとでも論議されている。日本国憲法のもとでは、このようなことは認められないものと解せられる。

以上の改正、停止、破毀は、いずれも憲法に変動を与えるものであるが、意識的になされるという点で、変遷とは区別される。

五　憲法の変遷（Verfassungswandlung）

今までに述べた崩壊、改正、停止、破毀とここにいう変遷とを含めてこれを「広義の変遷」ということもできるが、ここに変遷とは、「狭義の変遷」のことであり、それは、意識的に憲法を変更しようとする行為によらないで、暗黙のうちに憲法に変化が生ずる現象をいう。この意味の変遷はいろいろの場合に見られる。〔ジェームズ・〕ブライス〔一八三八―一九二二年〕は、アメリカ憲法の進化、発展の方法として、修正（Amendment）のほかに、解釈（Interpretation）及び慣習（Usage）の二つをあげている（Bryce, James, *The American Commonwealth*, Vol. 1, MacMillan, 1888, Part 1, Ch. XXIV〔ゼームス・ブライス『平民政治』全二巻、人見一太郎訳述、民友社、一八八九―九一年〕）。ここにいう変遷にも、解釈によるものも慣習によるものもある。

ドイツの〔ゲオルク・〕イェリネック〔一八五一―一九一一年〕が一九〇六年に公刊した『憲法の改正と憲法の変遷』（Jellinek, Georg, *Verfassungsänderung und Verfassungswandlung*, O. Häring, 1906. これについては、美濃部達吉訳『人権宣言論 外三篇』（日本評論社（社会科学叢書）、一九二九年）二一七頁以下に詳しい紹介がある）は、変遷の問題について、画期的な意義をもつ書物である。イェリネックより以前に、〔パウル・〕ラバント（Paul Laband）〔一八三八—一九一八年〕が、一八九五年の *Die Wandlungen der deutschen Reichsverfassung*〔Zahn & Jaensch, 1895〕で、憲法の変遷の問題を扱っており、その後さらに一九〇七年の „Die geschichtliche Entwicklung der Reichsverfassung seit der Reichsgründung" (*Jahrbuch des öffentlichen Rechts der Gegenwart*, 1, 1907, S. 1ff.) でも扱っているが、イェリネックのほど突っ込んだ研究ではない。

イェリネックは、憲法の改正とは、変更する意図をもった行為によって、成典憲法のテキストを改めることであり、憲法の変遷とは、憲法のテキストは、形式的には変えないでおいて、——変えようという意図はなしに、事実によって憲法を変更させることである、という。

イェリネックは、憲法の変遷の生ずる場合を次の五つに分けている。

第一は、議会、政府、裁判所というような国家機関の解釈による憲法の変化である。議会の解釈によるものとして、議会で、憲法違反の法律を違憲でないとして議決し、政府もそれに賛成するときは、そのような法律は法律として効力をもち、それによって憲法が変わることがあるという。なお、法律でなく議会の議事規則でも、憲法で秘密会議を認めていないのに、議事規則でこれを認めるような場合は、憲法の変遷が生ずるとしている。また、政府の解釈によって憲法が変わる例として、バーデンの憲法の恩赦に関する規定について、政府の解釈が、恩赦は大赦、特赦を含むというのから、のちに含まないというのに変わったことをあげ、そこにも憲法の変遷が見られるとしている。さらに、裁判所の解釈による憲法の変遷の例として、スイス及びオーストリアの憲法で、いずれも宗教上の関係は国民の権利の享有に影響がないと定めているのにかかわらず、両国の裁判所の判決で異なる取扱いがなされていることをあげている。国家機関の解釈によるもののうち、裁判所の法律審査権が認められていなかった当時のドイツでは、議会や政府の解釈による憲法の変遷ということは、特に強く、イエリネックの注目をひいたことと思われる。しかし、それでも、イエリネックは、アメリカ式の司法審査制には反対の意向を示している。

第二は、政治上の必要に基づく変化である。この例として、ドイツの連邦参議院(Bundesrat)が、「毎年召集する」という憲法の規定があるにかかわらず、常設の会議になってしまっていることなどをあげている。

第三は、憲法上の慣習による憲法の変化である。その例として、議会で不信任の議決をされた大臣が辞職しなければならないことをあげている。これは、イギリスで convention といわれるものである。イギリスの〔アルバート・ヴェン・〕ダイシー〔一八三五―一九二二年〕は、イギリスの憲法について、law of the constitution と conventions of the constitution とを区別して、前者は、裁判所で適用される法であり、後者は、裁判所で適用されない規律である、といい、イギリスで、下院の信任を失った大臣は職を辞さなければならないという不文の規律があるが、これは、law ではなくて、convention である、といっている（ダイシーの所説は、宮沢俊義『憲法』第五版（有斐閣（有斐閣全書）、一九五六年）、六七頁にまとめて紹介されている）。ドイツの〔ユリウス・〕ハチェック〔一八七二―一九二六年〕は、変遷に関連して、conventionを大きく取り上げ、これを中心にして論じている（Hatschek, Julius, *Deutsches und Preussisches Staatsrecht*, Bd. 1, G. Stilke, 1922, S. 13ff.; Derselbe, „Konventionalregeln oder über die Grenzen der naturwissenschaftlichen Begriffsbildung im öffentlichen Recht", *Jahrbuch des öffentlichen Rechts*, 3, 1909）。

第四は、国家権力の不行使による変化である。イェリネックは、国家権力の不行使による憲法の変化ということがあり得るといってはいるが、まぎらわしい例として、君主の不裁可権と大臣の弾劾制度とを取り上げ、不裁可の権能は、行使しなくても消滅してしまうものではないといい、また、大臣の弾劾も、実行されなくても消滅しないといっている。

第五は、憲法の精神における根本的な変化による場合である。この例として、アメリカで、代議院の勢力が委員会、ことに財政委員会や予算委員会に移ってしまい、イギリスで、議会政治が内閣政治になっていることなどがあげられている。

イェリネックのあとで、シュ・ドーリン〔徐道鄰（一九〇七―七三年）〕という人が、『憲法の変遷』と題する単行本を公刊している（Hsü Dau-lin, *Die Verfassungswandlung*, de Gruyter, 1932）。これは、かなり突っ込んで変遷に関するいろいろの問題に触れていて、参考に値いする書物である。シュ・ドーリンは、変遷に四つの場合があるという。

第一は、形式的には憲法を侵害しないプラクシスによる変遷であって、アメリカにおける委員会の例などがあげられている。

第二は、憲法の条規に基づく権能の行使不能による場合であって、シュ・ドーリンは、イエリネックが国家権力の不行使ということをあげているのは間違いであって、国家権力の単なる不行使でなく、行使不能というべきであるという。そして、その例として、フランスの大統領が議会の解散を認められていても、何十年かこれを行使できなかったことなどをあげている。

第三は、違憲のプラクシスによる変遷であって、その例として、さきの、ドイツの連邦参議院が常設の機関になってしまったことなどをあげている。

第四は、憲法の解釈による変遷であって、その例として、イエリネックのあげた、バーデンの恩赦権について、政府の解釈が、大赦、特赦を含むというのから、含まぬというのに変ったことなどがあげられている。

イエリネックが変遷が生ずるという場合についても、また、シュ・ドーリンのいう場合についても、一つ一つ検討してみると、変遷に当るかどうか、問題になるものもある。しかし、ここでは、それを論じている余裕がないので、二人の学者があげている例を紹介するにとどめ、変遷の問題を解釈による変遷の問題にしぼって、これについて少し立ち入って論ずることにする。

二　解釈による変遷

憲法を扱う場合にも、他の法の場合と同じように、解釈ということが必要である。そうして、解釈という操作が行なわれる以上、イェリネックなどの主張する、解釈による憲法の変遷ということを一般的には認めないわけにはいかない。ところで、それは、国の最高法規としての憲法についての問題であるから、きわめて重大な意義をもつ。しかも、それは非常に複雑で、むずかしい問題である。

まず、解釈と変遷との関係について考えてみると、ドイツの〔フリードリヒ・アウグスト・フライヘア・フォン・デア・〕ハイテ（Friedrich August Freiherr von der Heydte）〔一九〇七―九四年〕という学者も、「黙示的憲法変遷と憲法の解釈」（Stiller Verfassungswandel und Verfassungsinterpretation）と題する論文（*Archiv für Rechts- und Sozialphilosophie*, 39, 1950 所収）で指摘しているが、第一に、解釈は、変遷の手段となるものであり、解釈を手段として憲法の変遷が生ずる。第二に、解釈は、変遷を確定するものであり、解釈によって変遷が決められる。そうして、第三に、解釈は、変遷を軌道に乗せるものであり、変遷が正しい方向に行くか、横道にそれるかを左右するものであり、正しい解釈のわくの中で行なわれる変遷ならば、法的な軌道に乗った変遷である。

ところで、憲法の解釈ということであるが、解釈にあたっては、憲法の合理的、客観的な意味を把握すべきであり、主観的な恣意によってはいけないといわれる。そうして、理屈からいうと、正しい解釈は、一つしかなく、憲法の規定の意味は一つであるべきであり、二つも三つもあるというのはおかしいともいえる。けれども、実際には、解釈する者の態度によって、かなり異なる結果が生ずる。憲法の安定性を重んずる態度をとれば、解釈は厳格になるし、憲法の発展性を重んずる態度をとれば、解釈はゆるやかになる（有倉遼吉「憲法の崩壊過程」、『公法における理念と現実』（多磨書店、一九五九年）四頁）。しかし、いずれにしても、解釈には限界がある。そうして、その限界内で行なわれる解釈による変遷が、本来の解釈による変遷である。国家機関が国家行為を定立する場合は、憲法に基づき、憲法の制限内で行なわなければならないのであるから、みずから解釈の限界を越え、憲法違反をあえてするといいながら、行為を定立する場合はまずない。主観的には、憲法の正当な解釈であるとして行なわれるのが普通である。しかし、それでも、実際は、客観的に正当な解釈のわくを越えているとみなされる場合があるのである。解釈のわくの内外の区別を見極めるのは容易でない場合が多いが、これは、変遷の考察にあたって重要なことである。

三　本解釈による変遷

解釈のわく内で行なわれる解釈を、かりに、本解釈または正解釈と名づけ、わくを越えた解釈をにせ解釈または邪解釈と名づけよう。解釈の仮装のもとに、解釈者の特別の目的に利用される解釈などは、わくを越えた、にせ解釈である。右のような解釈の区別に応じて、解釈による変遷にも、正道と邪道とが分たれる。本解釈は、憲法の規範を実現するために行なわれなければならない。したがって、憲法の規範と解釈による現実とが一致すると見られる場合は問題がない。憲法規範を宣明し、展開する場合も同様である。さらに、憲法の規範を補充あるいは拡充する場合もあり得る。日本国憲法で、衆議院の解散の行なわれる場合について、明らかにされていないが、第二次吉田〔茂〕内閣のときの解散は、第六九条で定められている、衆議院で不信任を可決し、または信任決議案を否決した場合に限るという解釈のもとに行なわれたが、その後は第六九条の場合に限らないという解釈のもとに行なわれている。後者の解釈もわく内のものと認められる。

　解釈による変遷が大がかりに行なわれているのはアメリカである。アメリカの憲法は裁判所の解釈によって進化、発展したといわれている。裁判所の法律審査権について、憲法の成文には何も書いてないのに、一八〇三年のマーシャル判決はこれを認めた。裁判所の解釈による憲法の変遷である。このほか、州と州との通商に対する連邦の権限について、通商とは、憲法に commerce とあり、もともと交易を意味する言葉であるが、航海を含むとされ、さらに、鉄道、運輸から電信電話も含むとされ、ついには労働関係にも及ぶとされた。なお、黒人の問題について、当初は、黒人は人間扱いされなかったが、差別問題がやかましくなって、最高裁判所は、かなり長い間、いわゆる separate but equal で、黒人を別の学校に入れるようなことは、憲法の定める平等の原則に反しないと解していたのを、数年前に違憲であると判決した。アメリカで解釈による変遷が大がかりに行なわれているのは、憲法の改正と関連している。アメリカ憲法は、連邦の関係で、改正がかなり困難であって、いわゆる硬性憲法のうちでも硬性の度の強い方である。そのため解釈による変遷という道が多くとられているようである。

四　にせ解釈による変遷

にせ解釈は、解釈の名のもとに行なわれても、解釈のわくを越えた、仮装の解釈である。それによって定立された行為は憲法に矛盾する行為である。このような行為が定立されると、そこには憲法の規範と現実との不一致が生ずる。シュ・ドーリンは、規範と現実との関係を論じて、まず、規範と現実とが一致する場合をとりあげ、これに二つを分ち、一つは、現実が規範に追随する場合であり、この場合は、憲法が正常に行なわれ、憲法の規定通りのことが実際に行なわれるとなし、他の一つは、規範の方が現実に追随する場合であって、憲法の改正の場合がこれに当るとしている。

これに対し、シュ・ドーリンは、規範と現実とが一致しない場合は、すなわち、憲法の変遷が見られる場合であり、これに四つの場合があるという。

第一は、規範のない現実である。しかし、この場合は、形式的には憲法を侵害しない実例が見られるにすぎないとし、アメリカの委員会の例などをあげている。これに関連して、政党による議員の拘束なども問題になろう。諸国の憲法で、議員は全国民を代表する者であり、何人《なんぴと》にも拘束されないとか、指図を受けないとか定められているが、実際には政党による拘束が強くなってきている。ここにも変遷が見られはしないか、という問題である。

第二は、現実のない規範である。正規の権力を行使できない場合がこれに当るとなし、さきのフランス大統領の解散権などを例としてあげている。これに関連して、日本国憲法第四条第二項に、「天皇は、法律の定めるところにより、その国事に関する行為を委任することができる」という規定があるが、まだ法律が作られていないので、委任が行なわれないことも問題になる。しかし、この場合は、法律ができれば憲法の規定が実現される見込みがあるとみなされるから、変遷の例にあげるのは早いように思われる。

第三は、規範に矛盾する現実である。規範と現実との不一致についてもっとも重大な場合である。この例として、いろいろの法律をかかげ、さらに、連邦参議院が常設になっていることなどをあげている。にせ解釈による変遷が問題になるのはこの場合であり、日本の自衛隊が憲法違反の現実として大きく問題になるのもこの場合に当るとみなされるからである。

第四は、憲法をまげる現実である。解釈の変更による変遷の場合がこれに当り、バーデンの恩赦権の例などがあげられている。日本国憲法における解散の行なわれる場合についての当局の解釈の変更もこの例であろう。

なお、変遷の問題と直接に結びつけてではないが、〔カール・〕レーヴェンシュタイン(Karl Loewenstein)〔一八九一―一九七三年〕が、一九五七年に公刊した *Political Power and the Governmental Process*〔University of Chicago Press, 1957〕という本で、存在論的立場から、憲法規範と現実との一致・不一致の問題をとりあげ、constitution を、normative constitution, nominal constitution, semantic constitution の三つに区別している。

normative constitution というのは、実際に適用され、遵守され、よく行なわれている、生きた憲法をいい、たとえていえば、よく身体に合って、現実に着用されているスーツのようなものだとしている。例として、イギリス憲法、アメリカ憲法及びフランス、ドイツ、イタリーなどヨーロッパ諸国の憲法などをあげている。

nominal constitution とは、法的には有効であっても、実際には生きていない憲法であり、existential reality を欠く憲法、憲法として作られてはいるけれども、まだ実際には行なわれていないで、実現される期待がもたれるだけのものであって、やはりスーツにたとえれば、できてはいるが、さし当りはまだ着用されないで、戸棚に入れられているスーツのようなものだといっている。この例として、ラテン・アメリカ諸国の憲法、アジア・アフリカ諸国の憲法などをあげている。これは、やがては行なわれる見込みがあるが、さし当りは行なわれていない憲法というのであるから、変遷の場合とは趣を異にする。変遷は、憲法が変わり、別のスーツが着られるとみなされる場合である。しかし、規範と現実との不一致というところに両者の共通点がある。

semantic constitution とは、適用されはするけれども、政治権力の手段になってしまっている憲法、すなわち、権力を制限するという、本来の機能を発揮していない憲法、現実の権力保持者の支配の道具になっている憲法を意味し、スーツにたとえれば、ほんとうのスーツではなく、外套あるいは仮装服に過ぎないものだとし、その例として、ヒットラー時代、ムソリーニ時代のドイツ、イタリーの憲法などをあげている。

レーヴェンシュタインは、なお、憲法の規定を適用する国家機関の心得ちがいによって、憲法の規定が死んでしまい、行なわれなくなっている場合を問題にし、その例として、一九四六年のフランス憲法で、立法の委任を禁止しているのに政府や議会によって破られていることなどをあげ、これに関連して、日本の憲法第九条に論及し、憲法には戦力をもたないという規定があるにかかわらず、日本は、アメリカの圧力のもとに、National Police Forceというセマンティックなラベルをはりつけて、戦力を再建しつつある、といい、憲法の規定がゆがめられている例として、これをきびしく批判している。

憲法の規定があってもそれが行なわれないで、異なる実例が行なわれる場合が、変遷についてもっとも論議の多いところである。にせの解釈による規範と現実との不一致の場合である。この事実をどう見るかについて学者の見解は分れているが、だいたい二つに分けることができる。一つは、事実説と名づけられるもので、憲法違反の国家行為があっても、それは単なる事実に過ぎず、法的な事実ではないので、それに法的性格を認めることはできないとする見解である。この見地に立つ者は、憲法違反の事実があっても、それによって憲法が変るということはあり得ないという。憲法の変遷の問題が特に多く学者の研究の対象になっているドイツでも、規範論理主義に徹している〔ハンス・〕ケルゼン（Kelsen）〔一八八一―一九七三年〕は、規範と異なる事実というのはありふれた現象であるが、それによって憲法が変るということは問題にならないとしている。〔ヴァルター・〕ヒルデスハイマー（Hildesheimer）も同じように変遷を認めない立場をとっている。フランスでは、変遷の問題はあまり大きくとりあげられていないが、〔モーリス・〕オーリュウ（Hauriou）〔一八五六―一九二九年〕などは、変遷として問題になる事実は、単なる事実状態（simple états de faits）であって、法的状態（l'état de droit）ではないとみなしている。日本では、美濃部〔達吉〕博士は、以前から変遷を認めるのに対し、佐々木惣一博士は、変遷の法的性格を認めず、このような現象は、「憲法改正の幻相《シャイン》」にすぎず、「憲法に抵触する現象が有効なものとして取り扱わるる場合と雖《いえど》も決して之が為めに憲法そのものの改正ありと云うを得ず。その抵触する範囲に於て憲法の休止あるのみ」、といっている（佐々木惣一「憲法の改正」、『京都法学会雑誌』第一〇巻第一一号（一九一五年一一月））。

このように、変遷に当る事実は単なる事実にすぎないとして片づけてしまうのは、徹底した見地ではあるが、あまりに形式的なきらいがある。シュ・ドーリンが、ケルゼンやヒルデスハイマーを評していっているように、「解決しないことによる問題の解決の試み」のように思われる。憲法が憲法として通用し、行なわれるためには、一面、規範的な拘束性または妥当性をもち、他面、いわゆる実効性をもたなければならない。成文憲法の規定が形式的には存在していても、それが実効性を失い、行なわれる可能性がなくなって、それと異なる実例が行なわれ、それが法として通用する場合を認めないわけにはゆくまい。そこには、憲法に異変が生じていると見なければならない。佐々木博士もこれを憲法の休止という。違憲の事実も、ある段階までくると法的性格をそなえるようになることを否認することはできない。そこで憲法の変遷が問題になる。ドイツでは、イェリネックやラバントのほかに、ハチェックもかなり広い範囲にこれを認めている（川添利幸「《憲法変遷》Verfassungswandlung の法的性格」、『法学新報』第六〇巻第九号（一九五三年九月）に諸学説の紹介がある）。ドイツの学者の傾向を見ると、近頃は、変遷に触れる者が多く、しかもこれを認める者が殖《ふ》えてきているようである。

変遷に当る事実は認めても、それを変遷と名づけるのは適当でないという学者もある。憲法のテキストを変えれば改正であるが、変遷の場合は、憲法のテキストは残されていながら、それと異なる事実がまかり通るのであるから、「憲法の部分的破壊」または「憲法の崩壊」という方がいい、ともいわれる（有倉「憲法の崩壊過程」三―四頁）。わくを越えた解釈による場合は「崩壊」になるが、わく内の解釈による進化、発展の場合も含めていえば、やはり変遷の方が適当のように思われる。変遷が解釈のわく内で行なわれるときは、好ましい変遷であり、解釈のわくをはずれて行なわれるときは、それだけ憲法の規範力が弱められ、憲法の立場から見て好ましくない変遷である。これが大がかりに行なわれると憲法の崩壊をまねく。また、わく外の変遷が、憲法の核心をなす基本原理（例えば、わが憲法における民主主義、自由主義など。わたしはこれを「憲法の憲法」と名づけている）に触れるときは、やはり、憲法全体の同一性を失わせ、憲法の破壊という重大な結果が生ずる。

五　憲法第九条の変遷の問題

いわゆる変遷ということが一般に認められるとして、つぎに問題になるのは、どのような場合に変遷が生じたと見られるかである。鈴木安蔵教授は、日本国憲法の変遷に当るものとして一〇ばかりの事例をあげている（鈴木安蔵『憲法改正』（如水書房、一九五三年）五八頁以下）。ここでは、自衛隊の存在と憲法第九条との関係について考察してみることにする。第九条のほかに変遷の問題が生じているものもある。たとえば、第八九条では、公けの支配に属しない慈善、教育、博愛の事実に対して公金を支出してはいけないという規定があるのに、法律で、わずかに形式ばかりの公けの支配を定めて、私立学校などに助成金を出している。私立学校の助成は、実際に必要であり、また、国として当然なすべきことである。この場合、むしろ第八九条の規定そのものが問題であるが、現在のままでは、憲法の規定をまげて助成が行なわれているのではないかということも問題になる。これよりもっと大きな問題になっているのが自衛隊の存在と憲法第九条の関係である。

私見によれば、自衛隊は、にせ解釈による違憲の存在である。合憲であるという見解もあるが、どう見てもそうは考えられない。憲法制定当時は、第九条は、戦力というものは全くもたない趣旨であると、政府当局をはじめ、ほとんどすべての人が信じていた。それが後に事情が変って、警察予備隊、保安隊、自衛隊が設けられ、内閣及び国会は、法律及び予算でこれを認めている。このため、すでに、憲法の変遷がはじまったのではないかということが問題になる。しかし、国会ではなお三分の一の野党がこれに反対しており、かりに、野党が政権を握れば自衛隊を解消させる見込みもないわけではない。学者や一般国民の間にも、自衛隊を違憲とみなしている者もかなり多くある。外国の学者でもレーヴェンシュタインのごときは違憲と見ている。このように現状のもとで、すでに憲法の変遷が生じていると見るのは早計である。

これに関連して問題になるのは裁判所の見解である。最高裁判所は、さきに警察予備隊を違憲とする社会党の訴訟に対して審査をしなかった。砂川事件のときもはっきりした見解は示さないで、「自衛のための戦力の保持をも禁じたものであるか否かは別として……」といっているだけである。しかし、言葉の裏を見ると、裁判所は自衛隊を合憲と見ているのではないかと思われるようなふしもある。裁判所がそのような判決をくだすのではないかという懸念がないわけではない。もしも裁判所までが合憲とみなすとなると、変遷の問題は大きく浮びあがり、事態は重大な段階に入ってしまう。

政府当局者は、ほんとうに自衛隊を必要と認めるならば、憲法改正という方法によって堂々と問題を解決する道をとるべきである。にせ解釈による変遷を期待するのは好ましくない。

六　悪変遷の防止策

それならば、好ましくない変遷を防止するにはどうしたらよいか。この場合、根本的に重要なことは、国家機関及び国民の憲法に対する態度である。すべて国家の機関は、憲法を正しく解釈し、運用しなければならない。憲法第九九条は、すべて公務員は憲法を尊重し擁護する義務があると定めている。特に重要な機関である内閣、国会及び裁判所は、憲法を正しく解釈し、忠実に適用して、国政を法的軌道に乗せて発展させるように努めなければならない。ところが、内閣及び国会は、それぞれ、政治権力たる行政権・立法権を行使する機関であって、ともすると政治のみに走って、政治目的のために憲法をまげて解釈し、かえって、憲法の規範力を弱める行為をなすおそれが多分にある。これに対して、裁判所は、いわゆる憲法の番人として、政治権力から独立して憲法を解釈し、適用する地位と職責とをもつものである。国会や内閣に比べれば、にせ解釈をくだすおそれは少ない。また、そうでなければならない。裁判所が国家行為の合憲性を審査する制度は、変遷が軌道からずれるのを防ぐためにもかなりの効果がある。しかし、それのみに頼ることはできない。裁判所でも、いつも正しい解釈をくだすとはかぎらず、にせ解釈をすることもあり得るから。

内閣、国会、裁判所など、国家機関による憲法の尊重、擁護、保障も重要であるが、それだけで、好ましくない憲法の変遷を防ぐことはできない。このほかに、一般国民が、憲法の本質と機能とをよく自覚し、憲法に対する熱意をもち、いわゆる「憲法への意志」を強くする必要がある。国民自身に命をかけても憲法を守り通そうという気組みがないと、憲法が崩れるのを防ぐことはできない。要するに国家機関と一般国民の両方が相まって、憲法の番人たるの自覚と決意のもとに努力しなければならないのである。

七　裁判官及び法律学者の責務

最後に、解釈による変遷及びその対策に関連して、憲法を解釈する者、殊に裁判官と法律学者の任務と責任について一言したい。さきに述べたように、解釈は変遷の手段となり、同時にその方向を決するものである。変遷が法的軌道に乗り、憲法の正常な展開となるか、あるいは憲法を傷つけるものになってしまうかは解釈者の態度によって決められる。解釈者は、変遷を軌道に乗せる任務と責任とがある。これについて、ハイテも指摘しているが、裁判官、政治家及び法律学者の責任は特に重大である。「裁判官は、すぐれた意味における解釈機関であり、変遷の方向指示者（Richtungsweiser）であり、監視者（Wächter）であり、警告者（Warner）である。憲法の変遷について課せられる任務をつねに心にとめておかない裁判所は、国家生活におけるその地位を見あやまるものである」。裁判所に国家行為の合憲性の審査権が与えられ、裁判所が特に憲法の番人といわれるのもこのためである。政治家も、憲法のわくの中で行動し、憲法を正しく解釈し、憲法を生かすように努めるべきであり、やはり、憲法の変遷を軌道に乗せるべき職責をもち、憲法の番人でなければならない。しかし、政治家は、ともするとこの職責を忘れ、あやまちを犯しがちである。法律学者も解釈を通しての憲法の番人でなければならない。法律学者は、特に変遷が方向をあやまって、「単に政治的なものの迷路」に入り込まないようにする責任がある。法律学者の場合と裁判官の場合とは共通点も多いが、裁判官は、すでに生じた事件についてうしろ向きの姿勢をとって解釈する。法律学者もすでに起った事件についても解釈するが、法律学者にはもう一つ将来の政治を軌道に乗せる役割と責任とがあり、この場合は、まえ向きの姿勢をとって解釈する。今後また自衛隊の場合のようなことが起らないように正しい解釈を一般に示すのは法律学者の務めであり、さらに、裁判所があやまった判決をくだすことがないようにするためにもそれが必要である。この必要は、実は法律学者にかぎらない。ひろく一般の学者、有識者はもとより、他の国民も、憲法があやまった変遷の道をたどらないように監視し、協力しなければならないのである。

あとがき——この稿は、本誌の編者の依頼により、さきに発表した、「憲法の「変遷」」（『世界』第一八六号（一九六一年六月）所収）を書き改めたものである。

（『綜合法学』第六巻第一号、一九六三年一月）

II

憲法理論の基礎

法の定立、適用、執行

一　緒　言

国法学上の通説として、普通に、国家の作用を立法・司法・行政の三種に分類し、その各〻に実質の意義と形式の意義とありとなし、実質的意義においては、立法とは法を定立する行為、司法とは法を適用する行為、行政とは法を執行する行為をいい、形式の意義においては、何《いず》れも機関に関連せしめて、立法とは立法機関の関与によってなさるる作用、司法とは裁判所の権限に属する作用、行政とは行政機関によって行なわるる作用であると言われる。一体、かかる考え、殊に、前者の実質の意義におけるそれらは、理論上正しいものであるか、また、実際上適切なものであろうか。自分は今、まず、法の定立、適用、執行ということを明らかにし、次に司法の本質に触れて、これに何等《なんら》かの解決を求めんとする者である。

国家の作用としての法の定立、適用、執行という時は、直ちに、かの権力分立説が連想されるであろう。この説の名の下に説かれるところは必ずしも同一ではないが、要は、国家の作用は性質上立法司法行政という三つの相異なるもの存すとなし、その各作用の種別に応じて各別の構成と地位とを有する機関を設け、以て国家機関の専横を防止し、国民の自由を保障せんとするものである。しかし、この説は、国家作用を内的本質より見て、これに三つの種別ありとの点に重点を置き、これを深く探究するのでもなく、また、或る国の制度としてかかるものが存在すると主張するのでもない。(1)むしろ、政治的要請としてその実現を求める点にあるので、その説くところの真価もまた主としてここに存するものと見るべきである。もし、この説において、作用の内的性質に基づき、立法は法を定立し、行政はこれを執行し、司法はこれを適用するとなし、国家の作用をこの三つに分類するを以て理論上正しいものとなし、これを前提として、右の要請を説かんとするものならば、その前提となる理論は正しいか否か。eine vergröbernde Vereinfachung(2)であって、更にeine gewisse Verfeinerung(3)を要しはしないか。これらは、ここで検討されるべき問題である。

(1)　権力分立説の代表者といわれるモンテスキューはその著、『法の精神』第一一篇第六章において、各国家には、立法権（la puissance législative）、万民法に関する事項を執行する権（la puissance exécutrice des choses qui dépendent du droit des gens）、及び市民法に関する事項を執行する権（la puissance exécutrice de celles qui dépendent du droit civil）の三種の権力（pouvoir）があるとなし、その各〻について各別の機関を設ける必要を説いた後、同章の末尾の方で、「英国人が現実にこの自由を享有しているかどうかを検することは、決して余の任務ではない。余にとっては、この自由が彼らの法によって定立されていることを指摘するを以て足り」（訳文は宮沢俊義氏訳『法の精神』〔全二冊、岩波書店（岩波文庫）、一九二八—三〇年〕に拠る）と述べ、理論上の種別と、制度上の存在との両者についてこれを肯定する如き口吻《くちぶ》りを漏らしているが、彼の主として説くところも、またその価値の存する所以も、右の二点にあるのではなく、専ら、政治上の理想を強調せる点にある。

（2）Drost, Heinrich, *Das Ermessen des Strafrichters*, Carl Heymann, 1930, S. 78.

（3）*Handbuch des deutschen Staatsrechts*, herausgeben von Gerhard Anschütz und Richard Thoma, Bd. 1, J. C. B. Mohr, 1930, S. 129.

国家の作用を如何に分類するかという問に対しては、これを考察する学問上又は実際上の見地の異なるに従い、種々の答があり得るであろうが、今は、法律学の立場から、法の一点に関連して見たる国家作用としての法の定立、適用、執行ということを問題にしているのである。

法学的見地より国家作用を見る場合、更に次の二つの見地があり得る。一は理論的考察或いは可能的考察、他は制度的考察或いは現実的考察である。前者は、特定の制度に関係なく、純粋に理論上の見地よりするもので、およそ国家の作用としてあり得べき（möglich）ものをその対象とする。後者は、実定法秩序として時間的存在を有する特定の制度上の見地よりするもので、特定の国家の法律上国家の作用となされるものをその対象とする。本稿においてはまず、前者の理論的見地より国家作用を考察し、その種別としての法の定立、適用、執行ということの本質を究め、三者の関係を明らかにし、後に、制度としての司法の本質に及びたいと思う[1]。

（1）　佐々木惣一博士は、その著書『日本憲法要論』〔金刺芳流堂、一九三〇年〕五四〇頁以下において、「国家ノ作用ハ理論上及ビ制度上ノ両面ヨリ其ノ種別ヲ為スコトヲ得」と言われ、「理論上ノ種別中法的考察ニ於テ注意スベキモノ」として、一　支配作用ト非支配作用。二　意志作用ト事実作用。三　法的作用ト非法的作用。四　抽象作用及ビ具体作用、等を挙げられ、制度上の種別としてはまずこれを作用自身の性質及びこれを行なう機関の特徴の両面より考察して二大別し得るとされ、前者より生ずる概念を客観的概念、後者より生ずる概念を主観的概念とし、その各〻について、立法、司法、行政の三概念ありと説明されている。種別の内容はとも角《かく》として、国家作用の種別について、まず、理論上のそれと、制度上のそれとに二大別されるのは、当然のことではあるが、普通に、漠然としかも直ちに、国家作用に立法、司法、行政の三ありと言われるに比し、注目すべきである。

およそ、法としてあり得べきもの、可能なるもの（Das Mögliche）、即ち法の可能態（Die Möglichkeit des Rechtes）が、法の現実態（Wirklichkeit）として、この世に現われることを、法の実現（Verwirklichung）という[1]。しかして、現実態としての法が、完全に実現されるには、論理的に考察して、三つの過程または段階を経なければならない。第一の過程として、まず、法は、この世における現実態として創設（erzeugen）、または、定立（setzen）されねばならない。次に、第二の過程として、右の定立された法は、適用

(anwenden) されねばならない。更に、第三の過程として、最後に、定立され、適用された法は、執行 (vollziehen) されねばならない。定立、適用、執行は、法実現の三つの必然的論理過程である。国家の側からこれを見れば、国家は、法の実現のために、法を定立し、適用し、執行せねばならない。右の三つは、法律団体たる国家に必須な作用であり任務[2]である。

しからば、法の定立、適用、執行とは、何を意味し、三者は如何なる関係にあるか。これが、まず、本稿の主題である。

(1) 法の可能態と現実態については、Schreier, Fritz, „Über die Lehre vom ‚möglichen Recht'“, *Logos*, 15, 1926, S. 364ff.; Schönfeld, Walther, *Die logische Struktur der Rechtsordnung*, B. G. Teubner, 1927, S. 18ff., 37 参照。法の可能態は、自分の意味するところにおいては、法の理念 (Rechtsidee) または法の理性 (Rechtsvernunft) といってもよろしい。ヘーゲルのいわゆる Recht an sich（法自体または即自態における法と訳す。Hegel, G. W. F., *Grundlinien der Philosophie des Rechts*, §211）である。法が存在であるか、当為であるかということが、わが国で喧《かまびす》しい論議の的となっている（美濃部達吉博士「ケルゼン教授の国法及国際法理論の批評」、『国家学会雑誌』第四四巻第八—一〇号（一九三〇年八—一〇月）、同博士「法律は当為なりや存在なりや」、『国家学会雑誌』第四五巻第四、五、七号（一九三一年四、五、七月）、横田喜三郎教授「法律における当為と存在」、『国家学会雑誌』第四五巻第二、三号（一九三一年二、三月）、田村徳治博士「法律は如何なる種類の存在か」、『法学論叢』第二五巻第五、六号（一九三〇年）、第二六巻第一、三、四号（一九三一年）（未完））。自分は、今、この問題に深入りする心算《こころづもり》もなし、その余裕も持たぬが、自分が、法の現実態、歴史的に存在する法、実定法、等というのは、意味的現実態（Sinnwirklichkeit）（Larenz, Karl, „Die Wirklichkeit des Rechts“, *Logos*, 16, 1927, S. 204ff. 参照）として存立し、通用（gelten）する法をいう。実定法においては、存立と通用は引き離すことは出来ない。存立することは通用することであり、通用することは存立することである。法の通用性とは、法たる規範が、定立行為に基づいて、時間的存立（zeitlicher Bestand）を有し、かつ、超時間的な法の理念に基づいて、拘束性（Verbindlichkeit）を有することである。法の通用性においては、存在と当為は合一される。自然法も実証主義も共に克服されねばならない。ヘーゲルの即自有（Ansichsein）と被立有（Gesetztsein）の合一（*Grundlinien der Philosophie des Rechts*, §212）である。（これらの点については、別に稿を更めて、卑見を述べたいと思っているが、Karl Larenz〔カール・ラーレンツ（一九〇三―九三年）〕の著書 *Das Problem der Rechtsgeltung*, Junker und Dünnhaupt, 1929 殊に S. 22ff. には負うところ多い）。

（2） Burckhardt, Walther, *Die Organisation der Rechtsgemeinschaft*, Helbing & Lichtenhahn, 1927, S. 234ff. 参照。

二　法の定立

元来、前述の法の可能態は、法「そのもの」、実定法ではない。それは、実定法の ein Apriori であり、およそ歴史的に存在する法が、現実的な法としてあり得るがために、充たさねばならぬ条件の一体系である。(1) かかる法の可能態が、人の行為によって、この世における一つの現実態となり、時間的存在を有し、社会的歴史的実在の中に入り来り、一定の経験的制約の下に持ち来され、実定法となるとき、法が創設される又は定立されるという。法の可能態、可態的形態における法は、実定法として定立され、実定法において己を実現する。可能法は、実定法としてのみ定立され、実定法において、また実定法においてのみ、己を実現する。定立といい、実現という。可能なる法それ自体が定立され、実現されるに非《あら》ずして、可能法が、実定法として、実定法において、定立され、実現されるを意味する。この意味においては、定立といい、実現といい、その本質とするところは結局異ならない。法の定立は、同時に実現であり、法の実現は、その定立である。

（1）　Schönfeld, a. a. O., S. 37; Schreier, a. a. O., S. 364ff.

ここに国家作用としての法の定立とは、国家における法実現の第一過程として、国家的権威 (staatliche Autorität) によって、新たに法が創設されることをいう。広く国家における法の定立という時は、私法行為、法律行為に基づくものも包含し得るが、ここにはこれを除外する。[1] また、普通に、多く、いわゆる慣習法についても、定立ということが論ぜられるが、自分は目下、慣習法が制定法と同列に実定法中に数え得べきや否や、たとえ然りとするも、慣習法の定立と実定法（制定法）の定立とを同日に論じ得るや等の問題に関し、疑問を懐《いだ》いているが故に暫《しばら》くこれは除外し、意識的行為によって、明示的に定立されるもののみを問題とする。

（1） Kelsen, Hans, *Allgemeine Staatslehre*, Springer, 1925, S. 236〔ケルゼン『一般国家学』（改版）、清宮四郎訳、岩波書店、一九七一年〕参照。〔ハンス・〕ケルゼン（一八八一—一九七三年）の所説については、『法律時報』第三巻第一〇号（一九三一年一〇月）所収の清宮「ケルゼンの公法理論」（のち『国家作用の理論』有斐閣、一九六八年所収）参照。美濃部〔達吉〕博士も、「普通の学説としては、国の立法行為と私法上の法律行為とを以て、全然性質を異にした行為であるとして居るけれども、私は等しく国法を作る行為たるの点に於いては両者の間に性質の差異あることを認め得ないものである」（同博士「法源としての制定法の意義」、『文化諸科学論集』（東京商科大学一橋新聞部、一九二九年、二一七頁（通頁）以下）二三頁と言われ、ただ、法律行為は、国家権力に基づいて法を作るのでないから立法行為ではない（同博士「立法、司法、行政（一）」、『国家学会雑誌』第四五巻第九号（一九三一年九月）、一三一—一四頁）と言われる。

ところで、実定法として、現実にある団体、国家に行なわるる法は、人の行為によって定立さるるものであると同時に、憲法、法律、命令、行政行為、判決等が、箇々のものとして、何等《なんら》の連関なく、各独立して、そこにあるものであってはならない。それらは、全部が相寄って、全部として一つの体系一つの法秩序（Rechtsordnung）を成してあらねばならない。箇々の法は何《いず》れも、体系の何処かにその基礎を有し、体系の中の何処かに位し、全体系の一部として存在するものでなければならない。法体系は、憲法として、法律として、命令として、或いは判決、行政行為として、各一部分ずつ顕現し、これらの全部が相集まって、全体としての法体系を完成する。憲法、法律、判決、行政行為等は何れも全体としての法体系を完成する一部の道程或いは異なる方法である。

しかして、箇々の法は、一面、内容的に互いに相補い、相制限し、社会生活の全般を規律するものたると同時に、他面、それが全体としての体系内部において存在する地位からこれを見る時は、ウイン学派の学者が正当に指摘するように、上位下位の段階をなし、最高位の「憲法」から最下位の「執行行為」に至るまで諸種の段階の下に法体系を形成する。近代立憲国における憲法、法律、命令、判決、行政行為も何れも法律体系中の一段階において、その地位を占め、各自法体系の完成への道をたどるものである。この点において、これらは何れもその本質を一にする。しかして、これらの各〻は、全体としての法体系の中に位し、体系中に己を見出す。それが箇々の実定法である。[1] これら箇々の法は、単箇のものとしては、何れも、法律体系の一部であり、一段階、一方法であり、それ自身完足せる法ではない。それらは、互いに相補い相助けて、全体としての法秩序を完成するもので、それだけでは不完全な法である。「不完全法」ということをこの意味に解すれば、箇々の法は悉《ことごと》く不完全法である。例えば、法律は、完足せる現実態の意味における法の「淵源」(Quellen des Rechtes)ではなく、かかる法への「淵源」(Quellen zum Recht)である。[2] 究極の法源は、法体系そのものである。[3] 直接に、法の理念を実現するものは、全体としての法秩序であって、箇々の法ではない。[4]

（1）ウイン学派の段階説については前掲拙稿「ケルゼンの公法理論」参照。
（2）Schönfeld, a. a. O., S. 49.
（3）Ross, Alf, *Theorie der Rechtsquellen*, F. Deuticke, 1929, S. 312.
（4）Larenz, *Das Problem der Rechtsgeltung*, S. 33.

ここにおいて、法の可能態の定立実現は、ひっきょう、実定法体系、実定法秩序の定立、実現、充実を意味することになり、実定法としての法は、「不完全」ながら、立法行為にも存在し、司法行為にも存在し、行政行為にも存在する。それは法律として定立され、裁判判決としても定立され、行政行為としても定立される。法律といい、判決といい、行政行為といい、何れも、法のあらわれ、法の現実態、実定法であり、定立された法である。それらの一つ或いは二つが定立された法であり、他は然らざるものであるのではない。それらの何れもが、定立された法である。法律といい、判決といい、行政行為というは、法と非法との別ではなくして、法定立の手続（Verfahren）又は方法（Methode）の異なるに基づいた、法の区別である。ウイン学派の学者、殊に〔アドルフ・〕メルクル〔一八三六—九六年〕、〔ハンス・〕ケルゼン〔一八八一—一九七三年〕等が、その法的段階説において、法の定立又は法の創設について、これを国家学、法律学の Dynamik として扱い、法の創設は一つの段階殊《こと》に法律のみに存せずして、憲法、法律、命令、判決、行政行為等の総《すべ》ての段階に存すと主張するのは、唱者自らも自負するところであるが、(1) 考えの根本においては誠に正しいものを蔵すると言わねばならない。もし、一般に、右の意味における法を定立する行為を「立法」というならば、国家の法的行為は、総て立法行為であり、憲法、法律は固《もと》より、判決、行政行為も悉く法なりと言い得る。

（1） Kelsen, *Allgemeine Staatslehre*, Vorrede, S. VI. 法的段階説については後に更に論ずる。

わが国においても、美濃部〔達吉〕博士は、つとにこれと類似せる考えを述べられ（『日本憲法』第一巻（有斐閣、一九二一年）、一一頁）、前掲、「法源としての制定法の意義」にも、次の如く明瞭に説いておられる。「立法と行政及司法との区別を以て、立法は法を作り、行政及司法は法を執行するものであると為すことは、普通に行はれて居る見解であるが、其の所謂「法」を以て、意思の強要的規律といふ意味に解するならば、決して正当の見解ではない。……概して言へば国法の基準を与へるに止まり、完全なる国法としては、尚不確定なる部分が残され、行政行為及司法行為に依つて、其の不確定の部分が満たされるのである。それであるから、行政行為又は司法行為を以て、単に既に成立して居る国法を執行するに止まるものと為してはならぬ。行政行為も司法行為も、制定法に依つて残された余白の範囲内に於て、自ら法を作る行為である。若し法を作る凡《すべ》ての行為を立法と称するならば、行政行為又は司法行為も、等しく立法行為の一部であると謂ふことが出来る」（三七頁）

と。更に同博士は、前掲の論文、「立法、司法、行政（一）」（殊に七頁以下）に、同様のことを例を挙げて詳しく述べておられる。

普通多くの学者は、法とは社会生活における人の外部的行態（Verhalten）の強要的規律（Ordnung, Regelung）と解し、かかる規律たる法は、一定の事実（法事実＝Tatbestand）ある時、その結果（法結果＝Rechtsfolge）として、人々を、一定のあるべき行態に義務づけるもの、結局、法事実と法結果とを結合するものであるとし、しかも、法の規定する事実は、抽象的事実又は一般的事実たるを要すとなす。法は必然に抽象的法、又は一般的法であり[1]、抽象性又は一般性は法の要素なりという。抽象的事実とは、将来発生することあるべしと考えられた事実をいい、一般的とは不特定多数の事実を意味し、抽象的事実に一定の法結果を結合するもの、例えば「人を殺したる者は死刑に処す」との定めの如きもののみが法であり、具体的又は箇別的事実、即ち現実に存在する歴史的な単箇の事実に対し、一定の法結果を後から（nachträglich）結合するもの、例えば、現に存在する「何某結社の解散を命ず」るが如きは、法ではないと主張する。そこで、これらの学者の多くは、法の制定的発現たる法規（Rechtssatz）のあらわされる文法的形式は一つの命題であり、論理的形式は判断、殊に仮言的判断なりとする[2]。

（1）　抽象的法、一般的法とは、法の規定する事実が抽象的であるか、具体的であるかによるものであって、法そのものが、抽象的なりや具体的なりやということではない。用語の点から、注意を要するが、普通も多くこの意味に使用せられる。後の具体的法についても同様である。

（2）この意味の論理的形式については、ウイン学派に属する学者が特に注目すべき研究をしている。Kelsen, Hans, *Hauptprobleme der Staatsrechtslehre*, 2. Aufl., J. C. B. Mohr, 1923, S. 189ff.〔ハンス・ケルゼン『国法学の主要問題』全三巻、蠟山芳郎・武井武夫訳、春秋社（世界大思想全集）、一九三五―三七年〕; Derselbe, *Allgemeine Staatslehre*, S. 51ff.; Kaufmann, Felix, *Logik und Rechtswissenschaft*, J. C. B. Mohr, 1922, S. 91ff.; Schreier, Fritz, *Grundbegriffe und Grundformen des Rechts*, F. Deuticke, 1924, S. 51ff.; Bondy, Otto, „Zum Problem der Rechtssatzformulierung“, *Zeitschrift für öffentliches Recht*, 9, 1930, S. 418ff.)。しかし、これらの学者は、ケルゼンを始め、多くは、後にも示す如く、法、法規範（Rechtsnorm）には、一般的規範（Generalnorm）と個別的規範（Individualnorm）とあるを認め、法規範は類概念であり、一般的法規範及び箇別的法規範は種概念なりとするもので、法、又は法命題（Rechtssatz）を仮言的判断なりとするのは、一般的規範即ち法法則（Rechtsgesetz）としてのそれを指していい、あえて、箇別的法規範の観念を除外するのではない。否、却ってこれを強調しているのである（Bonnard, Roger, « La théorie de la formation du droit par degrés dans l'œuvre d'Adolf Merkl », *Revue du droit public et de la science politique en France et à l'étranger*, 45, 1928, p. 673 参照)。わが国でも仮言的判断説を採る学者として左の諸氏がある。広浜嘉雄『私法学序説』（改造社、一九二六年）一六四頁以下、三三九頁以下、木村亀二「法規の解釈と法律学の対象（二）」、『国家学会雑誌』第四一巻第三号（一九二七年三月）、四一七頁以下、神田豊穂『法律学』（春秋社（大思想エンサイクロペヂア）、一九二九年）三三七頁以下、横田喜三郎「国際組織法の理論㈠」、『法学協会雑誌』第四七巻第七号（一九二九年七月）、一〇頁、註一。

ところで、抽象的と言い具体的という。その間の区別は一応示されたが、一体、抽象と具体、一般と箇別とが、絶対的に分ち得るものであるか、それとも結局これらの区別も立場によっては相対的なものではないかということが既に問題になり得るが、暫く右の根本論は触れずに置くとするも、法の規定する事実についても、その抽象性具体性の間には無数の程度或いはニュアンスがあって、[1]その間の識別に頗《すこぶ》る困難なものも相当多くあるのは否み難いことで、行政法において、法と処分との区別を、抽象具体の別より解決せんとし、いわゆる一般処分（Allgemeinverfügung）の問題に逢著して、道路通行禁止の立札は法か処分かと喧《かまびす》しい論議を展開しているのも、この一例である。

（1）*Handbuch des deutschen Staatsrechts*, S. 126.

今、仮りに右の区別をなし得るとして、更に重要なことは、法を一般に、人の行為の外部的行態の規律と解し、法の定立ということを既に述べた如くに説明すれば、前掲美濃部博士の説にもある如く具体的事実を規律するものを法概念から除外する必要を認め得ないということである。このことも、憲法において、いわゆる箇別法律（Einzelgesetz, Individualgesetz）の問題に関連して、殊にドイツで論議の中心となったものであるが、近来はわが国にもドイツにも、有力の学者にして従来の通説に反し、程度の差こそあれ、具体的法、箇別的法なるものを認め、抽象的事実を規律する意味における、法の抽象性は必ずしも法の要素でなく、立法行為と言われる法律や命令の概念にさえ、具体的、箇別的規律を認

め、更に判決や行政行為にも具体的「立法」の観念を認める者も相当に多数ある。[(1)]

（1） 美濃部達吉『憲法撮要』訂正第四版（有斐閣、一九二六年）三九七頁以下、『日本憲法』九頁以下、前掲論文「立法、司法、行政」一一頁以下、佐々木『日本憲法要論』五四四頁以下、高柳賢三『法律哲学原理』（岩波書店、一九二九年）二六〇頁以下。Kelsen, Merkl 等のウィン学派の学者については前に一言したが、更に、Heller, Hermann, „Der Begriff des Gesetzes in der Reichsverfassung", in *Veröffentlichungen der Vereinigung der Deutschen Staatsrechtslehrer*, Heft 4, de Gruyter, 1928 及び Wenzel, Max, „Mitbericht von Professor Dr. Max Wenzel in Rostock", in *Veröffentlichungen der Vereinigung der Deutschen Staatsrechtslehrer*, Heft 4, de Gruyter, 1928; Koellreutter, Otto, *Staat* (*Handwörterbuch der Rechtswissenschaft*, Bd. 5), de Gruyter, 1900, S. 601; Husserl, Gerhart, *Rechtskraft und Rechtsgeltung*, Springer, 1925, S. 17ff.; Jsay, Hermann, *Rechtsnorm und Entscheidung*, Vahlen, 1929, S. 4; Drost, a. a. O., S. 77.

そもそも法の定立とは、人の意識的行為により、即ち、法「定立者」が、自己の裁量(Ermessen) 又は自由 (Freiheit) の下に新たに法規範を創設する一切の場合を含み、理論上は、それが、抽象的規範を立てるか又は箇別的規範を立てるか、或いはまた、それが、如何なる手続によって定められるか、如何なる形式によって立てられるかは措いて問わない。一般的規範としての法律・命令が法を定立することは疑ない。また争ないことといってよかろう。問題は、箇別的規範としての「法律」、「命令」及び、判決、行政行為である。自分はこれを積極に解する者であるが、詳細の説明は、第五章及び第六章に譲ることとし、ここに一言附加しておきたいのは、元来、抽象的規範は、その性質上、現実確定的に人の行態を規定せぬ点から、法として、「不完全」であり、その多くは、更に具体的行為（具体的法規範）によって補われる必要があるということである。例えば、衆議院議員の選挙に際して、戸別訪問を禁止する旨を定め、満二五歳に達したる者を有権者と定めるが如きは、完全確定的に現実の法規たることを得るが、「日本臣民は法律の定むる所に依り納税の義務を有す」とか、「内務大臣は結社を禁止することを得」とかいう規定の如きは、それだけでは未《ま》だ、完全に現実の法的規律を定めず、別に税法、課税行為又は内務大臣の禁止行為を俟って、始めて完全に法規律たることを得るものである。刑法において「人を殺したる者は死刑又は無期若《も》しくは三年以上の懲役に処す」と規定する場合、現実に何某なる者が人を殺したとすれば、これを如何なる刑に処するか、刑法はただ死刑以下三年以上の懲役に処すというだけで、殺人という事実に結合される法結果は未だ完全には確定せず、別に裁判官の裁量により、判決によって七年の懲役とか、死刑とか、具体的にこれを定める必要があるのである。右の例における行政行為、判決は、明らかに法の定立であり、箇別的法規範の定立である。(1)

(1)　美濃部博士も前掲『日本憲法』一三頁及び特に「立法、司法、行政」七頁以下に同様のことを述べておられる。

三　法の適用

法は、前述の意味において定立されただけでは、未だ完全に実現されたと言い得ない。法が、その実現過程を完成するには、実定法として定立されたのみではなお、「不完全」であり、更にこれを充実[1]する作用を必要とする。法実現の第二過程として、定立された法を充実するのが法の適用である。法の適用又は充実は法の定立の次に来る、法実現の論理的必然的過程である。ここに法の適用とは、一定の事実につき、何が法なるか、即ち、法の定むるところを決定（entscheiden）する作用をいう。実定法として定立された法に基づき、一定の事実について、右の法の要求するところを決定し、これを充実する作用が法の適用である。

（1）　充実とは、ドイツ語の erfüllen 又は ausfüllen に該当し、Sander〔フリッツ・ザンダー（一八八九—一九三九年）〕の *Allgemeine Gesellschaftslehre*, G. Fischer, 1930, S. 511ff. に用いられるところから暗示を受けたが、意味するところは右と必ずしも同一ではない。

法の定立といい、法の適用といい、同じく「法の」というも、適用の場合は、適用さるべき法は、実定法として定立されていて、一定の具体的内容を有するものとして存するに反し、定立の場合は、未だ、かかるものは存しない。法の可能態が、定立によって、始めて、実定法即ち法となって現われるのである。定立は可能法の実現なるに反し、適用は実定法の「実現」、充実である。それは、既に実現された法の「再」実現又は「間接」実現である。しかして、適用とは、ただ、適用さるべき法との関係についてのみこれをいい、適用の結果、又は適用と同時に、法が定立されるか否かは、暫《しばら》く問わず、後に論ずることにする。ここでは適用そのものが定立と異なるを知れば足る。

適用さるべき法は、実定法として既に定立された法である。即ち、法の定立は、法の適用に対し、論理的に Prius である。適用さるべき法はその現実態において実定法として既に存在せねばならない。ある法でなければならない。われわれはまず、適用さるべき法を見出さねばならない。ある法を「認識」する必要がある。しからば、法は如何にして見出され、認識され得るか。ここに法の発見、法の認識とは法的規律の内容を認識することをいう。それは規律、規範、であり、意味である。法があるとは前述意味的現実態[1]としてあることである。法を認識するとは、法の規定内容たる意味を知ることである。しからば、右の意味は如何にして知り得るか。これがためには解釈という手続を経なければならない。解釈とは、法規範の内容を引き出す手続、即ち一定の事実（法源）から法規範の意味を獲得することをいう[2]。ところで、この場合、解釈さるべき法は、Objekt, Das Gegebenen-Sein としてまず存在し、それに対する Methode として解釈なる手続が施され、しかる後に法が認識されるのであろうか。法の解釈とは客観的に存在する対象たる法を説明し、記述するものであろうか。学者は、法を解釈するとは法を認識することであり、法を認識するとは「ある」法をあるがままに知ることであるという。[3] さりながら、解釈によって得らるべき法規範の意味は、哲学者のいう「志向された意味」、「考えられたもの」、「判断されたもの」として、われわれの認識の対象として、既に与えられてあるものではない。法はわれわれに gegeben されているものでなく aufgegeben されているものである。[4] その意味は解釈という手続によってつくられるものである。直接に与えられているのは、人の定立行為又は右の行為によってつくられた事実たるものとしての「法律、命令」等であって、意味は、解釈によって、右の事実から引き出されるのである。学者は、この場合の解釈は、法を創造し活動せしめ、実現せしめる作用で、それは決して単なる理論的な認識の作用ではなく、そもそもの初めから実践的に方向を定められた価値判断的規範創設的作用であるといい、[5] 単にある法の発見でなく、常にあるべき法の発見であるという。[6] 故に解釈法学を認識法学というは誤りにして、[7] 解釈法学は科学でなく、技術だという。[8] 解釈法学が科学なりや技術なりやは暫らくおくも、これらの説が法まず存し、しかる後これが解釈され、認識さるるに非《あら》ずして、解釈されたものが法であり、それが法として認識されるのであり、しかも解釈は規範創設的作用を含むとなすのは正しい。解釈と法とは必然的に同時に措かれるものである。[9]

「法律」として、解釈さるべきもの（interpretandum）として与えられたる事実は、元来、解釈によって展示（entfalten）され、「欠陥」を補充（ergänzen）されることを要するものである。[10] この点に関する「自由法学」、「社会法学」、「利益法学」者の主張は正しいものを有する。彼らに欠くるところは、多くの学者の指摘する如く、その理論的根拠である。とまれ、解釈以前の「法」は、法律学の対象たる法でないと言わねばならない。原理としては、「解釈され、補充されない法だけが法だ」ということも、一応は言い得るように見える。さりながら、具体的の場合に両者の限界を明確に定むることは不可能であろうし、[11]「解釈されざる法」とは結局は、法文の語義、或いは高々《たかだか》、常識的知識を出でざるもので、到底、法律家の対象たる真の法的意味とはなり得ぬものである。[12] ここにいうある法とは解釈された法的意味の現実態のことである。従って、それ自身既に、実践的な、創設的な手続の結果たることは明らかであろう。ここに、解釈法学における対象と研究過程との間の、誠に、特異なかつ識別に困難な関係が存する訳である。

（1）第一章参照。

（2）Schreier, Fritz, *Die Interpretation der Gesetze und Rechtsgeschäfte*, Franz Deuticke, 1927, S. 4.

（3）佐々木惣一「法の根本的考察（三・完）」、『法学論叢』第一〇巻第二号（一九二三年八月）、一六三頁。

（4）Glungler, Wilhelm, *Rechtsschoepfung und Rechtsgestaltung*, Otto Maidl, 1930, S. 13.

（5）尾高朝雄「法律学に於ける理論と実践」、『法学協会雑誌』第四八巻第八号（一九三〇年八月）、一六頁。

（6）宮沢俊義「法律に於ける科学と技術（一）」、『国家学会雑誌』第三九巻第八号（一九二五年八月）、一四二二頁。

（7）佐々木博士、前掲論文、一六四頁。

（8）前掲尾高氏及び宮沢氏。
（9）Schreier, a. a. O., S. 7.
（10）Schreier, a. a. O., S. 39ff.
（11）Schreier, a. a. O., S. 53.
（12）木村「法規の解釈と法律学の対象（一）」五九―六〇頁参照。

法の適用とは、かくして、「解釈された法」のそれをいう。〔カール・〕ウォルフ〔一八九〇―一九六三年〕[1]も言うように、解釈されるのはSollquellensatzであり、適用されるのはSollsatzである。解釈は適用の前提であるが、適用それ自身、又はその一部ではない。従って、解釈問題は、適用論においては除外される。

法の適用という場合における法とは、「解釈された法」として存在する法なることは示されたが、右の法は、抽象的規律たる法たると、具体的規律たる法たるとは問わない。抽象的法たる刑罰法規の適用はもちろん存在し、多くの場合法の適用とは抽象的法のそれをいうが、具体的法たる某結社解散命令の適用ということもあり得る。

（1）Wolff, Karl, *Grundlehre des Sollens*, Universitäts-Verlag Wagner, 1924, S. 115.

かくて、一定の事件について、法の定むるところを決定する作用が、法の適用であるとすると、右の行為は、独り、国家、国家機関がこれをなし得るのみならず、学者その他の一般私人もこれをなし得る。ただ国家が、その機関によって、法を適用し、国家的権威を以て、適用の結果を「宣言」する場合は、それは、国家作用であり、裁判所なる特別の機関によって、独立に宣言（verselbständiger Ausspruch）する時は判決であり、それが、行政機関によってなされる時は、行政行為である（第六章参照）。[1]

（1）*Handbuch des deutschen Staatsrechts*, S. 129.

四　法の執行

法の実現過程において、適用の次、即ち最後の段階に来るものは、法の執行である。執行とは、一定の事実について、法の定むるところが決定されたる後、法の要求することを現実に行なうをいう。法は、執行によって完全に実現され、執行においてその実現過程を終る。定立は、適用に対しては、論理的にPriusであったが、適用は、執行に対してはPriusである。執行あるがためには、まず定立があり、次に適用がなければならない。例えば、まず、法規範たる刑罰法規或いは民事法規等が定立され、次に具体的の事件についてこれらの法規が適用されてこれらの法規の定むるところが決定され、次に右の決定が、具体的強制行為たる、処罰行為又は、強制執行行為として執行されるのである。刑罰法規、民事法規は、そのまま直ちに執行されるのではなく、まず適用され、しかる後に執行されるのである。

右のことは、いわゆる権限規範（Kompetenznorm oder Zuständigkeitsnorm）又は組織法（Verfassungsrecht oder Organisationsrecht）についても、また、いわゆる行為法（Verhaltungsrecht oder Geschäftsrecht）についても、総《すべ》ての法について言い得る（1）。権限規範又は組織法は、或る者をして国家機関たらしめ、国家行為を行う法律上の根拠、即ち、機関たる地位から言えば権限、機関構成者から見れば職権を附与する規範をいう。国家の法執行行為が、有効に成立するためには、右の法の授権、権限規範又は組織法の存在は、不可欠の要件である。しかして、裁判所、行政機関等の国家機関は、具体的事件について、まず、右の権限規範を適用して、自己の権限に属するものなるを決定し、しかる後に、その権限を行使するのである。行為法は、直接に行為自体を定める法とされ、刑法、民法等これに属するとなされるが、それらについても、具体的事件について、まず法の定むるところが決定され、しかる後に、執行がなされるのは、前に述べたとおりである。

（1）　権限規範又は組織法と行為法との別については、田中耕太郎「法律学概論　一」（『現代法学全集』第三一巻（日本評論社、一九三〇年））三〇九頁以下、同「組織法としての商法と行為法としての商法」（『商法研究』第一巻（岩波書店、一九二九年））、Burckhardt, a. a. O., S. 272ff. 等参照。

五　三作用の区別及び関係

法の定立といい、適用といい、執行という。一応その意義と区別とが示されたが、一体これらの区別は如何に存在し、如何に可能であるか、三者は如何なる関係の下に立つか、これを明らかにするのが次に与えられた課題である。

そもそも国家作用として、純粋に法の定立概念にのみ該当し、又は、純粋に法の適用のみであり、乃至《ないし》は全く法の執行のみのものがあり得るであろうか。換言すれば、われわれは三者の区別を絶対的に存するものと見得るであろうか。つらつら考察すると、われわれは、三作用の各〻について、その純粋形態を見ることは出来ず、区別の絶対性を認める訳には行かないのである。われわれはただ、これらの間に相対的区別の存するを知り得るのみである。主たる理由を次に説明する。

元来、国家的法秩序は、ウイン学派のケルゼン、メルクル等の学者が、そのいわゆる、法の動学、法的段階説(1)において、正当に主張する如く、一つの体系を成し、体系内の諸規範は各〻上下の段階を成して構成されており、国家の作用、法的行為は必ずその一部において見られ、下位段階の行為は、必ず上位段階の規範の委任（Delegation）に基づいてなされる。この意味で、総《すべ》ての国家行為は必ず、上位規範の適用及び執行である。適用行為、執行行為については直ちに了解出来ようが、法定立行為と雖《いえど》も除外例とはならない。定立行為も、右の性質を同時に有しなければ、それは、国家行為でなくなり、結局定立行為でもなくなる。ひっきょう純粋な法の定立作用は、国家作用としてはあり得ぬことになる。

（1）　ここでは、ウイン学派の段階説には深入りせぬが、自分は、この説は、正しきものを多分に有すると思う。但し、全部をそのまま受け容れるには躊躇している。根本規範の仮説、及び、彼らが、各段階における法定立を認識しながらも、法秩序の統一に焦った結果、ただ、上から下への「アプライテン」、「フォルチーエン」のみを強調し、体系全般に亘る洞察が不足しはしなかったか等にも疑問を持っているが、現在まだ修正の確たる案に達せぬ故暫《しば》らくこの儘《まま》にして置く。これらについてのロスの批評は注目に値する（Ross, a. a. O. 殊に S. 308, 331ff. 参照）。

次に、純粋に法の定むるところを「適用」し、「執行」するのみで、何ら法創設、法定立の作用にあずからない作用は、国家作用の最下位に位し、上位規範を単純に適用し、執行するものより以外にはあり得ない。元来、法は、上位段階に位するもの程、抽象的であり、「不完全」であって、それは更に、具体化され、個別化されなければ、法として完全に実現され得ない。しかも、法とそれを具体化する人の行為との間には必然的に空隙の存するのは免れない。一般に法が規範たる以上は、それは静的なものであり、人の行為は動的である。しかして、静と動との間には必ず何らかの空隙が存する。法は如何に技術的に進歩し、精密なる規定を設けても、それが人間の造るものなる以上、到底具体的な人の行動のすべてを尽くすことは出来ない。如何に下位に位する国家行為でも、それが人の行為たる以上、文字通り単純に法を執行するものではなく、そこには必ず何らかの裁量が加わり大部分は同時に新たに法を定立する作用が見られ、従って純粋に執行行為、適用行為のみのものはあり得ぬことになる。

かくて、法の定立、適用、執行なるものは、あり得べき国家作用としては、何《いず》れも、その純粋なるものは存せず、一つの作用は必ず他の作用を随伴していることになり、国家作用としての三者の別は絶対的でなく、相対的だということになる。語を換えて言えば、三者を区別することは一応可能であるが、互に引き離すことは出来ないものである。ケルゼン、メルクル等が、その法的段階説に関連して主張する国家作用の区別の相対性論はこの点において正しい。

既に、理論上、三者の区別が相対的なる以上、制度の実際においても、かかる種別の絶対的対立を認むることは出来ない。近代立憲法治国における制度として、国家作用を、立法、司法、行政の三つに分ち、それらは、その「実質的」意義において、立法は法を定立し、司法は法を適用し、行政は法を執行すとなすといわれるも、これは直ちに是認は出来ない。リヒアルド・トーマ〔一八四七—一九二三年〕も正当に指摘する如く「如何なる法的行為(rechtsmässiger Rechtakt)も、幾分でも三つの「作用」の総ての要素を含まぬ如きものはない」(*Handbuch des deutschen Staatsrechts*, S.128)。例えば、立法機関が法律を制定するには、規範の定立と同時に、立法機関が法律制定の権限を有することの決定（即ち法の適用）と、憲法の定むる法律制定権の執行とが必要である。憲法制定行為の如きは、純然たる立法かと言えば、これとても、同時に、法律上は、憲法制定機関を定むる法の適用であり、法の与うる権能の執行、結局法の執行である。しかして一方、下級の「執行行為」と雖も、それは単に執行の性質のみを有せず、必ず適用の分子を含み、かつ、殆《ほと》んど全部が法定立の分子を包有する。行政行為中執行処分といわれる課税行為を例に採ろう。課税行為が、権限規範の適用、執行であり、税法規の執行の分子が多いのは明らかであり、執行処分の名もこれより出ているが、しかし、この場合と雖も、少なくも、一定の事実につき税法の定むるところの決定（適用）は必要であるし、何時如何にして課するか等のことについては必ず幾分か裁量の余地を存し、しかも、右の裁量によって決定した結果を人民に命ずるとすれば、具体的法が定立されると見なければならない。即ち、単に文字通りの執行ではなく、適用であり、また同時に法の定立である。

執行行為は常に必ず適用の分子を包有する。かつ大部分は、定立の分子も包有する。否、執行行為は同時に定立行為なのである。ただ、僅《わずか》に例外をなすものとして、執行行為には、もはや定立の分子無きものがある。強制執行行為、警察上の直接強制行為（狂犬の撲殺）、純粋技術的行為（道路の築造、港湾の修理、学校の授業）等、いわゆる「事実」行為、と称せられるものである。自分はこれを単純行為と名づける。これらの行為は、それが、行政行為、国家行為であり、法的行為たる以上、法律上全然無意味であるのではない。法上は、執行行為であり、適用行為の分子も含むが、新たに法を定立せぬだけである(1)。

司法も次章に述べる如く、定立、適用、執行の三分子を有する。結局、いわゆる立法、司法、行政の殆んど全部が、同時に定立、適用、執行の要素を有し、これらの何れもその本質を同じくする。右三者の差異は、立法は上位規範の定立、適用、執行であり、司法、行政は、下位規範の定立、適用、執行である点に存するのみである。三者の間に存する他の差異は、制度上、言わば勝手に設けられたもので、理論上当然にあるべきものではない。この点を看過する従来多くの、国家作用論、立法、司法、行政論は何れも誤りである。次に司法の本質を述べて更に右の論旨を詳述しよう。

（1）Merkl, Adolf, *Allgemeines Verwaltungsrecht*, Springer, 1927, S. 175-176 参照。

六　司法の本質

法の定立、適用、執行なる観念が理論上のものなるに対し、立法、司法、行政なる観念は制度上のものなることは[1]、始めにも一言したが司法の本質の研究に入るに先だち、予《あらかじ》め注意を要することである。

（1）立法、司法、行政の区別が制度上のものなることについては、佐々木博士も「是レ思惟ノ論理ニ依ルニ非ズシテ制度ノ発達ニ出ヅルモノナリ」（『日本行政法論　総論』（改版）（有斐閣、一九二四年）三頁）

と言われ、美濃部博士も、三者の区別は「唯現代の立憲主義の国家に於いて見られ得べき現象であって、必ずしも総ての時代総ての国家に通ずる現象ではない」（「立法、司法、行政（一）」三頁）と言われる。

司法が制度上の観念なるは明らかにされたとして、次に、司法という語は、実に種々の意味に解せられ、実際の制度として存在する国法上の用語としても必ずしも統一的概念を以て用いられているという訳には行かぬが、そのいわゆる「実質的」意義においては、民事刑事の裁判を意味し、その本質は、国家が具体的事件につき法を適用しこれを宣言するに存すという点においては大体一致を見ているようである。今ここに討究すべき問題の重点は、法の適用及び宣言ということである。

司法の本質に関しては、有力の学者にして、それは、法の適用であり、積極的には法律規範による実在の包摂（Subsumtion）であり、消極的には法の定立でないと主張する者が相当に多い。わが国において、最も精密にかかる意見を表わせるものとして、横田〔喜三郎〕教授の説を引こう。

「一般に法律秩序の適用の本質は積極的には既存の法律秩序を実在へ関係づけることに存し、消極的には新たに法律規範を立てないことにある。司法がこれらの標徴を有することは明白であろう。まず積極的に、司法は明らかに実在への法律規範の関係づけである。与えられた実在が法律規範に規定する種類の実在であるか否かを判断して法律規範の下に右の実在を包摂する。……次に消極的に司法によって新たに法律規範の定立されることがない。単に既存の法律規範が実在へ関係させられるだけであり、法律規範としてはあくまで既存の法律規範がそのまま存続する」（横田教授「国際組織法の理論㈠」一八―一九頁）と。[1]

（1）　横田教授は国際組織法について述べられているが、これが、法律団体一般にあてはまるのは同氏の所説から見て明らかである。ただ、同氏の適用とは、解釈、適用、執行の三者を含む（同上、一二頁、註三）とされるが、右三者を含めてかかる説明をなすことは、徒《いたず》らに適用概念を紛雑にして、結局、収拾し難きものとなりはしないか。

かかる考えの萌芽は、既に〔シャルル＝ルイ・ド・〕モンテスキュー〔一六八九―一七五五年〕において見られる。彼は、裁判官は法の言葉を述べる口（la bouche qui prononce les paroles de la loi）（『法の精神』第一一篇第六章）であるといっている。

この説をなす者は、裁判は判断であり、推理であり、三段論法である。即ち法規を大前提とし、事件を小前提とし、判決を結論とすといい、例えば、民法第七〇九条の不法行為の例を引き、

大前提　故意又ハ過失ニ因リテ他人ノ権利ヲ侵害シタル者ハ之ニ因リテ生シタル損害ヲ賠償スル責ニ任ス

小前提　被告甲野太郎ハ故意又ハ過失ニ因リテ他人タル原告ノ権利ヲ侵害シ以テ損害ヲ生

セシメタル者ナリ
結論　故ニ被告甲野太郎ハ自己ノ行為ニ因リテ生セシメタル損害ヲ賠償スル責ニ任ス[1]
の如き形式になるという者が多い。

（1）広浜嘉雄教授『私法学序説』三三九頁より引用。

適用概念をこの意味に解し、司法がかかる意味の適用の分子を有するとなすことについては異議は無い。ただ、司法、判決の本質は、この意味の適用であり、司法、判決は、かかる分子のみを有すとなす点には、自分は賛成出来ない。司法が制度上の観念なること、また、国家作用は、その如何なるものでも、純粋に、一つの作用、例えば、法の定立とか、法の適用とかのみを有し、全く他の分子を介入せざるものは、理論上も実際上もあり得ぬのは既に述べた。司法が、法の適用なりとの言を正当に解さんとせば、近代立憲国における制度上、比較的適用の分子多きものを、主として、歴史上、政治上の理由から、特に、司法と名づけたに過ぎないというより外《ほか》仕方がない。国家作用としての司法を、一概に、法の適用なりとするのは早計である。司法と雖《いえど》も、必ず他の分子、殊に定立の分子を混有していて、その主たる特色からしても、定立なりや適用なりや識別に困難なるものもあり、中には、むしろ定立と称する方優れりと思われるものさえある。

元来、裁判官が、法を適用すると言っても、人間の造った法という法則の定むるところを、人間の行為によって決定するのであって、必ず、法創設の分子が出て来て、単なる包摂では終始し得ない。その結果は、常に、法が実現され、創設され、新しい法の存在形態が示される。これは、例えば、論理的法則については、実現ということは考えられず、適用された場合も、純粋な包摂関係のみに止まるのと著しい相異である[1]。裁判官は、自由法学者、社会法学者の皮肉る如く、„blosze Subsumtionsmachine“, „Gesetzesanwendungsmachine“ではない。

（1）Husserl, Gerhart, *Rechtskraft und Rechtsgeltung*, Bd. 1, Springer, 1925, S. 20.

大体、これらの説は判決は法規から ableiten され、法規は既に判決のいうところを前以て、悉《ことごと》く包含しているかの如く説くが、これは法と判決、司法行為との関係を誤解している。

由来、近代法治主義の発達と成文法主義の旺盛とは、法殊《こと》に抽象的法規万能の思想を馴致した。人をして、抽象的法規が定立されれば、それで以て、人の行為の総《すべ》てを余すところなく規律し得るが如き考えを懐《いだ》かしむるに至った。一方、近代自然科学の発達は、社会生活の研究に自然科学的方法を応用して、自然法則的にこれを説明せんとする勢を促したことは、人間の学問の進歩に非常なる貢献をなしたが、これと同時に、法律法則を以てしても、すべての社会生活上の行態を一切規律し得るかの如く信ぜしむるようになった。しかし、抽象的法はかくの如き万能力を有するものではない。その規律力には限界がある。

一　上限、われわれは自然科学の法則の如く、余すところなく、総ての人の行態を規律し得る抽象的法体系の可能及び存在を信ずることは出来ない。抽象的法律法則が、人の具体的行態の総てを規律し、包摂し得るとするのは、法律法則の能力の限界を越えてこれを過信するものである。

二　下限、法の理念としての正義は、抽象的規定を以て満足せず、具体的事件について特殊に妥当する規律を要求する。原則も生命を殺すことは出来ない。法の極は害の極(summum ius, summa iniuria)の格言、自由法運動における画一的法規と裁判官の個人的人格との闘争を想起すれば思半ばに過ぎるであろう。次に田中耕太郎博士の言と〔ヘルマン・〕イザイ〔一八七三―一九三八年〕の文句とを引いて置こう。

実定法(一般的)は一方自然法則に類似する一般的抽象的原則と他方特殊の場合に之れのみに妥当なる措置を為す名裁判との二者を両極として、其の中間に彷徨するものである。法は常に普遍化から特殊化へ、更に反動として特殊化から普遍化への過程を繰返す。(田中氏「法律学概論　一」三三頁)

Die Entscheidung entsteht aus der zentralen Tiefe der sittlichen Persönlichkeit, die Norm dagegen ist die Verneinung der Persönlichkeit. Die Norm kann daher niemals das leisten, was allein die Persönlichkeit leisten kann, sie kann die Persönlichkeit nicht ersetzen. (Jsay, *Rechtsnorm und Entscheidung*, S. 26)

元来、定立された法は、静的なrationalなものなるに反し、司法行為、判決は動的なirrationalなものである。(1) この両者の関係を三段論法式形式論理によって解せんとするのがそもそも誤りである。われわれは、司法において、文字通りの単純な適用を見ることは出来ない。何らかの範囲において、その「独立性」を認めねばならないのである。(2)

（1）Jsay, *Rechtsnorm und Entscheidung*, S. 25; Ross, a. a. O., S. 336; Schönfeld, a. a. O., S. 52.

（2）イザイは前掲*Rechtsnorm und Entscheidung*において、抽象的事実の規律をRechtsnormといい、具体的事実の規律をEntscheidungといい、EntscheidungがRechtsnormの中に含まれているもの、単なる適用なりとする観念を排斥し、前者の後者に対する独立性（Selbständige Funktion）を主張し、その証拠として次のことを挙げている。

一　同様な又は同一な事件に対し、規範が同様なるに、異なる決定が生じ、規範が異なるに、同様な決定があり得ること（二五頁）。

二　裁判の審級を認める制度が既に、裁判官は「法律の口」ではなく、各〻独立の活動をなすを認むるものである（二〇―二一頁）。

三　多くの争の決定には、事実の認定と評量をせねばならぬが、これらは、法律規範適用の前提たる活動である（二二頁）。

四　二又はそれ以上の異なる法律規範の適用、例えば、消費貸借の規定か、組合の規定か等が問題となる場合も、これを決するは適用以前のことである（二一—二二頁）。

〈注意〉イザイの決定の観念は、彼は、適用概念、執行概念を極端に排する結果、それには専ら独立な具体的法定立性が強調されている。イザイが、適用の観念を極端に排斥し、決定の法規範からの独立を主張し、具体的法定立性のみを認め決定のみがほんとの法だとまで断言し、裁判官の決定も、直接には法感情から出て、法規範から「アプライテン」されず、法規はただ判決を nachträglich に基礎づけるもので、適用とか、「アプライテン」とかは言わば擬制だ（*Rechtsnorm und Entscheidung*, S. 20ff., 154ff.）というのは、普通の適用説に対し、好個の対照をなすが、自分の考えでは、これも極端に過ぎると思われる。

かくて、司法の法適用性は絶対なものでなく、一定の限界内において、諸種の程度において、存在するものなることが明らかにされた。法の規律力の尽くるところは、その適用性の尽くるところであり、司法の独立性の生ずるところである。司法の独立性の制限を受くるところは、法の規律の存するところであり、法の適用の始まる点である。法制大いに整備せるところ程、「司法」の適用性は強度になるが、これとても裁判官を「法適用器械」になすことは出来ない。法制備わらざる原始的国家、或いは専制的国家においては、「司法」の独立性は強度になるが、最小限度において、何らかの権限規範の適用を皆無になすことは出来ない。司法における法の適用性は右の上限、下限の範囲内で種々の程度において存する。

法の定立、適用、執行の三者の区別の相対性、及び司法なるものが国家作用であり、かつ制度上の観念なることから、司法作用における法の定立の問題が生じ得る。司法における執行の問題もあり得るが、これは措いて説かず、専ら定立問題のみを扱うことにする。司法が主として法の適用に関するものなるは明らかである。ところが、このことは、既に、司法が、他の作用、殊に定立作用をも有することを暗黙に認めているのである。

司法は、国家的権威によって、主として、法を適用し独立に宣言する作用である。しかして、適用に種々の程度の差あることは一言した。そこで、定立問題に入る。司法において、如何なる程度にか、法の定立が混入することは、もはや疑ないことであるが、司法によって定立される法とは如何なるものであろうか。

まず起る問題は、抽象的法か、具体的法かの問題である。これに対する答は簡単である。それは結局実定法上の制度の如何に拠ることである[1]。英米法の如く、判決が後に生ずる事件を規律する抽象的法たる性質を認め、case-law, judge-made-law を有するものもあれば、わが国及び欧洲諸国の制度の如くこれを認めざるものもある。ここに問題となるのは専ら具体的法の定立で、これは、必ず認められねばならないものである。判決はこの意味の「法源」となるのである。

(1)　Mezger, Edmund, „Der Begriff der Rechtsquelle“, in *Festgabe für Philipp Heck, Max Rümelin, Arthur Benno Schmidt*, herausgegeben von Heinrich Stoll, J. C. B. Mohr, 1931, S. 40-41 参照。

前掲、横田教授の司法は消極的には新たに法を定立せずとするに対して、自分は、司法は積極的に新たに法を定立するとなす。少なくとも、それによって具体的法を定立するとなし、いやしくも司法行為にして具体的法を定立せざるものはないと信ずる者である。横田教授は、ケルゼンが、司法を以て、一般抽象的法規範の個別化（Individualisierung）又は具体化（Konkretisierung）なりとする（Kelsen, *Allgemeine Staatslehre*, S. 233ff.）を難じて、司法は「法律規範そのものの個別化又は具体化」ではないと主張される（前掲論文、二六頁）。その何を意味するや明らかでなく、個別化又は具体化なる語はたしかに疑を招く虞《おそ》れはあるが、それはとに角《かく》として、司法は、横田教授の言われる如く、単に「法律規範が具体的又は個別的実在へ関係づけ」るのみで、全く新たに法を定立せぬというのは、賛同し難い。ケルゼンの主張も、司法は、一般抽象的法規範の適用、執行であると同時に、新たに具体的法規範を定立するとなすものである。適用される法規範そのものは、固《もと》より、そのまま適用され、適用によって変化を来さない。この意味では、個別化され、具体化されず、旧態依然として存する。しかし、司法行為によって、一度適用され、宣言されると、そこに、法は実現され、具体的事実について、新しい法の世界が更《あらた》めて発生する。個別的な権利義務の関係が新たに定立される。(1)(2)(3)

（1）ケルゼンは、「一般に、不法結果（Unrechtsfolge）を結合せらるべき具体的事実が存在することと、それに具体的な不法結果が結合せられることとは、その関係の一切が、裁判判決によってつくられるのである。一般的なるものの範囲では、法条件（Rechtsbedingung）と法結果（Rechtsfolge）なる二つの事実が、法律により、まず第一に結合せられると同様に、箇別的なるものの範囲では裁判判決によってなされる。法律における結合は、判決におけるそれを余計なものにはしない。法律は「他人の財物を窃取したる者は六月以上二年以下の自由刑に処す」といい、判決は「Aは現在此処で窃盗せるを以て（今日より一定の場所で）一年の自由刑に処す」という。判決がなければ、抽象的法は、具体的形態を有し得ぬであろう。故に、法律上の事実が具体的の事件において存在すと宣言し、具体的な法結果を言い渡す判決は、個別的法規範、一般又は抽象的法規範の個別化又は具体化に外ならぬ」（『一般国家学』三八八—三八九頁）といっているが、判決の具体的法定立を認むる点において正しい。

(2) Husserl は „Die Rechtsanwendung ist nicht nur rechtliche Beurteilung eines Tatbestandes, sondern zugleich ein rechtsgestaltender Vorgang, der die Welt der Rechtswirklichkeiten um einen individuellen Normsachverhalt von intersubjektiver Geltung bereichert“ (*Rechtskraft und Rechtsgeltung*, Bd. 1, S. 17) といい、適用によって、法規範の „Konkrete Geltung“ (a. a. O., S. 19) は加わるが、それは単なる法規範の Konkretisierung であり、新たな法は生ぜぬ (a. a. O., S. 19) といっているが、半ば正当な考えに至りながら、具体化概念「アプライト」説に誤られて、法の定立と言い切れずにいる。

(3) 美濃部博士、前掲論文、殊に、「立法、司法、行政（一）」は、司法の法定立性を明瞭に述べておられる。

司法による新たなる法の定立の証左として、まず、その結果において、従来存しなかった新しい権利義務の関係が生ずる。判決が、拘束力、執行力、確定力を有することは、第一にこのことを示すものである。[1]

（1）同説、Merkl, a. a. O., S. 187.

但し、右は、適用の結果生ずるものであるが、次に、行為そのものが既に適用の範囲を越える場合、適用ならずして、むしろ定立の分子を有する司法行為を述べよう。

現今の如く、法治主義の理想が極端に実現され、法制大いに整った国家において、司法は専ら法を適用し、宣言する作用とされるのは、一面から見れば、無理からぬことであり、法の適用ならざる司法、法の定立たる司法ということは、矛盾であり、あり得ざることと考えられるかも知れない。殊に、罪刑法定主義の認められる国家において、刑事裁判において、法の適用ならざる裁判の如きは、想像するさえ困難に思う者もあろう。しかし、司法も、それが国家作用である以上、純粋に適用の性質のみを有し、他の分子、殊に立法の分子を、全然欠くことは、既に屢〻《しばしば》述べた如く、理論上にも実際上にもあり得ないのである。近代国家における司法が、主として、法の適用及び宣言を本質とするのは認め得るも、それは同時に法の定立も本質として有している。司法にも裁量の分子がある。この点は行政でも同じである。学者或いは、司法は「法規の下」における（羈束《きそく》された）活動であり、行政は「法規の範囲内」の（自由）活動なりと称し、司法と行政とを区別せんとする者あるも、それは、メルクルの正当に指摘する如く sachlich な区別でなく、ただ、terminologisch のそれに過ぎない（Merkl, a. a. O., S. 30）。とに角、司法にも裁量の余地が存し、しかも法を定立する作用がある。

ここに裁量（Ermessen）とは、羈束に対する観念で、司法作用が、法の羈束を受けつつも、羈束の範囲又は内容が或る程度まで弛《ゆる》められ、その範囲内において自己の主観的決定を認められていることをいう(1)。

（1）裁量の意義については、田中二郎「行政裁判所の権限より観たる自由裁量問題」、『国家学会雑誌』第四五巻第三号（一九三一年三月）、Drost, *Das Ermessen des Strafrichters* の二つは良参考論著である。

羈束とは、法の命ずるところが、一義的（eindeutig）に確定していて、執行又は適用者の裁量の余地なきことをいう。一義的に確定すとはもちろん、法を解釈した結果のことであるが、さきに法とその適用、執行との関係において述べたところより広く解すれば、およそ国家行為にして、全然法の羈束を免れた行為もなければ、全部法に羈束された行為もない訳である。この意味では、裁量と羈束との別を以て、程度の差に過ぎずとするメルクルの説（Merkl, a. a. O., S. 151）は正しい。司法行為と雖も、必ず、或る程度の裁量の余地は存せねばならない。

しからば、司法行為は裁量によって法を定立するか。例を刑法に採ろう。法治主義、罪刑法定主義の理想が実現されていて極端な羈束行為とされる刑事裁判にも、右の問を肯定すべき余地がある。わが国の刑法第一九九条は「人ヲ殺シタル者ハ死刑又ハ無期若クハ三年以上ノ懲役ニ処ス」と規定している。今甲某が人を殺したる事実ある場合、裁判官はこれに如何なる程度の刑を宣告すべきか。法は刑の上限及び下限を定むるのみである。しかも一方にはまた、酌量減軽の規定（刑法第六六条、第六七条）もある。五年の懲役にするか、一〇年にするか、それとも無期又は死刑にするか、それは裁判官の裁量に任ぜられると見る外《ほか》ない。法の規定の解釈そのものからは、直ちに、五年とか一〇年とかの具体的断案は出てこない。しかるに裁判官が、一〇年の懲役と定めて刑を言渡したりとせよ。それは単純なる法の適用ではない。そこには、適用と同時に、裁量によって、新たに具体的な法が定立されたのである。裁量による決定が法の定立なりや適用なりやは争ある問題であるが、自分の述べ来ったところよりすれば、それは適用であると同時にまた、明らかに定立である。Drost〔ハインリヒ・ドロスト〕も Ermessensentscheidungen は Individualrechtsnormen を創設するという意味で、Rechtsanwendung と同時に Rechtssetzung であるといっている（Drost, *Das Ermessen des Strafrichters*, S. 76-77）。

元来、歴史的（historisch）にこれを見れば、制度史の上からいっても、思想史の方面を探っても、判決が、適用法規から引き出されるとすることは、しかく古いことでもなく、現在においても、これに反するものが存在する。(1)

（1）　イザイはその著 *Rechtsnorm und Entscheidung*, S. 165ff. に相当詳細にこのことを説明し、ドロスト

も *Das Problem einer Individualisierung des Strafrechts*, J. C. B. Mohr, 1930, S. 3-4 に明らかに右の趣旨を述べている。

ヘロドタス〔ヘロドトス〕（Herodotus）は、メディア（Media）の民は、その王（Deiokes）をまず選んで裁判官にし、しかる後君主（König）に選んだが、Deiokes〔デイオケス（前八—七世紀頃）。初代メディア王〕は君主としても、裁判はしたが、法律は制定しなかったと述べているそうである（Jsay, a. a. O., S. 165）。

ローマ法において、法務官（praetor）と、争ある当事者によって選ばれる審判人（iudex）もしくは仲裁人（arbiter）との両者が裁判に関係したが、法務官は命令権（imperium）を有せるもので、単なる法の「適用」者ではなく、また、審判人は法廷手続が終えてから事実を審査して判決を下した（船田享二『羅馬法』（刀江書院、一九三〇年）一一八頁以下）が、その判決の大部分は何ら法律上の理由を示さずしてなされるか、或いは他の審判人の前に下した判決又は法律感情乃至《ないし》は法概念に基づいてなされたもので、今日の意味の、法の適用ではなかった（Jsay, a. a. O., S. 168）。

ゲルマン古法においても、判決は特定の事件に対して既存の法律を適用するものではなく、故雉本〔朗造〕博士は、「特定ノ事件ニ関スル法律ヲ制定シ且同時ニ其ノ事件ニ於ケル権利ノ関係ヲ確認スルモノタリ」（同博士『裁判ノ無効』（一九一五年〔私家版〕）二〇頁）と、いわれる。

それがどうして近代の意味の判決法適用説及び司法制度を産むに至ったか。マックス・ウェーバー〔一八六四―一九二〇年〕は、判決のNormativität, Rationalisierenを資本主義経済組織の発達に結びつけている（Weber, Max, *Wirtschaft und Gesellschaft*, J. C. B. Mohr, 1922, S. 386ff.）が、現在ロシアにおける司法制度において、革命の目的に反する司法はなし得ず、裁判官は絶えず法律を適用する義務なしと定めている（Mirkin-Getzewitsch, Boris, *Die rechtstheoretischen Grundlagen des Sowjetstaates*, F. Deuticke, 1929, S. 71, 107ff.; Timaschew, Nicholas, *Grundzüge des sovetrussischen Staatsrechts*, J. Bensheimer, 1925, S. 147ff.）のに対比して、注目すべき意見である。更に、思想史上の考察からすれば、一　自然法的思想、二　王権に対する人民の権益擁護の思想、三　権力分立主義及び法治主義の思想、四　自然科学の法則と法律とを混同する思想等の影響が加わって、近代文明国の司法制度が出来上ったものであろう。

かくして、現在では、イギリス法の如く、先の判決が後の司法行為を拘束するものと、欧洲大陸諸国及びわが国の制度の如く、法規を別に制定し、司法行為は、これに基づき、これを「適用」すとなされる制度とを生じた訳で、そんなに古いものではなく、現在においても、ロシアの「司法」は、これらと相異なる原則の下に立っていることは右に述べた如くである。

次に、心理的（psychologisch）又は発生的（genetisch）に見ても、純粋適用説は当らない。裁判官にせよ、学者にせよ、一定の事案に向っては、まず、法規を尋ね、事件がこれに該当するとして、しかる後に断案を下すというよりも、むしろ逆に、まず「こうだろう」という決断を下してから、『六法全書』を探るのが事実である。これは、あながち、適用者の法律的知識の貧弱と法律適用技術の拙劣とに帰して解決してしまうことの出来ない事実である。わが国においても、末弘厳太郎博士は、つとにこの事実を看破し、その東大における講義の際、屢〻《しばしば》述べられ、ドイツでは Jsay〔イザイ〕が Otto Böhr〔オットー・ベーア〕、Vierhans〔フィアハンス〕、Unger〔ウンガー〕、Düringer〔デュリンガー〕等の名法官、学者の言説を引いてこれを強調している（Jsay, a. a. O., S. 61ff.）。

近代諸文明国における判決書の形式が、第一－主文、第二－事実、第三－理由の順序になっているのは、その如何なる理由に基づくかは明らかにしないが、従来述べ来ったところと関連せしめると、面白い現象である。

ここに附加すべきはいわゆる条理裁判の場合である。自分は、条理は実定法の「法源」であるとは信じないが、それが、法律解釈補充の原理となると共に、法律適用の原理、判決の基準となる場合のあるのは疑わない。しかして、条理に基づいて判決が下される場合は、条理は判決を通して法となるのであって法の適用ではなく、法の定立であると思う。即ち条理裁判の場合も適用規範なくして法が定立されると解する。

判決における「理由」の存在も、右の主張を覆《くつが》えすことは出来ない。これは元来、前述司法行為の規範適合性又は合理化の要求から生じたものであり、しかも、理由には必ずしも、適用規範の規定するところのみを述べねばならぬものではない。

普通、判決の種類に、確認判決、給付判決、形成判決の三つありとし、確認判決は、争ある権利又は法律関係の存否を確定するもので、裁量の余地なく、単なる「宣言」的行為なるに反し、形成判決は、具体的法律関係を形成するもので裁量による「創設」的行為であり、給付判決は主張する請求権の存在を認めかつ請求権を満足すべき一定の行為を命ずるものであるが、性質上はむしろ宣言的行為で確認判決に近いとされる。(1)(2)

(1)　三種の判決の定義は菊井維大「民事訴訟法（三）」、『現代法学全集』第一七巻（日本評論社、一九二九年）二一二頁に拠った。

(2)　R. Coester〔ロベルト・ケスター（一八八二―一九三二年）〕は、一般に国家行為は認定又は確認行為（Erkenntnisakt 又は Feststellungsakt）と形成行為（Gestaltungsakt）の二つに大別出来るとなし、確認判決及び給付判決は前者に属し、形成判決は後者に属するとしている（Coester, Robert, *Die Rechtskraft der Staatsakte*, Duncker und Humblot, 1927, S. 14ff.）。

しかし、メルクルも正当に指摘する如く（Merkl, a. a. O., S. 187ff. 及び *Zeitschrift für öffentliches Recht*, 7, Heft 4, 1928, S. 615ff. における Coester の説の批評参照）、元来、確認行為、形成行為の区別は絶対的でなく相対的であって、確認行為にも形成又は創設の要素があり、形成行為にも確認の部分があり、両者の別は質的のそれでなく量的のそれである。これらの判決が拘束力、執行力、確定力を有するのは、既述の如く、既に法規に含まれざる新たなる法の定立であり、給付判決において給付の期間を定むるのは明らかに創設的行為であり（Merkl, a. a. O., S. 188）、形成判決の具体的法を定立するのは、字義によっても明らかであろう。そこで、司法は、単純に、法を適用し宣言するとの説においては、形成又は創設判決の創設性は説明出来なくなるのではあるまいか。

判決は法を定立する。判例は「法源」である。法律学の対象が、一般に法ならば、判決もその対象である。否、極めて重要な対象である。「判例研究」の正当なる意義はここにある。われわれは、判例における、法適用性と同時に、法定立性を充分見極めねばならない。

自分は今まで、司法における法の定立を強調して来た。判決によって具体的法が定立されるといった。理論上の問題とすれば、権限規範のみ存在すれば、国家行為は可能であり、裁判、判決に該当する事実をば、民法、刑法等の法を適用せず、全然裁判官の裁量によってのみこれをなすことも出来る。これは古代からの法制も示すところである。しかし、適用の分子は僅《わず》かに最少限度の権限規範のそれにのみ存し、行為法の適用なくして、いきなり、具体的法を定立するが如きは[1]、これは、もはやここにいう司法ではない。従ってかかるものをも司法なりとなすことは出来ない。

（1）Husserl はこれを „Primäre Individualrechtsgeltung" と名付けている（a. a. O., S. 30）。

かくて、司法の本質は明らかにされた。それは他の国家作用と同じく一面、法の適用、執行であると同時に、他面、法の定立である。誤解してはいけない。吾人を以て、徒《いたず》らに、司法における具体的立法の優越を唱え、裁判官の肆意《しい》を認むるものなりと。この点の釈明は極めて不充分であったが、自分の意とするところは、結局、抽象的法たる法律を、それ自身出来上った法なりとしてこれを絶対化し、裁判官を法律適用器械となすを誤りとすると共に、判決のみが法を定立すとなし、その絶対性を主張するのでもない。法律と判決とは共に、法の定立又は適用、執行の二つの段階であり、異なる方法であるとなし、両者の関係を正しく認識せんとするにある。概して言えば、司法行為は、確認的、適用的、執行的分子多く、法定立的分子は少ないと云い得よう。かくて、近代の意義の司法は、裁判所なる特別の機関が、特定の手続を以て、主として、法を適用し、独立に宣言する作用といってよかろう。

冒頭一言せる如く、本論文は専ら、法の定立、適用、執行の観念及び三者の関係を明らかにし、以て、制度上の立法司法行政なる観念への途を求めんがために稿を起し、扱うところを右に限局した。従って、法的行為、国家行為一般の問題として余すところ多きは固《もと》よりであるが、更に、特定国家の実定法上現実に存在する制度としての立法司法行政の意義、殊に日本の国法上のそれには触れなかった。これらについては他日別に大方の示教を乞う心算《こころづもり》である。

――昭和六（一九三一）年九月一七日記――

（『法政論纂』（『京城帝国大学法文学会第一部論集』第四冊）、刀江書院、一九三一年一二月）

違法の後法

一　はしがき

わが現行衆議院議員選挙法（大正一四年法律第四七号）において第一条第二項に「選挙区及各選挙区ニ於テ選挙スヘキ議員ノ数ハ別表ヲ以テ之ヲ定ム」と条定し、同法末尾に右別表を掲げた後に「本表ハ十年間ハ之ヲ更正セス」という規定が加えられている。ところが立法の実際においては、現行法の前身たる大正八（一九一九）年の選挙法（大正八年法律第六〇号）の別表の後にも同じように一〇年間不更正の旨の規定が存したにも拘《かか》わらず、それから一〇年経過しない大正一四年に法律を以て普通選挙制を採用すると同時に別表全部を改正し、なお別表の後に一〇年間不更正の規定を加えて今日に至っているのである。そうして当時から現在まで学者の間にも実際家の中にも、これに対して疑問を挿《はさ》む者は殆《ほと》んど無かった模様である。しかし、自分は今、右の別表の後にある「本表ハ十年間ハ之ヲ更正セス」との規定の意味と、かかる規定あるに拘わらず一〇年以内に別表を更正した後の法律の効力とを

「違法の後法」という題下に、あらためて問題にしてみたいのである。

二　違憲の法律

まず第一に「十年間ハ之ヲ更正セス」との規定であるが、これについて宮沢〔俊義〕教授は「ただ立法上の方針を宣明したにすぎぬのであつて、何らの法的効力を有つものではない[1]」といわれる。美濃部〔達吉〕博士はこれは「唯単純な人口の増減だけでは十年間は之を動かさないといふ方針を言明して居るだけで、それも立法の方針の予定に止まり絶対に立法者を拘束する力を有するものではない[2]」と説明される。もしも、宮沢教授のいうように、右の条項が立法方針の宣明にすぎず、法的効力をもたぬもの、結局法でないとすれば、これに対する違反即ち違法の問題も起らなければ、——法としての——右の条項の変更即ち「実質的」法律の変更のそれも生じない。一般に国家機関が国家機関自身の行態について定めをなすこと、広くいえば国家が国家自らの行為につき規定することがある場合に、かかる規定が法規範といい得るか否かについては相当異論もあるが、自分はこれを積極に解する。いわゆる行政命令（Verwaltungsverordnung）、行政規程（Verwaltungsvorschrift）も行政法であり、法規範である。ただそれらは法規命令（Rechtsverordnung）と異なり、一般人民を拘束せず、その法的効力が国家機関の行態にのみ限局せられ、国家機関のみを拘束するにすぎぬ。さりながら、それらは性質上はやはり法、法規範である。さもなければ、行政法の如きはその「法源」の非常に広汎な部分を失うことになろう。[3] 学者のいわゆる約束‐法規範（Versprechens-Rechtsnorm）も下命‐法規範（Befehls-Rechtsnorm）と共に法規範と看做されねばならない。[4]

ところで、前掲一〇年間不更正を宣言する条項は確かに「ただ立法上の方針を宣明したにすぎぬ」ものではあるが、その理由からはいまだ当然には「何らの法的効力を有つものではない」との結論は生じ得ない。たとえそれが立法方針の宣明にすぎぬにしても、立法機関によって宣明されたかかる方針は、いやしくもそれが法律として成立すると仮定すれば、かかるものとして少なくともいわゆる内面的拘束力を有し、立法機関自身の行態を義務づけ、拘束する法規範として、法上有意義なものと看做されねばならない。立法機関自らが右の宣明によって一〇年間不更正の法的義務を負い、もし、美濃部博士の説明の如く、右の法律の主旨とするところが「単純な人口の増減だけでは十年間は之を動かさないといふ方針」の「言明」にあるとすれば、立法機関は一〇年以内には少なくとも人口の増減を理由としては別表の更正を行なわない義務を負うものと解さねばなるまい。

しかしながら、この場合問題は更に複雑である。一体、法律の自己制限、即ち法律自らが法律自身の創設変更についての定めをなす場合、例えば、上例の如く爾今《じこん》一〇年間は更正せぬとか、或いは絶対永久に廃止変更せぬとか、乃至《ないし》は廃止変更する際には議員の定足数及び議決数において憲法の定めるところより特定の多数を要するとかいう規定を設ける場合は、それらの規定は憲法が普通の法律の制定について一般的に設けた規定の例外を成し、憲法の授権の範囲を越えるものではないかとの問題をも解決せねばならないのである。違法の「後法」の問題は既にここに存し、前の法律に違反する後の法律の問題ではなく、憲法違反のそれがここでまず解決される必要がある。これについては三つの解答が考えられる。第一は一般の国家機関の自己制限の場合と同じくこれらの法律の特別規定は、憲法の一般に定める法律制定規定に違反し憲法の授権の範囲を越えるものとして無効と看做すものであり、第二はいわゆる法律の自主合法性の原理により、かかる規定と雖《いえど》も君主と議会との有権的解釈一致して成立した国家最高の意志たる法律として制定され、国法上これを審査し得る機関なく、たとえ一応は違憲と見られても、実際上、適法なものとして取扱うの外《ほか》はないとなし、右の法律は有効に成立すると見るものであり、第三はかかる法律が憲法の授権の範囲内にあることには疑を懐《いだ》きつつも、しかも第二とは別の根拠から右の法律の成立を認めるものである。説明の便宜上問題の解決を暫《しばら》く留保しつつ先へ進むことにする。

(1) 宮沢俊義『選挙法要理』(一元社、一九三〇年)八四頁。

(2) 美濃部達吉『選挙法概説』(春秋社(春秋文庫)、一九二九年)一〇三頁。同博士『憲法撮要』訂正第四版(有斐閣、一九二六年)、三八四頁にも同様の説明がある。

(3) Merkl, Adolf, *Allgemeines Verwaltungsrecht*, Springer, 1927, S. 121f. 参照。佐々木博士も、行政規程は「人を拘束するものなれば性質上法なり」。ただ「一般の行政の客体を拘束するものに非ざるが故に、憲法が立法と云うにいわゆる法に非ず、即ち技術的の概念としては法に非ざるなり」といわれる(佐々木惣一『日本行政法論総論』(晃光書房、一九二二年)四三七頁)。

（4） Somló, Felix, *Juristische Grundlehre*, 2. Aufl., F. Meiner, 1927, S. 204ff. 参照。

三　lex posterior

仮りに今、右の一〇年不更正を宣明する法律が有効に成立するとして、かかる規定があるにも拘《かか》わらず、わが国における実例の如く、一〇年以内に新たな法律を設けて別表を改正した場合、前の法律と後の法律との関係はどう考えたらよいか。ここで多くの学者はいわゆる後法は前法を廃止する（lex posterior derogat priori）の原理を持ち出して解決を求める。佐々木〔惣一〕博士は「立法作用は此の規定自身を改廃することを得るが故に、結局任意に該表を改正することを得べし[1]」と述べられ、恐らくこの原理によられるものと推測されるし、美濃部博士は前述の如く一〇年不更正を宣言する条項の法的効力を否認する一方、「此の制限は絶対の制限ではない。法律は法律を以て変更し得ることは勿論であるから、此の制限自身も法律で変更し得るのであつて、若し比例代表法を採用するとか又はその他の理由で、別表を改正する必要が起つたならば、十年内であつても之を改正することは敢て妨げない[2]」といわれ、やはり後法前法の原理を論拠として後の法律の有効の成立を主張される。

（1） 佐々木惣一『日本憲法要論』（金刺芳流堂、一九三〇年）四四八頁。
（2） 美濃部『選挙法概説』一〇三頁。博士の所説において、もし前法の法的効力否認論が成り立つとすれば、この点は宮沢教授の説と同説となって、もはや後法前法の問題を生ずる余地が無くなる訳であるから、前法の法的効力否認論と同時に後法前法の理を説かれるのは当らぬように考えられる。

一体、後法は前法を廃止するとの原理は古来かなり多くの学者によって取扱われ、実際にも屢々《しばしば》引用されたものであるが、これについてはなお学者間に異論が存し、いまだその真相が究明されたとはいい難く、われわれは今まずこの問題を全般として一応研究しなければならない。

法は、実定法としては、時間的に通用し、歴史的生命を有し、種々に変更され得るしまた変化するものであることは、ひとまず異論のない事実として前提し、そこで、法の時間的通用の変更の一問題として後法による前法の廃止の原理が、論議されるのである。多くの学者はこれを殆《ほと》んど自明の「法的」原理として取扱っているが、異色あるのは〔アドルフ・〕メルクル〔一八三六―九六年〕の説である。彼は既にその一九一七年の論文――Merkl, Adolf, „Die Rechtseinheit des österreichischen Staates: eine staatsrechtliche Untersuchung auf Grund der Lehre von der lex posterior" (*Archiv des öffentlichen Rechts*, 37, 1918, S. 56ff.) において、法はその総《すべ》ての発現形態において不可変性 (Unabänderlichkeit)、永久性 (Ewigkeit) という固有性をもつといい (a. a. O., S. 120)、従って法の変更はただ法自身がその法規の規定内容において、法創設者に法上創設せられたもの (Rechtserzeugnisse) の変更についての授権をなす場合にのみ可能であり (a. a. O., S. 121)、lex posterior derogat prioriという命題は実定－法的規定であって、法の可変性は一般に法内容の問題であるとなす。曰く、「lex posteriorの原理はこれを正当に解すれば、法の変更、殊に憲法の変更を規定する法規の表現に過ぎず、その法論理的通用においてかかる法規によって制約される。或る法律が他の法律、殊に後の法律が前の法律を変更したという判断に対する認識の基礎は、法秩序の法規に適合した変更可能性ということである。lex posterior derogat prioriという命題が法律の変更を可能ならしめるというのは正当でなく、むしろ逆に（法秩序中に設定された）変更可能性が始めてlex posteriorの命題を宣言せしめるのである」（a. a. O., S. 33）と。その後の著作においても同一の理論を展開し、「法は――自ら定立したその変更の諸条件による外《ほか》――不変的である」という認識が確保され得るとなし[1]、「法秩序には断じてlex posterior derogat prioriの命題は内在せずして、却《かえ》ってその反対たるlex posterior non derogat prioriがそれに内在する。換言すれば――疑ある時は前の法規は後の法規に優越し、法は総ての段階において柔軟的ではなくて硬定的である。前の法規に対する後の法規の優越、法の柔軟性、その程度並びに事実は実定法上基礎づけられねばならぬ。lex posterior derogat prioriの命題はただ実定法的条定に基づいてのみ通用するもので、通例解されるように法論理的公理としては、通用せぬ[2]」と。

〔ハンス・〕ケルゼン〔一八八一―一九七三年〕の見解もその大綱においてはメルクルのそれと軌を一にする。彼も法秩序は「永久に通用せんとの要求を以て現われる[3]」といい、法の「通用期間はただ実定法内容的規定によってのみ限局され得る[4]」となし、更に「およそ規範体系は諸規範の論理的に完足した一複合である……。かかる規範体系はいずれも、それ自体拡大も変更も出来ぬという意味においても「完足したもの」と看做すべきである。一つの最高秩序として前提される各秩序……の通用は、ただこの秩序自身からしてのみ把握され、殊に、箇別的諸規範の通用範囲も通用期間も右の秩序自身の諸規定に従ってのみ評価され得るからして、規範の複合に対して一つの新規範が、該秩序によって定立された当為の綜体内容を変化させつつ、いわば外部から加わるということは、該秩序が、旧来の複合に新しい諸規範が加わり得ること及びその加わり方に対する条件を指定する規範を包有するのでもなければ不可能である。新たに加わる規範はいずれも……もとの秩序状態の変更を意味するからして、新しい諸規範がもとの規範複合に加わり得ること及びその加わり方に対する諸条件を定立する各規範体系は——かかる条件を条定せぬ不可変的な一規範体系に対比して——可変的なものと指称されねばならぬ[5]」と。ケルゼンの説のメルクルのそれと異なるところは、後者があくまでも実定法の内容に基づいて問題を解決しようとするに反して前者は、「法の変更を可能ならしめる規範は、始源仮説そのものであるか、乃至《ないし》はこの始源規範に基づいて始めて定立された（或いは習慣的に形成された）法規範であるか」については、曖昧にしてはいるが、「実証主義の要求のために……可変性の条定従って lex posterior の命題が既に始源規範中、但し当該法体系の論理的始源中に存在する可能性を看過するのは短見であろう[6]」といい、右の命題は「実定法的命題・法律的規範ではなく、法認識の前提であり、但し根本規範の意味中に包含されている[7]」という点にあって、この意味において、メルクルの徹底的実定法説から区別されると同時に、根本規範に立てこもるにしても、法規範変更の問題を一般に実定法の内容の問題とする彼の前提に対して内在的矛盾に陥っている。

（1）Merkl, Adolf, *Die Lehre von der Rechtskraft*, Franz Deuticke, 1923, S. 240.
（2）Merkl, Adolf, *Allgemeines Verwaltungsrecht*, Springer, 1927, S. 211.
（3）Kelsen, Hans, *Allgemeine Staatslehre*, Springer, 1925, S. 148〔ケルゼン『一般国家学』（改版）、清宮四郎訳、岩波書店、一九七一年〕.
（4）Kelsen, a. a. O., S. 149.
（5）Kelsen, Hans, *Das Problem der Souveränität und die Theorie des Völkerrechts*, J. C. B. Mohr, 1920, S. 144-145.
（6）Kelsen, a. a. O., S. 115, Anm. 1.
（7）Kelsen, Hans, *Die philosophischen Grundlagen der Naturrechtslehre und des Rechtspositivismus*, Pan-Verlag Rolf Heise, 1928, S. 26〔『自然法論と法実証主義の哲学的基礎』黒田覚訳、『ハンス・ケルゼン著作集』第三巻、慈学社出版、二〇一〇年〕.

一般にlex posterior derogat prioriにおけるlexとは、前後の両者が同位段階にある法規範なることを意味する。上位段階の法規範による下位段階の法規範の変更、下位段階の法規範による上位段階の法規範の変更——一般にかかることがあり得るか、もしあるとすれば、如何なる意味において、如何なる仕方、如何なる範囲においてあり得るかは暫《しば》らくおくとして――は、たとえ時間的に前後の関係にある二つの法規範によって生ずるものでも、lex posterior の原理外のものとされるのが普通である。なお、同位段階における二つの法規範といっても総ての法段階における規範、例えば、憲法、法律、命令、行政行為、判決等の全部を包含させるか、或いは特種の段階の法規範、例えば法律、命令の如きについてのみ認められるかには議論がある。通説においては、法律、命令及び行政行為については原則として lex posterior の原理を認め、司法行為即ち判決については res judicata jus facit inter omnes を認めるに対して、メルクルは国家行為の総てについて原理上は lex posterior non derogat priori が内在的であるとなし、(1)また或る者は総ての法的段階において原則として lex posterior derogat priori を認め、〔レオニード・〕ピタミック〔一八八五―一九七一年〕の如きはあらゆる法的段階には judicium posterius derogat judicio priori が通用するとなす。(2)第一の通説が主に法政策的見地から漠然と右のような異なる取扱いをなすのは、メルクル、(3)ケルゼン(4)の指摘する通り不当であるが、この両者、殊にメルクルが法の不可変性・永久性を前提とし、法規範の時間的通用期間、法規範の変更の問題を法内容的問題となし、法秩序には lex posterior non derogat priori が内在的で、lex posterior derogat priori の命題はただ実定法的条定によってのみ通用するとなす見解には俄《にわ》かに賛同し難い。

法規範が実定法としては、時間的に通用し、一つの社会的事実として発生、消滅、変更するものと見る以上、不変性・永久性ではなく、可変性・偶然性が法規範に内在する性質、実定法規範の本質と看做されねばならない。不変性・永久性は実は実定法の本質と相容れぬものである。法規範が人間の社会生活における行態についての規範であり、人間の意識的又は無意識的行為によって定立又は形成され、換言すれば創設され、更に変更され、廃止される以上、絶対的の硬定性（Starrheit）ではなく、柔軟性（Biegsamkeit）がその本質的属性でなければならない。単なる観念的形象として純粋に形式的意味における法ならば格別、実定法として時間的に通用する法は結局流動的のものである。朝令暮改の法も、政策的当否は別として法である。固《もと》より実定法が一面確実性の要請をもち、他面固定性の要求をもって、可及的に永続しようと求めて存立することは確かである。しかし、われわれ人類を始め、およそこの世に生あるものが可及的長生を求めつつも遂に流転必滅の運命を免れ得ぬように、永続性を要求しつつ生れた法もやがては改廃さるべき宿命をもつのである。近くは前掲選挙法の例の如く、或いはいわゆる硬性憲法における如く、実定法自らが向後の変動を抑制しようとするのも、右の先天的宿命との闘争の努力と見る外なく、否、実定法が、その制定・変更についての定めを有し、最上段階の憲法さえがその変更についての規定をその中にもつのは、総ての法規範に通ずる右の本質的属性を前提としてこそ始めて正当に理解出来るのである。なる程、実定法はその規範の可変性について何等《なんら》の規定をもたないこともあり得るし、またかくなし得る。それにも拘わらずわれわれは法規範の可変性を容認せねばならないのである。われわれは一般には法規範の創設・変更、従ってその可変性、特別には後法による前法の改廃の問題は、結局は実定法の内容を離れて法の本質から導き出さねばならない。ここにおいてわれわれは純粋法学の一つの限界点に達した。ケルゼンでさえここでは怪奇な根本規範に逃避した。われわれは更に純粋法学における動学以上の動学を構成する必要に迫られる。

もちろん、法秩序がその改廃についての規定を有し得ることは疑ないが、右に一言した如く、かかる規定をもたないこともあり得る。かかる場合、一度発布された法律・命令は特別の改正規定がない限りは改廃出来ないであろうか。法内容的問題としても、メルクルは否定する[5]が少なくともこれらの法を創設する権限ある機関は後法の創設によって前法を改廃し得ると見るべく、或る機関に対する法創設の授権は、決して該機関に一度定立した法をもはや絶対に変更してはならない義務を負わせるものではなく、単にそれに法の創設に当って右の授権の限界を越えてはならぬという拘束を加えるに過ぎないもので、法律定立の授権は原則としては従来の法律の改廃のそれをも含み、これがために特別な改廃規定は不要のものと解すべきである[6]。一般に改正規定なくとも、特別の制限規定がない限りは法は原則として変更可能であり、後法は前法を廃止するものと見るべきである。しかして実定法による右の制限規定には限度があって、可変性という法本質的属性と究極において矛盾衝突し得ぬもので、立法機関の議決によって lex posterior の命題を廃止しようとする如きは、〔ユリウス・〕モーア〔一八八八―一九五〇年〕のいう如く「全く無謀の企図」[7]である。

（1） Merkl, *Allgemeines Verwaltungsrecht*, S. 211.

（2） Pitamic, Leonidas, „Zur neuesten Rechtskraftlehre“, *Zeitschrift für öffentliches Recht*, 4, 1924,

S. 164.

（3） Merkl, *Allgemeines Verwaltungsrecht*, S. 210ff.

（4） Kelsen, *Allgemeine Staatslehre*, S. 300-301.

（5） Merkl, *Die Lehre von der Rechtskraft*, S. 260-261.

（6） Pitamic, a. a. O., S. 162.

（7） Moór, Julius, „Reine Rechtslehre, Naturrecht und Rechtspositivismus", in *Gesellschaft, Staat und Recht*, herausgegeben von Alfred Verdross, Springer, 1931, S. 103.

かくして、一般には後法による前法の廃止は認められるとして、しからば、前法において自ら後法による廃止変更を禁ずる旨を明定する場合は如何。ここでわれわれは長い道中の末、わが選挙法の規定に帰って来た。廃止変更禁止の宣言にも永久不変更を宣言するものと、選挙法の例の如く一定の期間を限るものとがあり得る。前者は「永久法」、殊に「永久憲法」の問題であるが、紛糾を避けるため別の機会に譲る。選挙法の例において一〇年不更正を宣明する条項についていえば、憲法との問題は別として、一〇年くらいの不更正は法の可変性とも矛盾せず、立法政策上の問題はとに角《かく》、法の内容としては可能である。さて、かかる条項あるに拘わらず、一〇年以内に内容の異なる別表をもつ法律を制定する時は、同一立法機関によって成規の手続を経て行なわれるにしても、後に制定された法律は前の法律に違反する法律、違法の後法になりはしないか。この場合、直ちに lex posterior の原理で説明しようとするのは早計である。

四　違法の法

元来、違法の法という場合は、下位段階の法規範が上位段階の法規範に違反する場合、下位段階の法規範が上位段階の法規範の規定する法創設規定に違反して創設される場合、例えば、憲法違反の法律、法律違反の命令の如きをいい、同位段階の規範相互間、例えば、旧法律と新法律との間には後法は前法を改廃するの原理に基づき、後の法律は前の法律を廃止変更し得るが故に、違法の後法の問題は起り得ない。見方を換えていえば、「旧法律と新法律との間に連続性（Kontinuität）が存するか否かは、当該体系段階の観察、旧法律と新法律との比較によってではなくして、「変更」の創設規則であった上位段階の法律の規定によって決定されるのである[1]」。ところで、前掲選挙法の事例は、同位段階の法規範間の問題で、違法の後法は生じ得ず、後法は当然前法を廃止変更したと見るべきであろうか。問題はしかく簡単ではない。

ここで注意すべきは、もしも、前の一〇年不更正を宣明する法律が有効に成立するとすれば、それは法律でありながら法律の変更規定を包有するもので、普通の法律と同じ段階にはあり得ず、これより上位段階の規範と看做されねばならない[2]ということである。それはいわば憲法補充的性質の法律である。それ故にこの法律の改廃は、単純に後法前法の理で、後から普通の法律によって当然には行なわれ得ないものとなったのである。一般に法の創設変更は上位段階の規範の授権に基づいてなさるべきもので、法律は憲法に、命令は憲法・法律又は上級命令にその創設改廃手続の根拠を有すべきものである。或る法の変更手続を規定する法規は性質上、右の規範より上位の規範中に包含さるべきで、逆に、他の規範の創設条件を規定する規範は、前者より上位の規範と看做されねばならない。憲法についても同様のことがいわれ得る。憲法中に存在する憲法改正に関する規定は、同一憲法における他の条項より上位のものと見るべきである。日本憲法第七三条の規定を改正する行為は、第七三条からは透導され得ない。実際には行なわれ得るが、それは別の根拠からである。国家機関の自己授権又は自己制限とは、厳格にいえば、法上はあり得ないのである。同様の例はわが貴族院令にもある。同令第一三条の「将来此ノ勅令ノ条項ヲ改正シ又ハ増補スルトキハ貴族院ノ議決ヲ経ヘシ」との規定がこれである。同条の帝国憲法との関係も問題になり得るが、貴族院令が明治二二〔一八八九〕年に憲法と同時に制定せられたものではあり、しかしてこれが有効の規定として存在すると見る以上、これはやはり憲法補充的性質を有するもので、普通の勅令は固《もと》より、貴族院令の他の条項に対しても上位段階に位し、たとえ貴族院の同意を得てもこれを削除又は改正するときは、同じく違法の後法の問題が生ずるものと解せられる(3)。かく説明し来れば、選挙法の例において後の法律が前の法律に違反する法律、違法の後法なのは疑ない。しかも違法の後法が現在有効の法として存在しているのである。或いはこの場合、いわゆる法律の自主合法性の原理(4)により、後の法律は元首と議会との憲法に違反せずとの有権的解釈一致して成立した国家最高の意志ゆえ、国法上これを審査し得る機関なく、たとえ憲法（この場合は前の法律）に違反していても、実際上、適法なものとして取扱う外《ほか》なく、従って後の法律は有効に成立すると説明する者もあろうが[5]、この場合に基準とすべき実定法のないのは明らかで、後の法は明白に違法の法であり、それが無効でなく有効に成立したものと見るとしても、拠るべき実定法上の条項はなく、前の法律を後の法律で合法的に変更することは法上は不可能なのである。しかも事実上は固より可能であり、現にわが国の実際にも生じたのである。法律の自主合法性説は、ひっきょう、事実上法律として制定されたものは「実際の処理としては」違法でないものとして「取扱うの外なく」[6]、従って有効と見ねばならぬというのであるが、それは既に実定法の内容を離れて別の見点に立つものといわねばならない。

（1）　Sander, Fritz, „Das Faktum der Revolution und die Kontinuität der Rechtsordnung", *Zeitschrift für öffentliches Recht*, 1, 1919, S. 22.

（2）　Ross, Alf, *Theorie der Rechtsquellen*, F. Deuticke, 1929, S. 360ff. 参照。

（3）　或いは貴族院令の改正が貴族院自身の議決を要することは憲法上の自明の事理と認められ、本条は憲法以外に新たな規定を設けたのでなく、当然のことを言明したものであるとの解釈（美濃部達吉『憲法撮要』改訂第五版（有斐閣、一九三二年）、三五九―三六〇頁）があるが、これによれば、当然憲法上の事理に反する改正は適法には行なわれ得ぬことになる。

（4）　浅井清『日本憲法講話』再版（巖松堂、一九四八年）、二一四頁。

（5）　佐々木、前掲書、五九三―五九四頁、美濃部『憲法撮要』五六九頁参照。

これはいわゆる法令審査権の問題と関連して論議の的となるものであるが、如何なる制度を設けても結局は実定法上解決不能の点に達する。究極においては別の原理によらねばならないものである。

(6)　佐々木博士の言。

五　違法の法の存立

一体、適法（rechtsmässig）又は合法（legitim）に成立した法のみが法であって、違法・不法の法は法ではないか。違法の法とはcontradictio in adjectoであろうか。〔アドルフ・〕ラッソン〔一八三二―一九一七年〕は「法はただ適法な、即ち、既存の法によって規定された仕方においてのみ作成せられ得る」[1]という。しかし、法の合法性は法の必須的概念標識（Begrifsmerkmal）ではないのである。[2]一般に法の創設を規整する実定‐法的規範内容は、単にわれわれに、法規程に適応し（合法な）又は適応せぬ（不法な）法定立としての事実的法創設過程をば、よって以て評価もしくは判断し得る尺度を提供するに過ぎぬものである。[3]しかして、違法の法も法たる以上は、法たる効力においては適法の法と変りはない。法の適法性・違法性の問題は憲法について特に論議されるところであるが、革命の結果出来た憲法も憲法としての法的効力に変りはなく、ドイツの憲法も、満州国の憲法も、日本の憲法も、法的意味においては上下なく存在するのである。

（1）　Lasson, Adolf, *System der Rechtsphilosophie*, J. Guttentag, 1882, S. 417.
（2）　Somló, a. a. O., S. 119.
（3）　Moór, a. a. O., S. 66.

しからば違法の法は如何にして法として存立し得るか。結論を先に示せば、法がその実定法としての存立要件を充たす場合には、必ずしも適法の法のみならず、違法の法も実定法として存立し得る。ここにおいてわれわれは、法の実定性、実定法としての法の成立という法学上の大難問に逢著した。法が法律の草案やいわゆる自然法と異なり、実定法として存立するためには二つの要件が必要である。一つは被定立性であり、一つは通用性である。被定立性（Gesetztheit, Gegebenheit）とは人の行為によって定立され、創設され、与えられることである。無意識的に定立される時に慣習法が生じ、意識的に創設される場合に制定法・成文法が出来る。これによって法はまず時間的存在の中に入り来る。人間の行動によって定立されず、理性によって認識され、理性から演繹される法的規定は実定法ではなくて、自然法又はいわゆる理法である。(1)

（1）　法が実定法としては定立された法、しかも「人間の行動によって定立された法」であることは、法を純粋に当為として把握しようとするケルゼンも認めている（Kelsen, Hans, „Die Idee des Naturrechts", *Zeitschrift für öffentliches Recht*, 7, 1928, S. 236）。しかし、ケルゼンにおいては、法の創設はただ、法によって規制された、従って法規範の内容を形成する法創設の要件（Tatbestand）としてのみ問題になり（Kelsen, *Allgemeine Staatslehre*, S. 265）、法を創設する人間の行為は、法の体系内に入ることによって「いわば変質（denaturieren）され」、「それらはもはや特に人間の行為としては問題にならぬ」（a. a. O., S. 266-267）とされる。

次に法の通用性とは一言にしていえば、法が実現の可能性をもつことである。法が遵守さるべき規範として行なわれ、生きていることである。法が実効性（Wirksamkeit）又は法的実力（Rechtsmacht）と拘束性（Verbindlichkeit）とをもつことである。もしも第一の被定立性のみが実定法の要件ならば、一度定立された法は結局総《すべ》て永久に実定法であるが、この通用性のために更に制約される。古代ローマの法、一八七一年のドイツのビスマルク憲法、わが国の大宝律令の如きはもはや今日の実定法ではないのである。法の実効性をケルゼンは法と事実との照応（Korrespondieren）の理論により、[1]わが尾高〔朝雄〕教授は底礎（Fundieren）の理[2]によって説明している。

（1）ケルゼンは「われわれは次の事実は即座に認めねばならない。即ち、規範、殊に有効なものとして前提される法規範の内容が、事実上の行為の内容に或る程度まで一致し、事実上、その表象が実効的である法規範のみが、有効なものとして前提されるという事実である。もしも、規範——殊にまた法規範——が、それを支担する表象が全然実効を欠いているような内容をもっているならば、法理論もまたかかる規範を有効なものとしては前提せぬ。けれどももまた、事実上生起するもののみが、法上当為されたものと看做され得るとの容認も誤りであろう。何となれば、かかる容認は、総ての法の否定を意味するであろうから。「国家」即ち法秩序たる規範的国家秩序の体系としての当為の内容と、因果法則的自然秩序の体系としての存在の内容との間には、或る対立が可能でなければならない。存在の内容、事実的事象の内容が、決してそれと矛盾し得ずとの規範内容を有する或る規範——即ち汝の欲するところをなすべしという規範——は、規範としてのその特殊な意味を失ったのである。

種類を異にする二つの体系の内容の間の関係の研究は、上位限界と下位限界とのみを示し得る——両体系の内容は、全然合致することもなければ、全く別々になることもない。不一致の関係（Spannung）は、極大限を超えてもならぬし——何となれば、それを超えれば、「法」という固有法則的体系の容認は何等《なんら》意味をなさぬものとなるであろうから——また、極小限下に降ってもならぬ——これより下れば、法の体系を、人間の事実的行態、自然の体系の有用な解明・或いは評価図式（Deutungs-oder Beurteilungsschema）として利用する可能性は悉《ことごと》く奪われてしまうであろうから。実定性の概念中に表現されるのは、この、当為秩序と看做される法又は国家の内容とこれに照応（Korrespondieren）する（自然の一部としての）事実的事象の存在秩序の内容との間の、極大限及び極小限によって規定された関係である。実定の問題は従って——決して法‐及び国家論の領域にのみ限られぬ——価値の一体系と、これに照応する現実態の体系との間の問題として、即ちいわゆる価値実現の問題として現われる」という (Kelsen, *Allgemeine Staatslehre*, S. 18-19)。なおケルゼンの *Die philosophischen Grundlagen der Naturrechtslehre und des Rechtspositivismus*, S. 10, 65; *Der soziologische und der juristische Staatsbegriff*, J. C. B. Mohr, 1922, S. 92ff.〔ハンス・ケルゼン『社会学的国家概念と法学的国家概念』法思想21研究会訳、晃洋書房、二〇〇一年〕にもこれに関する説明がある。

(2)　尾高教授は「一般に実定法の体系は、その体系に含まれた個々の法規の意味が多くの個人の事実行為の上に繰返して実現され、又は常に事実行為として実現される可能性を持つことによつて、初めて「実在的」であり得るのである。実定法はそれ自身観念的な規範意味の複合態ではあるけれども、此の規範意味の複合態は決して歴史の制約を離れて永久絶対の妥当性を有するものではなく、或る民族の或る時代に於ける法律精神の具現として、明かな歴史的実在性を持つて居る。此処に「実定法」が単に観念的に構想された所の「自然法」と異る所以が存する。而してそれが又実定法の「実定性」(Positivität) の誠の意義なのである。法律の実定性とは……実定法の歴史的実在性以外の何ものでもあり得ない。而して実定法が歴史的に実在する、と云はれるのは、その実定法の体系を形成する個々の法規の意味が、その法律の行はれて居る社会に於て、人々の事実上の法律的行為の上に繰返して実現され、又は常に実現される可能性を有するが為めに他ならない。此の関係を指して、客観的精神形象としての法律即ち実定法は、法律の事実的発現形態たる多数人の行為によつて「実在的に底礎されて居る」と云ふのである」(尾高朝雄「社会学の対象とその認識」、『日本社会学会年報』第一輯（岩波書店、一九三三年)、二九―三〇頁）という。なお同教授の「現象学と法律学」、『法律時報』第五巻第一〇号（一九三三年一〇月）中にも同様の説明がなされている。既に定立された法の歴史的実在性の説明として誠に注目すべき説であるが、創設された当初の法についてなお説明を補足する必要があるまいか。

実効性は法の存続の要件であると同時にその成立の要件である。ここにおいてわれわれは事実と法との密接不離の関係を見る。法が事実を制約する一方、事実が法を制約する。法と事実とは実定法の概念においては論理的に相制約する。(1) 否、見方によっては事実が法の運命を左右する。革命による新憲法の成立、慣習法の成立に想到されたい。法と事実との闘いにおいては、法は少なくとも一応は事実に屈服せねばならない。「法を変更する歴史的諸実力に向っては……法そのものは無力である」[2]。事実は法の創成・存続の基礎である。「事実の規範力」は「法源」である[3]。

(1) Burckhardt, Walther, *Die Organisation der Rechtsgemeinschaft*, Helbing & Lichtenhahn, 1927, S. 180.

(2) Jellinek, Georg, *Allgemeine Staatslehre*, 3. Aufl., Springer, 1922, S. 343〔G・イェリネク『一般国家学』芦部信喜・阿部照哉・石村善治・栗城寿夫・小林孝輔・丸山健・宮田豊・室井力・結城光太郎・和田英夫訳、学陽書房、一九七四年〕.

(3) Mezger, Edmund, „Der Begriff der Rechtsquelle", in *Festgabe für Philipp Heck, Max Rümelin, Arthur Benno Schmidt*, herausgegeben von Heinrich Stoll, J. C. B. Mohr, 1931, S. 36.

六 事実の規範力

事実の規範力という語によって、人は直ちにゲオルグ・イェリネック〔一八五一―一九一一年〕の有名な Die normative Kraft des Faktischen を想起するのであろう。イェリネックはそのいわゆる心理説・確信説の立場から、法の通用は法的団体員が或る規範を遵守すべく義務づけられているとの確信に基礎を有するとなし[1]、実定法の通用の基礎の問題は人々の心中に法規範の有効性の確信を起さしめる動機の問題であるとする[2]。しかしてその決定的動機は、「事実の規範力」、慣れたものを命ぜられたもの、das Normale を Norm と思わしめる継続的慣習の力だと見る。彼は「事実的なものは一般に、通用するものに変る心理的傾向をもつ」[3]という。心理説・確信説に基づくイェリネックの説明の当否は別として、事実の規範力という語は、事実、換言すれば定立行為と実効性が法の基礎的要件であるという意味では正しい。但し、事実から法が生れる、誘導されるというのならば吟味を要する。単なる事実は飽くまで事実で、そのまま規範たる法になり、又は法を生むことは出来ない。この点はウイン学派の学者が極力主張する通りである。法は単なる力としてわれわれに作用するのではなく、規範として遵守さるべきものとしてあるのである。それが実定法の拘束性である。このべきの根拠は、事実・実力そのものではない。事実の規範力をかく解すれば誤りである。否、早計である。[4]もしわれわれが右の根拠を実定法の内容に求める時は、いわゆるjuristische Geltungの問題として、ケルゼンの根本規範でも認めない限り、適法の法についても遂には憲法まで遡ってから動きがとれなくなる。ましてや違法の法の解決は得られない。一般に法の創設問題は結局は実定法の内容的問題として解決出来ないことになる。純粋法学の動学もここに限界づけられるのである。翻ってわれわれは「事実の規範力」から更にこれを認むべき淵源に遡らねばならない。それは率直にいえば「事実の規範力を認むべし」という原理である。これこそ「根本規範」である。「事実の規範力」は事実が法に変り、事実から法が生れることとそのことではなくて、事実によって「底礎」され、事実に基づいて創設される法を法として認むべしとの根本原理によって基礎づけられることによって、新しい意味を以て再生する。実定法通用の論理的基礎がここにおいて与えられた。「法は実効的に貫行され得るが故に通用するのではなく、実効的に貫行され得る時に通用するのである」[5]。右の根本原理によって「実力が法に転化する」[6]のである。この根本原理は実定法ではない。それは定立され、変更され、廃止され得るものではない。自然法でもない。法の通用の究極の説明として前提さるべき命題である。われわれはこれを創設・改廃し得ず、ただ見出すことが出来、見出さねばならぬのみである。これは実は、われわれが団体生活を営み、法が「団体規則」[7]であることから当然認めねばならない原理である。われわれは好むと好まぬとに拘《かか》わらず、これを認めねばならず、これを倫理的或いは政治的立場から評価するのは自由であるが、取除くことは不可能のものである。これこそ実定法の存在及び変更の究極の基礎原理で、イェリネックの「事実の規範力」も、ケルゼンの「根本規範」もここに更生の途を見出し、〔アルフ・〕ロス〔一八九九―一九七九年〕の法体系淵源論、メルクルの法的段階説、等もこれによって修正され、新装さるべきものである。かくして問題の違法の後法が実定法として存在する基礎づけは一まず終った。

（1）　Jellinek, *Allgemine Staatslehre*, S. 333.
（2）　Jellinek, a. a. O., S. 333-334.
（3）　Jellinek, a. a. O., S. 339-340.
（4）　Radbruch, Gustav, *Rechtsphilosophie*, 3. Aufl., Quelle & Meyer, 1932, S. 77〔『法哲学』田中耕太郎訳、『ラートブルフ著作集』第一巻、東京大学出版会、一九六一年〕; Emge, C. A., *Vorschule der*

Rechtsphilosophie, W. Rothschild, 1925, S. 90ff.

（5）Radbruch, a. a. O., S. 82.

（6）Kelsen, *Die philosophischen Grundlagen der Naturrechtslehre und des Rechtspositivismus*, S. 65.

（7）中島重『社会哲学的法理学』（岩波書店、一九三三年）二五三頁の語。

ドイツにおいても前世紀の末葉に、前掲わが選挙法と同じように「本法律において規定するところは今後五ヵ年以内に法律を以て変更するを得ず」と定める法律の条項は少なくとも当該立法者を拘束する内容をもたぬかとの問題に対し、或る学者はこれを消極に解し、他の学者はこれを肯定したとのことである。[1] これに対し、ハンガリアの法理学者〔フェリックス・〕ショムロ〔一八七三―一九二〇年〕は、この問題は㈠前の法律に違背する後の法律は法律たる効力をもつか、及び㈡後者の法律は Rechtsbruch を意味するか、の二つに分けられるとなし、しかして彼は両者とも肯定している。理由として「立法者をばその将来の立法の形式又は内容について拘束する法律は、立法者が固《もと》よりそれに違反する行動をなしてはならぬ (darf nicht) との意義はもつが、立法者が該法律に違反する行動をなし得ぬ (kann nicht) こと及び、かかる違法行為によって法が発生することもないということをも必然的に意味するものではない。かかる事態が実際に生ずるか否かはもはや法によっては決せられずして、当該社会における該立法者が、かかる違法行為をなす場合にもなお、依然として法的実力（Rechtsmacht）として存するか否かによって決せられる」[2]という。ショムロの説は、違法の説明を補足し、前述の根本原理による最後の基礎づけを得れば大体正しい。

（1） Somló, *Juristische Grundlehre*, S. 346 に拠った。遺憾ながら原文は手元になく参照し得なかったが、前者は Eisele, Fridolin, *Unverbindlicher Gesetzesinhalt*, Universitæts-Buchdruckerei von Chr. Lehmann, 1885, S. 12. 後者は Martitz, Ferdinand von, „Über den konstitutionellen Begriff des Gesetzes nach Deutschem Staatsrecht“, *Zeitschrift für die gesamte Staatswissenschaft*, 36, 1880, S. 264 であるという。

（2） Somló, a. a. O., S. 347.

七　法の体系所属性

最後に、法が法秩序として一つの体系を成すのに対し違法の法はそれが従来の法体系を根本から覆《くつが》えして一つの新しい体系を作る場合ならまだしもとして、箇々の法規範として従来の法に違反する場合にも実定法として存立するとすれば、如何にして法体系内にその地位を占め得るかの問題がある。違法の後法が体系の「外部」から体系の「内部」に入って体系の一部になり得るかの問題である。

ケルゼンはいう。「或る規範が固有の国家的法秩序の構成部分として証明され得る時に、われわれは……それを「実定」法として認識するのである。それは、該規範が究極の「淵源」、法秩序の統一性及び特別性を基礎づける始源規範へ段階的に遡帰することによってなされる。始源規範とはそれから法体系が誘導されるものである。……従って箇別的法規範は、それが始源規範という法学的仮設において統一的に基礎づけられた一定の法秩序の体系中で定立され、かくして構成された体系内にその席を有する限りにおいて実定的であり、即ち文字通りに「定立されて」ある(1)」と。しかして彼は、法体系の各規範は仮設的の始源規範又は根本規範から、実定法たる憲法・法律・命令・行政行為というふうに段階を成し(2)、各段階の規範はいずれも上位段階の委任に基づいて創設され、法創設関係は委任関係であるとなし、既に(三において)引用した如く、「規範の複合に対して一つの新規範が、該秩序によって定立された当為の綜体内容を変化させつつ、いわば外部から加わるということは、該秩序が、旧来の複合に新しい諸規範が加わり得ること及びその加わり方に対する条件を指定する規範を包有するのでもなければ不可能である(3)」という。更に「何故に法の諸規範が服従さるべきかの問題は——もしそれが一般に提出されるとすれば——事実としての立法行為の事実乃至《ないし》は他の法創設事実(慣習のようなもの)を以てではなく、ただ常に、支配者の下命は服従さるべきであること……を規定する規範の主張を以て答えられ得る」といい、結局根本規範に遡る(4)。

ロスも、大体段階説を認め、ケルゼンに近似しているが、彼は、異色ある説として、ケルゼンの如く根本規範から演繹的にのみ説明せず、帰納的方法をも併用して以て違法の法の体系内的成立を説明しようと試みている。

曰く、「ケルゼンはただ一方的に、一つの前提された根本規範からの演繹的成立方法を強調したが、……かかる観察の仕方からしては、如何なる根本規範が演繹の根柢を形成すべきかは依然として解し難いに相違ない。それはただ帰納の先行によってのみ規定される。……かくしてのみ法の実定性は理解される。……根本規範は、それが現実の強制行為の抽象として観察され得る時にのみ根本規範と解される。しかして右の強制行為は逆に、それが（段階の系列を通して）前提された根本規範の具体化として観察され得る時にのみ法的のものと解される。法の現実は普汎的相関において存する。……演繹そのもの、帰納そのものではなくて、相関のみが法の通用に決定的である[5]」。「体系は究極の法源である[7]」。「規範の実定性は、正確にいえば、一つの体系への所属性に存する[6]」。「体系は究極の法源である」。元来「体系外的法はそこで、中間に介在する派生的淵源なしに直接に体系に関係づけられる法を意味する[8]」と。

法が法秩序としては一つの体系を成すことから、法の実定性と法の体系所属性との間に密接の関連を認め、一つの法規範は必ずその所属する法体系中にその位置を占めるとの説は、既に出来上った法秩序の静学的観察においては妥当のものであるが、法の成立・創設を説明する動学的観察においては、法の体系外的形成、違法の法の成立はこれでは満足な解決は得られない。根本規範から出発して、それによって何が法たるかを決するのでは、根本規範があらゆるものを包括し得る一つの自然法でもない限りは、法の体系外的形成の問題、違法の法の問題は充分に解決出来ない。逆にまた、箇別的行為から出発して根本規範に遡れば、根本規範はなる程現実には素直に従うであろうが、それと共に総《すべ》ての規整的意義を喪失して法の基礎づけには適せぬものになるであろう。[9]ロスの如く、体系そのものを引用しても、体系外的法の形成の基礎づけにはならない。体系と雖《いえど》も法規の条件を具備せぬ規範に法的性質を付与することはないし、体系所属性と法的性質とは直接には何ら互に関係ないのである。[10]一般に適法の法にせよ、違法の法にせよ、法の創設・形成の問題は、結局実定法の内容のそれとしては解決出来ないのは前述した通りである。何らの法的尺度の存在せぬそもそもの始まりには、適法又は違法の法の存否の問題は一般に無意味であろう。[11]法の始源的形成の説明はそれでは出来ないことになる。また、法の体系所属性を極端に主張しては遂には違法の法は法でなくならねばならない。違法の法は、法の体系の「外部から」体系内に入り来って、体系内にその地位を占めるものなのである。問題の違法の後法は、それが違法の法なるに拘《かか》わらず、事実上定立され、しかも実定法としての要件を具備するが故に、法として成立しかつ存続するのである。

（1）Kelsen, *Das Problem der Souveränität und die Theorie des Völkerrechts*, S. 93.
（2）段階説については、大沢章・黒田覚・矢部貞治・横田喜三郎・清宮共著『ケルゼンの純粋法学』（大畑書店、一九三二年）八八頁以下参照。
（3）Kelsen, *Das Problem der Souveränität und die Theorie des Völkerrechts*, S. 114-115. 圏点は清宮。
（4）Kelsen, a. a. O., S. 95-96.

(5) Ross, *Theorie der Rechtsquellen*, S. 281-282.
(6) Ross, a. a. O., S. 286.
(7) Ross, a. a. O., S. 309.
(8) Ross, a. a. O., S. 314.
(9) Mokre, Hans, *Theorie des Gewohnheitsrechts*, Springer, 1932, S. 185 参照。
(10) Mokre, a. a. O., S. 186.
(11) Mokre, a. a. O., S. 186.

八　結　語

かくしてわが選挙法の問題から計らずも国家作用論に関する諸種の難問に逢著し、一面ウイン学派の純粋法学における法の動学・法創設理論と、他面、主としてゲ・イエリネックの事実の規範力とを省みつつ、問題の解決に曙光を得ようと努力したが、残された謎はなお頗《すこぶ》る多い。一般の示教を仰いで更に想を錬り、一段の高処に到る一階梯にというのが筆者せめてもの念願である。

――昭和九〔一九三四〕年三月一六日稿――

（宮澤俊義編『公法学の諸問題――美濃部教授還暦記念』第二巻、有斐閣、一九三四年一二月）

憲法改正作用

一　はしがき

憲法の制定または改正は、国法体系における憲法の意義の重要性に照らして、およそ国法の制定または改正のうち、第一次的かつ最基本的な意義をもち、憲法制定論・憲法改正論は、国法創設論・国法動態論の出発点であり、大前提である。

憲法に該当する外国語の Verfassung または Constitution という語は、国家的法規範の特殊な一体系のほかに、或いは、国家における「事実的実力関係(1)」(Tatsächliche Machtverhältnisse)、「政治的決定(2)」(Politische Entscheidung) といったような国家の事実的基構を示し或いは、法規範の体系または事実的基構の底に横たわる精神を示すこともある。そうして、これらはいずれも学問的にも実際的にも極めて重要な意味をもつばかりでなく、法規範としての憲法及びその制定・改正作用と密接な関係をもつ。しかしここでは専ら法規範としての憲法及びその改正作用を純粋に法学的に扱うことにする。

（1）Lassalle, Ferdinand, *Über Verfassungswesen*, G. Jansen, 1862, S. 10〔F・ラサール『憲法の本質・労働者綱領』森田勉訳、法律文化社、一九八一年〕.

（2）Schmitt, Carl, *Verfassungslehre*, Duncker & Humblot, 1928, S. 20ff.〔C・シュミット『憲法理論』尾吹善人訳、創文社（名著翻訳叢書）、一九七二年／カール・シュミット『憲法論』阿部照哉・村上義弘訳、みすず書房、一九七四年〕。これについては後述する。

なお、ここに憲法の改正とは、成文憲法殊《こと》に憲法典の意識的変改としての作用をいう。およそ、憲法典の創設は、新国家または従来憲法典の存しなかった国々においては新たに憲法典を創定することによって行なわれ、既に憲法典の存する国々においては、憲法改正行為によって行なわれる。広く憲法改正行為というときは、既存の憲法典についてその条項の変更・削除・追加等をなす行為（狭義の改正）と従来の憲法典とは別に新たな法典を創定する行為とを包含し得るが、ここでは主として前者、即ち、狭義の改正について論ずる。

二　学説の展望

一　憲法改正作用は一律無制限に実定法上の作用となり得るとする説（Anschütz）

憲法改正作用は一律無制限に実定法上の作用となり得るとする説の代表的学者として

Gerhard Anschütz〔ゲルハルト・アンシュッツ（一八六七―一九四八年）〕がある。Anschütz はドイツのワイマール憲法第七六条の「憲法ハ立法ノ方法ニオイテ改正スルコトヲ得……」(Die Verfassung kann im Wege der Gesetzgebung geändert werden…）の解釈にあたって次のように述べている。即ち、この憲法の条文において改正（Änderung）とは、1　明示的改正（変更、廃止、増補等による憲法の条文の変改）、2　黙示的改正（第七六条に指示された形式を遵守しつつ、憲法の強行規範に矛盾し、それと懸絶し、或いはそれを箇別的の場合に破毀（durchbrechen）する法律規程を発布すること）、及び、3　改正の意図はなしにただ、箇々の憲法規範について法律的効力をもった解釈（有権的解釈）を示す法律を発する場合のすべてを包含し、しかも、この憲法改正権は、対象的に無制限で、この作用は如何なる事項をもその内容となすことが出来、それらの政治的意義の如何に拘《かか》わらず行なわれ得る。従って、あまり重要でない、むしろ技術的考量による改正のみでなく、国全体の法的性質（聯邦）、国と支邦との間の権限の分配、国及び支邦の国体並びに政体（共和制、民主制、一般票決、議会制）及びその他の原理的問題に関し得る、となす。そうして、Anschütz は、この憲法改正権に何らかの限界を設ける説、例えば後に述べる Carl Schmitt〔カール・シュミット（一八八八―一九八五年）〕の説の如きは、立法論としてはとにかく、ワイマール憲法の解釈論としては否定されねばならぬという。(1) かくして、Anschütz によれば、ワイマール憲法第七六条における実定法上の権力たる憲法改正権は、およそ憲法の意識的変改といわれるものの殆《ほと》んど全部を包含し、この権力に何らかの区別・

段階を設け、何らかの限界を画することは法的には不必要でありかつ不可能のことになる。

（1）　Anschütz, Gerhard, *Die Verfassung des deutschen Reichs*, 3. Bearbeitung, G. Stilke, 1930, S. 347ff. これは従来相当有力な学説であった。

二　憲法改正作用はすべて超実定法的作用であるとする説（Burckhardt）

Anschütz のように、憲法改正作用を一律無制限に実定法上の作用となり得るとなし、これに何らの区別及び限界を認めぬ説に対し、これと極端な対立を示すのは、Walther Burckhardt〔ヴァルター・ブルクハルト（一八七一—一九三九年）〕の説である。

Burckhardt はその著 *Die Organisation der Rechtsgemeinschaft* (Helbing & Lichtenhahn, 1927) において次のように説く。憲法は国家の基礎的権限秩序であり、何が合法的 (rechtens) であるかを終審的に決定する者を規定する秩序であり（S. 206）、普通の法律以下の国法は憲法の授権によって成立し、憲法から派生し、その通用は法的には憲法から誘導せられ、その制定・改正は法的には憲法によって基礎づけられ得るのに対し、国家の最上級の法律としての憲法の通用は、それ以上さらに法的には誘導せられ得ぬもので、憲法が改正出来るか否か、出来るとした場合にその手続如何ということは、法の原則によって決し得られる問題ではなく、現行憲法の保持に対する「権利」なるものもないが、その改正或いは革命を求める「権利」もない（S. 212）。憲法の創定が法学的尺度を以て測定し得ず、法学的に構成し得られない現象であるといわれているが、それは、憲法の部分創定である改正についても同様に正しい。全体について通用することは部分にも通用するであろう。創定と単なる改正との区別は、単に量的に捕捉すべきもので、概念的に捕捉し得ぬものであろう。「憲法の改正は法学的立場からしてはいつも革命的現象であり、この現象は法秩序の支配のもとに経起せずして法秩序のそとで行なわれる。憲法改正について何らの規定ももたぬ憲法は不完全ではない」(S. 217-218)。

Burckhardtによれば、憲法創定作用も、憲法改正作用も、もはや法的作用ではなく、従ってそれに関する法的区別・限界の問題は、法的問題としては当然消滅し、問題になり得ないことになる。この理由として彼は次のことを挙げている。一般に実定法の通用は論理的には他の通用する法からのみ誘導せられる (S. 209, Anm. 1)。法律や命令は、自力でおのれに効力を発生せしめることも出来なければ、それらの通用または改正の条件を自ら規定することも出来ない。これらの規制はそれらの上に存する秩序から引き出されねばならない。法律及び命令の上には憲法がある。しかし、憲法の上には何ものもない (S. 213-214)。そこで、Burckhardtによれば、憲法の創定はもとよりその改正も一般に実定法を超越した問題となり、憲法制定作用はすべて単なる政治的または社会的作用で、法的作用ではあり得ないことになる。

近代諸国の多くの憲法典のうちに見られる憲法改正規定の意義について、Burckhardtは次のような説明を加える。それらの規定は、それ自身、現在の憲法によってかつその構成部分としてのみ有効なのであるから、憲法以上の法規範ではあり得ない（S. 214）。新たに定立せられる憲法の有効性は改正規定の遵守を条件としない。改正規定の意義は、改正行為を法的に基礎づけることに存せずして、改正手続規定に適合して行なわれる改正行為その結果生ずる新憲法に対する一般の了解（Einverständnis）を得るよすがとせられ得るに過ぎないという(1)（S. 216-217）。

（1）Burckhardt は既に一九一〇年に公けにした„Verfassungs- und Gesetzesrecht"〔*Politisches Jahrbuch der Schweizerischen Eidgenossenschaften*, 26, 1910〕のうちで右のような見解を仄《ほの》めかしているらしいが、この著作は参照出来なかった（Ross, Alf, *Theorie der Rechtsquellen*, F. Deuticke, 1929, S. 364, Anm. 14 参照）。

三　憲法改正作用に区別・限界を設ける説（Schmitt）

Anschütz が憲法改正作用を一律無制限に実定法上の作用となし、Burckhardt が右の作用をすべて実定法超越的作用となすのに対し、いわばその中間を行き、憲法改正作用に区別・限界を設ける説は相当に多いが独自の見解を展開し最も注目すべき学者として Carl Schmitt を挙げねばならない。

Schmitt はその著 *Verfassungslehre*（1928）において、ここに問題の憲法改正作用を実定的意味の憲法制定作用と憲法律改正作用とに分ち、両者を全く性質の異なるものとして取扱っている。所説の概要は次の如くである。

国家は一つの民族の政治的統一体であって、かかる統一体としての国家の憲法については種々の概念を分ち得るが、実定的意味の憲法（Verfassung im positiven Sinne）と憲法律（Verfassungsgesetz）とを分つことが肝要である。実定的意味の憲法とは「政治的統一体の種類及び形式についての綜体決定」（Gesamt-entscheidung über Art und Form der politischen Einheit）をいう[1]（S. 20ff.）。そうして、この意味の憲法はいまだ当為或いは規範の世界に属せず、単なる存在または現実態の世界に属する[2]。それは憲法制定権力（Verfassunggebende Gewalt）の行為によって成立する（S. 21）。憲法制定権力とは「固有の政治的存在の種類及び形式について具体的な綜体決定をなし、従って政治的統一体の存在を総括的に規定し得る実力または権威をもつ政治的意志である。この意志の決定からそれ以上立ち入ったあらゆる憲法律的規制の有効性は誘導せられる。決定そのものはそれを根拠として規律せられた憲法律的規律とは質的に異なる」（S. 75-76）。憲法制定権力は政治的意志、即ち、具体的な政治的存在であり、憲法はその正当性が憲法の通用を基礎づけるような一つの規範に依拠するものではなくして、政治的存在たる憲法制定権力から発生した政治的決定に依拠する（S. 76）。憲法制定権力の主体は国民または組織化された少数人乃至《ないし》は単一人で、この主体の区別に応じて、国家の形態は民主政貴族政または寡頭政及び君主政に分たれる（S. 77ff., 200ff.）。かかる主体の意志たる憲法制定権力は、憲法・憲法律の根拠となる始源的の力であって、それから法的規制を生ぜしめる淵源であるから、それ自らは別段の規範づけを必要とせず、法的規律の対象とならず、「法形式や手続に拘束せられない」ものである（S. 79)。

（1） Schmitt 自身が Verfassung というときは、おもにこの意味に用いている（vgl. S. 44)。

（2） この意味の Verfassung は事実としての政治的決定であって本質的には法ではない。従って、これを「憲法」と訳するのは実はあまり適当でなく、Schmitt における Verfassung と Verfassungsgesetz との対立においては、Verfassung は国家基構とでも訳し、Verfassungsgesetz の方をむしろ憲法と訳すべきようにも考えられるが、この場合だけ特殊な訳語を用いるのは却《かえ》って説明の統一を欠く虞《おそ》れもあるので本文のように訳して置いた。

憲法律は、規範的規制であって、憲法に基づいてはじめて通用し、憲法を前提とする（S. 22)。規範的規制としてのあらゆる法律は、憲法律もまた、それが有効であるためには究極においてそれに先行する政治的決定を必要とする（同上)。ところで、この政治的決定たる憲法は更に憲法制定権力によって設定せられるのであるから、憲法律のもとにおける実定法秩序の通用とその統一性とは、結局はこの憲法制定権力に基礎づけられることになる。

Schmitt は各国の成文憲法のうちには、右の意味の憲法に該当するものと憲法律に該当するものとの両者が含まれているとなし、例えば、ワイマール憲法についていえば、同憲法前文の「ドイツ国民ハコノ憲法ヲ制定シタリ」との表現及び第一条第二項の「国家権力ハ国民ヨリ出ヅ」との表現は民主政についての決定を示し、第一条第一項の「ドイツ国ハ共和国トス」とは共和政についての決定、第二条は連邦的構造の維持についての決定を示し、さらに同憲法は、立法及び統治が原則として議会的・代表的形態をもつこと及びドイツ国が基本権及び権力分立の原理をもつ市民的法治国たることについての決定を包含するとなす（S. 23-24）。

かくして、Schmitt における憲法――憲法律は、その相互的関連において一種の段階構造を形成するが、前者は規範的意味をもたずかつ規範的基礎づけも必要とせぬ単なる事実的存在であり、憲法律のみが規範的規律である。

なお、Schmitt は、憲法制定権力と憲法によってつくられた権力即ち憲法律上の権力と相異なる性質のもので、これを区別することは可能でありかつ必要であると説き、一八世紀の末葉に Sieyès〔エマニュエル＝ジョゼフ・シエイエス（一七四八―一八三六年）〕によって提唱せられた pouvoir constituant と pouvoir constitué の二段階説をば装いを新たにして再生せしめようと企図する。「憲法制定権力は統一的でありかつ不可分である。それは区分せられた他の「権力」（立法、執行及び司法）と併存するもう一つの権力ではない。すべての他の「権力」及び「権力分立」の包括的根拠である」（S. 77）。「憲法に基づき、憲法律的規制から生ずるもの、及び憲法律的規制に基づき、憲法律的権限の範囲内で生ずるものはすべて、憲法制定権力の行為とは本質的に別種の性質のものである。「国民」即ち選挙権または投票権ある国家公民の憲法律上の権能及び権限、例えば、ワイマール憲法第四一条による大統領の選挙、第二〇条による国議会の選挙、第七三条による国民表決も、国民自身に対して一つの憲法を制定し、そうして憲法制定権力の諸行為を定立する主権的国民の権能ではなくて、与えられた憲法の範囲内における権限である」(S. 98)。憲法律上規定された憲法律改正権または憲法律修正権も、憲法律上の権能で、その根拠をなす憲法律的規制の範囲内においてのみ行なわるべきものであり、これを憲法制定権（pouvoir constituant）と指称するのは不当であるという[1]（同上)。

(1) Schmitt は、pouvoir constituant と憲法律上規制せられた修正権とを同等視する点において、Egon Zweig〔エゴン・ツヴァイク（一八七〇―一九二〇年)〕の名著 *Die Lehre vom pouvoir constituant*, J. C. B. Mohr, 1909 も根本的誤謬を侵しているという (S. 98)。

憲法と憲法律、憲法制定権力と憲法律上の改正権との区別から、Schmitt はさらに、憲法の変改について、憲法の廃棄、憲法の排除、憲法の改正、憲法の破毀、憲法の停止等を区分するとともに[1]、憲法改正権には一定の限界があるという。憲法の改正と憲法の廃棄・排除破毀停止とは異なり、「憲法改正」の権能とは、「全部体としての憲法の同一性と継続性とが維持せられていることを前提として、単一のまたは数多の憲法律的規制を他の憲法律的規制に代え得ることを意味する。憲法改正の権能は従って、憲法を保持しながら憲法律的規定に変更・追加・補充・削除等を加える権能のみを包含し、新憲法を制定する権能を包含せず、また、憲法修正権限の固有の基礎を変更し、拡大しまたは他のものによって代置せしめる権能、ワイマール憲法第七六条を第七六条の手続で改正し、憲法律の改正が議会の単純の多数決によって企図せられ得るようにするといったような権能を包含しない」（S. 103）。かくして、Schmitt によると、ワイマール憲法の規定のうち非常に多くの条項が第七六条の改正権の範囲外におかれることになる。(2)

（1）憲法の廃棄（Verfassungsvernichtung）とは、既存の憲法（憲法律的条項ではなく憲法そのもの）をその基礎を成す憲法制定権と同時に廃絶せしめること、例えば、革命による君主国体の民主国体への変更の如きをいう。
憲法の排除（Verfassungsbeseitigung）とは、既存の憲法をその基礎を成す憲法制定権には触れずに廃絶せしめること、例えば、クーデターによる政体の変更の如きをいう。

憲法の改正または修正（Verfassungsänderung oder Revision）とは、従来行なわれた憲法律の条文の変更をいう。箇々の憲法律的規定の廃止と新設とを含む。前二者が憲法そのものの変改であるのに対し、これは憲法律の変改である。

憲法の破毀（Verfassungsdurchbrechung）とは、或る憲法律的規定を永久的に廃止しまたは一時的に停止することなく、箇々の場合に例外的に侵害して別の処置を採ること、例えば、ワイマール憲法第四八条に基づく大統領の非常処置の如きをいう。

憲法の停止（Verfassungssuspension）とは、憲法律的規定の効力を暫定的に停止すること、例えば、ワイマール憲法第四八条に基づく基本権に関する条項の一時的停止の如きをいう（S. 99ff.）。
（2）近年、それぞれ基礎づけは異なるが、Huber, Ernst Rudolf, *Wesen und Inhalt der politischen*

Verfassung, Hanseatische Verlagsanstalt, 1935, S. 65ff.; Sander, Fritz, *Verfassungsurkunde und Verfassungszustand der Tschechoslowakischen Republik*, R. M. Rohrer, 1935, S. 64 等も Schmitt に類似した説を唱えている。

四　わが国の学説

佐々木惣一博士は、往年この問題に関連して特に論文を草せられ[1]、憲法改正と憲法全体の廃止及び憲法増補とを区別し、わが憲法は憲法改正の手続を定めるけれども憲法廃止の手続を定めぬ故に現行憲法のもとでは憲法全体の廃止は不可能であり、憲法増補（憲法改正規定によらずして現行憲法典のほかに別に憲法増補という形式の法を制定すること）も国法の認めるところでないとなし、憲法改正については、いやしくも改正たる以上は、Anschütz と同様に対象に制限はなく、第一条及び第四条のような国体に関する規定[2]、第七三条の改正手続規定等もすべて改正の対象となり得ると説かれる。

（1）　佐々木惣一「憲法ノ改正」、『京都法学会雑誌』第一〇巻第一一号（一九一五年一一月、一一三―一七三頁）、同博士「憲法ノ改正」ニ就テ市村博士ニ答フ」、『京都法学会雑誌』第一一巻第二号（一九一六年二月、一四三―一五六頁）、第三号（一九一六年三月、一三一―一五二頁）。

（2）　但し、博士はかかる解釈に導く現行憲法の規定を不備であるとなし、国体に関する規定は憲法改正手続によるも変更し得ざる旨の規定を設ける必要を力説せられる。

野村淳治博士は、「憲法第七三条は将来において憲法の改正せらるる場合のみを予想して、その改正手続を規定するに止まり、憲法の廃止せらるることを予想していない。従って現行憲法の改正せられない限りは、国家は憲法を廃止することを得ないのである。従って憲法改正手続に依って立憲君主政体の存立に必要欠くべからざる帝国議会を廃止することとなし、憲法を廃止したと同一の結果を生ぜしむる如きは、現行憲法の下においては原則としてなし得べからざることである[1]」とせられる。

(1)　野村淳治『憲法提要』上（有斐閣、一九三二年）、二〇六―二〇七頁。

山崎又次郎教授は、Schmitt の憲法と憲法律、憲法制定権と憲法改正権の区別に傾注し、その結果、帝国憲法の条項については、国体に関する規定たる第一条、国体に関する規定の当然の結果たるべき事項に関する規定たる第四条、大権事項に関する第五条ないし第一六条、第三一条、天皇そのものの憲法的地位に関する第三条、皇位継承に関する第二条、摂政に関する第一七条、臣民の権利義務に関する第一八条ないし第三〇条、司法権の独立に関する第五七条及び第五八条はいずれも憲法そのものに関する規定で、第七三条にいわゆる改正権の範囲外にあると説かれる[1]。

（1）山崎又次郎『憲法学』（丸善、一九三三年）一六〇頁。

清水澄博士は、帝国憲法第七三条の憲法改正権は、同法中わが国家の根本体制（君主国体なること及び立憲政体なること）及び憲法成立の由来（欽定憲法なること）に背反すべからざる限界をもつといい、これに該当する主要条項を掲げておられるが、主として政治的重要性如何を以て限界を画する基準とせられるようである[1]。

（1）清水澄「帝国憲法改正の限界」、『国家学会雑誌』第四八巻第五号（一九三四年五月、一一―一八頁）。

中村弥三次教授は、『憲法学提要』（巖松堂書店、一九三七年）において、憲法の制定と憲法の改正とを分ち[1]、憲法の制定は形式上実質上ともに原理上は無制限であるといい[2]（三七頁以下）、憲法の改正は、第一条ないし第四条の如き国体法規を除いた憲法の条項についてのみ可能であるといわれる[3]（四二頁以下）。さらに同教授は、「憲法全体の効力を廃棄する法作用」としての憲法の廃止はこれを憲法の改正と区別し、廃止一般については、原始憲法上の問題と実定憲法上の問題とを分ち、原始憲法上は、天皇の任意に行ない得るところであるが、実定憲法上は絶対に禁止されていると説かれる[4]（四八―四九頁）。

（1）但し、憲法改正権は、作用の本質上は憲法制定権の一支分権であるとせられる（四三頁）。

(2) 但し、「万世一系ナル　天皇ノ定メ給フ所ニ随ツテ行為セヨ」という原始憲法の掟は「作り上げたもの」ではなく、「成り立ったもの」であるから、計画的行為による制定ということは問題にされ得ないという(三四頁)。

(3) 国体法規は、「憲法の規定全体に対して、それが一個の法組織として成り立つための規範意味の統一的契機」であり、国体法規の変更は、「憲法の改正ではなくて、憲法そのものゝ廃止」となるからであるとの理由が示されている(四四頁)。

(4) 理由として、憲法発布の勅語に「不磨《ふま》ノ大典」といい、さらに上諭に「永遠ニ循行スル所」といい、憲法本文規定においても改正にのみ言及して廃止に触れていない、ということを挙げている(四九頁)。

尾高朝雄教授は、成文憲法の条項を、根本規範的条項と狭義の憲法規範とに分ち、「憲法第一条や第四条を変更することは出来ない。憲法第一条や第四条の如きはもとより根本規範的条項であって、狭義の憲法規範ではない。法的に改正され得るのは、狭義の憲法規範に限られるのである」[1]と論結せられる。

(1) 尾高朝雄『国家構造論』(岩波書店、一九三六年)四八三頁。同教授の所説の基礎となる根本規範と狭義の憲法規範についてはなお後に論及する。

黒田覚教授はその著『日本憲法論』において、上諭を問題解決の基準として、次のように論結せられる。「憲法上諭は、帝国憲法の立憲主義的憲法としての根本的性格を変更せしめるような改正を許さないものと見ねばならない。この意味で帝国憲法中の国体的諸規定[1]のみならず、第四条の改正も許さないと解すべきである。摂政に関する第一七条の規定も、第二条・第四条と直接の関聯に立つものであり、同じく改正を許さないものと解すべきであろう。その他憲法七六ヶ条中の個々の規定に就て、一々改正を許すものと許さないものとを区別することは、恐らく困難であろうが、帝国憲法第二章中の臣民の権利義務に関する諸規定に就ては、その改正は予想されるが、唯全体として、国民の自由の保障・保護を全然否認するような立場からの改正は許されないものと見ねばならない。けだし国民の自由の保障・保護は、立憲主義的憲法の一大眼目を構成するものだからである[2][3]」。

(1) 第一条ないし第三条を指す。
(2) 黒田覚『日本憲法論』中（弘文堂書房、一九三七年）、二六八―二六九頁。
(3) 更に黒田教授は第七三条の改正も帝国憲法の根本的性格の変更を意味するから許されないといわれる（二六九頁）。これについては後述する。

三　根本規範の「改正」

憲法について、学者は普通に、実質的意味の憲法（国家秩序の構成・組織・作用に関する根本的規範の一体）と形式的意味の憲法（他の国法と区別して特に憲法として制定せられかつ他の国法よりも上位の形式的効力を与えられた成文法規範の一体）とを区別する。いずれにしても、国法の全体系中における憲法の特殊の意味を示すものである。いま、これらの憲法概念に立ち入って考察する余裕はないが、ここに注意すべきことは、かく憲法と指称せられる国法の一体系を形成する各箇の法規範はすべて同一の法的意義をもつものでなく、憲法の内部でさらに体系的意義を異にする法規範を分つ必要があるということである。即ち、第一、根本規範、第二、憲法改正規範、第三、普通の憲法規範がこれである。そうして、この三者はその「改正」についても区別して取扱われねばならない。以下順次に説明するであろう。

成文の憲法典に盛られた規定のうちにさらに理論上・実際上の区別を画することは、既に以前からわが国の学者によっても行なわれ、近来、尾高、中村、黒田等の諸氏によってそれぞれ特殊の基礎づけを以て提唱されている。(1)

（1）尾高教授の根本規範的条項と狭義の憲法規範的条項（『国家構造論』四八三頁）、中村教授の原始憲法と実定的意味の憲法（『憲法学提要』三四頁）、黒田教授の国体的規定と政体的規定（『日本憲法論』上（弘文堂書房、一九三七年）、二三六頁）の区別はこれである。

根本規範の名によってまず想起せられるのは、Kelsen〔ハンス・ケルゼン（一八八一―一九七三年）〕における根本規範の概念である。Kelsen によれば、一国家の法秩序を構成する各規範は一つの立体的段階構造を成し、その頂点に根本規範が存し、それから実定法的意味の憲法・法律・命令・裁判判決または行政処分という順序において一つの円錐形を形成するという。そうして、Kelsen は、その根本規範を法論理的意味における憲法という。即ち、Kelsen においては、憲法は法論理的意味の憲法と実定法的意味の憲法との二つの段階を異にする規範に分たれる。法論理的意味における憲法即ち根本規範は、法秩序の統一性を基礎づけるものとして始源的に法を創定する機関を設定する規範であり、根本規範によって創定された立法者が立法自体を規制する規範を定立することによって——次の段階として——実定法的意味における憲法が成立する。[1] そうして、根本規範の内容は、「君主、領民会議、議会等の法権威が命ずるように行態すべし」というようなものであるという。[2] しかし、Kelsen は、根本規範は実定法を超越した規範であり、箇別国家的法秩序の構成、その統一性を基礎づけるために単なる仮設として前提された（vorausgesetzt）規範であり、条定された（gesatzt）規範ではないという。[3] 従って、Kelsen においては、根本規範を定立するという意味における憲法の制定・「改正」は、当初から問題にならない。

（1） Kelsen, Hans, *Allgemeine Staatslehre*, Springer, 1925, S. 249〔ケルゼン『一般国家学』（改版）、清宮四郎訳、岩波書店、一九七一年〕.
（2） Kelsen, a. a. O., S. 99.
（3） Kelsen, a. a. O., S. 249.

根本規範が国家における始源的法創設の最高権威を設定し、他の一切の国家法秩序の通用を基礎づけるものとして他の憲法規範と段階を異にし、かつ、始源規範としての根本規範が国法上の意味における制定・「改正」作用の対象になり得ぬとの主張は、その限りにおいては正しい。根本規範の定立・変更としての「憲法制定作用」・「憲法改正作用」は、人為法、実定法を超越した単なる歴史的・社会的・政治的現象であって、あらかじめ法的に規定することは不可能のものである。事実上の根本規範樹立行為が成功を見るに及んではじめて根本規範が成立するのであり、極言すれば、根本規範は「作り上げられる」ものではなくて、「成り立つ」ものであるから。Burckhardt が憲法制定・改正作用を超実定法的作用とするのは、根本規範の定立に関する限りは正しい。根本規範の定立者を法的に規定することは不可能である。Schmitt の政治的意志・憲法制定権力は、根本規範を法的に基礎づけるものではなく、かかる意志・権力の主体または支担者という観念は法的には構成せられ得ない。根本規範を成文に条定して表現することは、現に多くの国の憲法典について見られるところであるが（例えば、帝国憲法第一条）、これは、歴史的所業の結果たる根本規範の単なる宣示表明に過ぎぬもので、これによって根本規範を定立する法行為の存在を推知し得べきものではない。要するに、pouvoir constituant 憲法制定権力を、根本規範をつくる権力と解すれば、かかる法的権力は存しない。そうして、根本規範「改正」作用は法的には問題になり得ない。

しかしながら、根本規範は、Kelsen のいうように、仮設的の規範、単なる観念的の規範ではなく、一国の憲法の一部、いな、最も重要な部分として実在する規範であり、実定規範である。その始源性から生ずる他の実定法規範との相違、その法的定立不能性は、根本規範の実在性、実定性と背馳するものではない。[1]

(1) この点については、いま、深入りしない。尾高教授が、「強制規範を制約する社会規範」としての根本規範は、その意味において「超実定法的な規範でありながら、なお且つ自ら実定的な規範として実在国家の構造と機能の大綱を決定する。実定性の根拠を欠く根本規範、実在的ならざる根本規範は、もはや実在国家の根本規範ではあり得ない」(『国家構造論』四七八頁)と主張せられるのは、根本規範の性質を明示するものである。

四 憲法改正規範の改正

根本規範を最上位の段階として、憲法規範のうち、次に特殊の意義をもつのは憲法制定・改正規範である。これは、根本規範に基づいて普通の憲法規範制定・改正作用そのものを規定する規範である。近代成文憲法国における憲法典中の憲法改正規定及び国家の過渡的状態における新憲法典制定に関する規定はこの成文的表現である。前者の例としては、わが帝国憲法第七三条の「将来此ノ憲法ノ条項ヲ改正スルノ必要アルトキハ勅命ヲ以テ議案ヲ帝国議会ノ議ニ付スヘシ……」及びワイマール憲法第七六条の「憲法ハ立法ノ方法ニ依リ之ヲ改正スルコトヲ得……」並びにベルギー憲法第一三一条の「立法権ハ憲法ノ或条項ヲ指摘シ其ノ修正ヲ必要トスルニ至リタル旨ヲ宣言スルノ権ヲ有ス……」の如きはいずれもこれに属し、後者の例としては、ドイツの一九三四年一月三〇日の改組法〔ライヒの改造に関する法律〕(Gesetz über den Neuaufbau des Reichs vom 30. Januar 1934) 第四条の「国政府ハ新憲法ヲ定立スルコトヲ得」の如きがこれに属する。

この種の規範は、根本規範と普通の憲法規範との中間に位し、一方において根本規範の制約をうけるとともに他方において普通の憲法規範を制約する。この種の規範を定立する作用を憲法制定・改正作用といえば、それは直接に根本規範によって設定せられた主権者によって行なわれる作用で、この作用を規律するものは根本規範のみである。そうして一方において、この規範は普通の憲法規範制定・改正者を規定し、普通の憲法規範より上位の段階に位するものと見られる。

およそ一つの法規範が存在するためには、根本規範の場合を除き、該規範を定立する権能ある者が既に存在しなければならない。そうして、法定立者の法定立の権限及び手続の根本を規定する規範は、法論理的に、右の定立者によって定立せられる規範よりも上位段階の規範であるを要し、その結果、法定立者は、おのれ自身の法定立権能及び手続の根本を自己規定することは法論理的に不可能である。Burckhardt はいう。「一つの法律が成立し得るにはそれ以前に立法権を備えた一官庁が存しなければならない。立法官庁は法律をつくる権能を法律によって自ら獲得することは出来ない。何となれば、立法官庁は右の法律を発する際に現に立法権をもっているか、いまだ立法権をもたぬかであり、前者の場合には問題の法律は不要であり、後者の場合には問題の法律を発布することも出来ぬのであるから。この立法権の……「成立」ということは、発生的、歴史的意味にではなく、ただ論理的意味に解すべきである[1]」と。そうして、Burckhardt は、立法権、法律が存し得る前に、それを規定する憲法が存しなければならぬという[2]。この説は、法律についてのみならず、根本規範を除き、法律以外のすべての法規範にも妥当する。これを別の言葉で表現すれば、「他の規範の構成条件を表現する規範は上位段階に存するものと看做されねばならず」、「或る規範の改正規則はもとより該規範の構成条件に属するから、そのことから必然的に、法構造の或る段階に属する規範改正の条件を規定する規則は決して同一段階に属するものとは看做され得ないとの帰結が生ずる[3]」ということになる[4]。憲法制定・改正規範も他の普通の憲法規範よりは上位の段階に位するものと看做されねばならない[5]。

（1）　Burckhardt, *Die Organisation der Rechtsgemeinschaft*, S. 208.

（2）　Burckhardt, a. a. O., S. 209.

（3）　Ross, *Theorie der Rechtsquellen*, S. 360-361.

（4）　帝国憲法第七三条及び貴族院令第一三条の「将来此ノ勅令ノ条項ヲ改正シ又ハ増補スルトキハ貴族院ノ議決ヲ経ヘシ」との規定が他の普通の帝国憲法の規定及び貴族院令の規定と段階を異にする旨は既に旧

稿で指摘した。清宮「違法の後法」、宮澤俊義編『公法学の諸問題——美濃部教授還暦記念』第二巻（有斐閣、一九三四年、一六七—二〇七頁）、一八七頁〔本書、三〇七頁〕。
（5）これについてはなお、Mokre, Hans, „Zum Begriff der Verfassung im materiellen und im formellen Sinn", *Archiv des öffentlichen Rechts*, N. F. 21, 1932, S. 238; Schlesinger, Johann, „Der pouvoir constituant", *Zeitschrift für öffentliches Recht*, 13, 1933, S. 107 参照。

憲法制定・改正規範そのものを定立する作用としての憲法制定改正作用は、根本規範に定められた主権者の権能に属する法作用である。この作用は根本規範に基づき、根本規範に規律せられる。しかし、この作用の行使については、格別の手続その他の制限は存しないのが普通である。但し、この作用が根本規範と牴触し得ないのは、作用の性質に照らして、明らかである。また作用の行使にこのほかの法的制限はなくとも、作用の重要性に鑑み、政治的に特に慎重に行なわるべきことはいうをまたない。

さらに問題がある。それは、憲法改正規範そのものを変更することが出来るか、出来るとすれば何人《なんぴと》がどんな手続で行なうべきかという問題である。いわゆる硬性憲法の国においては、普通の立法権者がこれを行ない得ないのは疑いない。然らば、憲法改正規範に定められたいわゆる憲法改正権者は如何。具体的にいえば、わが帝国憲法第七三条は同条の手続によって改正出来るか。かようなことが事実上行なわれ得るのは明らかであるが、われわれのいま探究するのはその法的可能性である。Burckhardt によればこれは法超越的問題となり、

Carl Schmitt もワイマール憲法第七六条そのものの改正は同条に規定せられる権能を超えた問題であるとなす[1]。これに対し、わが佐々木博士及び Anschütz はかかる改正を可能となし[2]、Schlesinger〔ヨハン・シュレジンガー〕は、一面において憲法改正規定の普通の憲法規範に対する上位段階性を認めながら、憲法改正手続規定を遵守しさえすれば、憲法改正手続規定そのものの改正も合法的に可能であるという[3]。即ち、この説によると、わが憲法第七三条、ワイマール憲法第七六条の規定により合法的に、硬性憲法を軟性憲法に変更し得ることになる。さらに清水〔澄〕博士は、帝国憲法第七三条の要求する発案、定足数、表決数の制限のうち、発案のみを絶対変更不能とし、定足数及び表決数は或る程度まで変更するを妨げぬであろうとせられる[4]。これに対して、黒田教授は、帝国憲法第七三条を第七三条の方法によって改正し、帝国憲法の硬憲法たる性格を喪失せしめ、これを軟憲法たらしめることは、帝国憲法の根本的性格の変更を意味するから許されないと説かれる[5]。

(1) Schmitt, a. a. O., S. 103, 98.
(2) 二参照。
(3) Schlesinger, a. a. O., S. 119, 107.
(4) 清水、前掲論文、一四―一五頁。
(5) 黒田『日本憲法論』中、二六九頁。

自分の見解では、この場合もさきに述べた法の適用・定立に関する一般原則が適用せられ、法定立者の自己規定は、それが、おのれ自身の法定立権能及び手続の根本規定たる限りは、法的には不可能で、憲法改正規定の改正を改正規定そのものから誘導することは出来ない。硬性憲法の軟性憲法への変更、軟性憲法の硬性憲法への変更を憲法改正規定によって根拠づけることは許されない。さればとて、Burckhardt のようにこの問題を直ちに超法的問題とするのも早計である。一般に憲法改正規範定立の作用は根本規範に定められた主権者に専属すると見られるから、憲法改正規定の改正は、改正規定そのものではなく、根本規範によって直接に法的に基礎づけられ、しかも、根本規範によってのみ基礎づけられ得るものである。かくして、改正手続の改正は改正手続規定を超えた問題ではあるが、なお法的問題としての意義を保有するものと見られる。

以上に述べた憲法改正規範の意義、その国法体系における地位から生ずる特殊の意味づけは、硬性憲法の国についてのみでなく、軟性憲法の国についても通用する。軟性憲法の国においても、たとえ、そこでは形式的意味の憲法と普通の法律との区別は存せぬにせよ、法律制定規定は他の法律に対して上位の段階に位し、直接に根本規範に基づいて法律制定権者を以上述べたと同様の意味で拘束する。ただ軟性憲法の国においては、憲法制定規定と法律制定規定とが一に帰する結果、全体としての法体系において硬性憲法の国におけるよりも法段階が一つ少なくなるに過ぎない(1)。

（1）　Schlesinger, a. a. O., S. 106ff. 参照。

五　普通の憲法規範の改正

普通の憲法規範は、憲法創定の場合は直接に根本規範に基づいて定立せられるが、既に憲法改正規範の存するときはこれに基づいて定立せられる。ここに主として問題とするのは憲法改正規定に基づく普通の憲法規範の改正である。これを最狭義の憲法改正作用といい得る。帝国憲法第七三条、ワイマール憲法第七六条による作用の如きがこれであり、この作用が実定法上の作用であることは殆《ほと》んど争いはない。ただ、Burckhardt のみはこれを超法的作用であるという。しかしながら、根本規範が既に実定的規範であり、それから派生する憲法改正規範が実定法である以上、これに基づく作用が実定法的作用であることは明らかである。この作用を定立する権力は固有の意味の pouvoir constituant ではなくて pouvoir constitué である。Anschütz のように根本規範の改正までも実定法上の作用として可能であるというのも誤りであるが、Burckhardt のように憲法制定・改正作用について種々の意義のあることを看過し、すべての憲法改正作用を革命的行為として実定法秩序外に駆逐し、憲法の動態観察に全く眼を蔽うのも偏見であるといわねばならない。

ここにいう憲法改正作用の定立については、各国の実定憲法によってそれぞれ異なる定めがなされている。軟性憲法の国においては、普通の立法権者が普通の立法手続によってこれを行ない（例えば、イギリス、イタリア）、硬性憲法の国においては、或いは通常の立法部と異なる定立者を設け（フランス、アメリカ）、或いは通常の立法部の権限としながらその手続を特に慎重ならしめる方法を採っている（日本、ドイツ）。

この意味の憲法改正作用について特に問題となるのはその限界である。Anschütz が作用の対象の政治的意義の如何を以て直ちに作用の法的限界を画する標識となし得ないとするのは、その限りにおいては正しい。さればとて、作用の対象には法的区別が全くなく無制限であるとするのは不当である。Schmitt が憲法と憲法律との区別を設け、これによって限界を画するのは、問題の解決に一歩を進めたものではあるが、憲法律のみを法規範となし、憲法を以て法規範の性質をもたぬ単なる事実としての政治的決定そのものと見るのは、既に憲法の本質を看過するとの譏《そし》りを免れぬばかりでなく、Schmitt のようにして憲法と憲法律とを分ち、これによって憲法改正作用の限界を画することは、理論上も実際上も不可能である。かくして設けられる限界は実は極めて恣意的のものであろうから。なお、多くの学者が、国体に関する規定或いは国体規定と重要な政体規定とを他の憲法規範と区別し、これによって改正作用の限界を設けようとする場合にも、大部分は単に規定の対象の政治的重要性乃至《ないし》は事実上の変更困難性を以て直ちに区別の標識となし、いまだ確たる法的根拠に立脚するものとはいい得ない。結局、この問題についても、根本規範・憲法改正規範・普通の憲法規範の区別を明らかにし、前二者は国法の段階構造において上位に位することを認識することが肝要である。かくしたときに、われわれは、最狭義の憲法改正作用を以てしては、一　根本規範を変更し得ず、二　憲法改正規範を変更し得ず、との結論に到達する。理由はあらためて述べずして明らかであろう。

いわゆる「永久憲法」、即ち、憲法典の全部またはその一部の条項につき変更を許さぬ旨を憲法自身が規定する場合に関しては幾多の問題があるが[1]、結局、かかる規定は、それが根本規範に関する限りは、実際上の影響はとにかく、一般に根本規範の改正が国法上は既に問題になり得ぬのであるから、国法上は格別の意義をもち難く、また、憲法改正規範に関する限りは、直接には改正規範定立権者たる主権者の行為について意義をもつにとどまるものと解するほかなく、これに対して、普通の憲法規範に関するときは、憲法改正規範の一種として最狭義の憲法改正権者をその受範者（Adressat）としてこれを拘束するものとして、法上有意義な規範たり得るものと解すべきである[2]。

（1）　清宮「国家に於ける立法行為の限界」、『京城帝国大学法学会論集』第七冊（刀江書院、一九三四年、一五一―一九九頁）、一六五頁以下参照。

（2）　Kelsen は永久憲法に関する規定の存する場合に変更を許さぬとせられる規定を変更し得るか否かについて、事実上は可能でも法上は不能であると答え（*Allgemeine Staatslehre*, S. 254）、Schlesinger は、一八八四年のフランス憲法中の共和政体を憲法修正の対象となし得ぬとする規定について、この規定の存するうちは共和政体を変更することは出来ぬが、この規定自身を変更廃止することは法上可能であり、ただ、さらにかかる規定そのものの変更廃止を不能ならしめる明文があるときは、法上はかかる規定の変更も不能であろうというような説明をしている（a. a. O., S. 113）。いずれも、各箇の憲法的規範の意義を看過する結果たるの憾《うら》みがある。

――昭和一三〔一九三八〕年二月一四日記――

（刑部荘編『公法政治論集――野村教授還暦祝賀』有斐閣、一九三八年九月）

ブルクハルトの組織法・行態法論

一

実定法秩序の全体に通ずる理論的研究、ことに、国家的法秩序の論理的構造の究明ということは、法学者にとって極めて重要な課題である。しかしながら、深く立ち入ってこの問題の究明を担当した学者は、今日に至るまで、内・外ともに、あまり多くその名を挙げることが出来ない。これは、一つには、従来の法学者の多数が、実定法の解釈にのみ主力を注ぎ、悪くいえば、易きについて、条文の解釈にのみ逃避するの怠慢に陥ったことに起因するともいえようが、また、問題の至難なることをも物語るものである。

それはとにかく、一般に法秩序、ことに国家的法秩序の論理的構造に関し、近年、組織法等と名づけられる一種の法規範と、行為法その他の名称を冠せられる他の一種または二種の法規範との「複合」構造、「重層」構造、乃至《ないし》は「立体」構造の理論を提唱する有力の学者の現われたことは、まことに注目すべき現象である。

国家的法秩序が、組織法等と名づけられる法規範をめぐる重層構造を形成するということについては、外国の学者に俟つまでもなく、わが国において、すでに、相当以前から、田中耕太郎教授によって提唱せられ、最近さらに、広浜嘉雄教授、尾高朝雄教授、大森英太郎教授等によってそれぞれ、貴重な研究が発表せられている。すなわち、田中教授は、ハインスハイメルの商法論における Organisationsrecht と Geschäftsrecht との対立からの示唆を機縁として、一般に法における組織法・行為法の二重構造を提唱せられ[1]、これに対して、広浜教授は、独自の研究のもとに、組織規範・行為規範・裁決規範（後に整序規範と改称）の三重構造または立体構造を[2]、さらに、尾高朝雄教授は、同教授の従来の国法構造論を一段と発展せしめ、これを完成せしめた成果として、組織規範・行為規範・強制規範の三重構造を説かれ[3]、また大森英太郎教授は、広浜・尾高両教授の所説の影響のもとに、制度・行為規範・裁決規範・機構規範の四重構造を説かれる[4]。わが国におけるこれらの研究に対応する、外国における研究として、まず、挙げらるべきものに属するのが、ここに紹介する、ブルクハルトの組織法・行態法の理論なのである。

（1）　田中耕太郎「組織法としての商法と行為法としての商法」、『法学協会雑誌』第四三巻第七号（一九二五年七月）および同『商法研究』第一巻（一九二九年、二三五頁以下）、同「法律学概論　一」（『現代法学全集』第三一巻（日本評論社、一九三〇年）、三一〇頁以下）。

（2）　広浜嘉雄「法理学」（『新法学全集』第二八巻（日本評論社、一九三七年）、一五頁以下）、同「命令規定と必要規定」、『法学』第九巻第二―三号（一九四〇年）、同『日本的私法制度論考』（日本評論社、一九三九年）二五三頁以下、同「法及び法学とその教育」、『日本諸学振興委員会研究報告』第七篇（内閣印刷局、一九四一年）、二四四頁以下。

（3）尾高朝雄「法の立体構造」、『公法雑誌』第六巻第四―六号（一九四〇年）、同「国家哲学」、『岩波講座 倫理学』第七冊（岩波書店、一九四一年）、一六頁以下。

（4）大森英太郎「不法と違法」、『関西学院大学法文学会法文学部研究年誌』第五輯（一九四一年）。

外国において、組織法をめぐる、法秩序の重層構造を説く学者は、ほかにも多少は見受けられるが、最も精細にして徹底的な学説を展開しているのは、スイスのベルン大学教授ワルター・ブルクハルト（Walther Burckhardt）〔一八七一――一九三九年〕である。ブルクハルトは、すでに、一九二四年に公にされた、その論文「私法および公法における契約」（„Der Vertrag im Privatrecht und im öffentlichen Recht“, in *Festgabe zur Feier des fünfzigjährigen Bestehens dem Schweizerischen Bundesgerichte*, Verlag von Stämpfli, 1924, S. 1ff.）において、私法・公法の区別に関連して、そのいわゆる組織法・行態法の区別とその意義について一言し、次いで、一九二七年に公刊せられた、その力作『法共同体の組織』（*Die Organisation der Rechtsgemeinschaft*, Helbing & Lichtenhahn, 1927）においては、さらに詳しく、組織法・行態法の対立について解明し、引きつづき、「国家と法」（« L'Etat et le Droit », *Zeitschrift für Schweizerisches Recht*, 50, 1931, S. 137ff.）においてもこれに触れ、後さらに、『法の方法および体系』（*Methode und System des Rechts*,

Polygraphischer Verlag, 1936）において一層突込んでこの問題を取扱い、最近の著述『法学入門』（*Einführung in die Rechtswissenschaft*, Polygraphischer Verlag, 1939）においても組織法・行態法の区別の意義を明らかにしている。いま、ブルクハルトの比較的に新しい著述にかかり、しかも、最も詳細に当面の問題に論及している『法の方法および体系』を主として参照し、必要に応じて他の著書をも引用しつつ、彼の所説をうかがうことにしよう。

二

さて、ブルクハルトは、実定法秩序の論理的構成を観察して、該秩序に存する数多の規定をば、「行態規範」（Verhaltungsnormen）または「実体規範」（Materielle Normen）、および、「組織規範」（Verfassungsnormen oder organisatorische Normen）又は「形式規範」（Formelle Normen）の二つの群に大別する。第一の群に属する法規範は、法的団体を構成する各員が如何に行態すべきか、何をなし、何をなさざるべきかを定め、第二の群に属する法規範は、右の行態規範が如何にして、すなわち、何人《なんぴと》によって如何なる手続で、設定せられ、適用せられ、かつ（強制的に）貫行せらるべきかを定める。国家において、立法者によって定立せられ、裁判官によって適用せられ、さらに他の機関によって強制・執行せられる法規範は、ここにいう行態規範である。普通に、法規範として、われわれ一般人の行態を強制的に規律するものがこれである。行態規範は他律的にわれわれを拘束し、われわれをして強制的にそれを遵守せしめるをもってその本質とする。かかる行態規範は、人間の社会生活にとって、その秩序を維持するために不可欠的に必要である。ところで、この行態規範は、何人かによって条定せられ、適用・執行せられ、その実現が確保されねばならない。それには、そのための特別の組織が必要であり、さらにまた、かかる組織そのものを規律する規範が必要である。ここにおいて、国家が擡頭し、組織規範が出現する。国家は行態規範の実現を確保するための装備であり、組織規範は、以上の意味において、行態規範のために存する。すなわち、行態法または実体法の特性は組織法または形式法のそれをも規定する。あたかも、目的が手段の選択を規定するように（『法学入門』一九七頁）。

あらゆる法秩序は、その国家的組織（Organisation）とその行態法とをもたねばならぬ。いずれの法秩序も、行態の規律と並んで、一つの組織法（Verfassung）をもたねばならぬ。行為規範（normae agendi）と組織規範（normae constituendi）とをもたねばならぬ。第一の規範は、各人が如何に行態すべきかを定め、第二の規範は、それらの行態の規律が如何にして定立せられ、適用せられ、強制せられるかを定める。組織法は、それによって行態の規律が実現せられるところの装備、すなわち国家を作り出すのである(1)（『法の方法および体系』一三三頁）。

（1）ブルクハルトは、組織という場合には、Organisation 時には、Verfassung という語を用い、組織法という場合には、Organisatorisches Recht または Verfassungsrecht 乃至《ないし》は単に verfassung という語を用いている。そうして、彼のいう Verfassung, Verfassungsrecht は、多くの場合、文字通りに、組織法一般を指称し、普通にいわゆる Verfassung, Verfassungsrecht すなわち、憲法とは、憲法の語を「形式的」憲法、憲法典と解するにしても、「実質的」憲法、統治の根本法と解するにしても、これと同義ではない。この点に関連し、ブルクハルト自身次のように断わっている。「われわれが Verfassung と名づけるのは憲法典の内容ではなくて、国家の組織を成す諸規範のことである。すなわち、権限秩序全体であって、それのみである。われわれが Verfassung と名づける布令中には、必ずしも組織法が盛られていると は限らない。いわゆる „Verfassung" は、往々にして、組織規定とは別の諸規定をも含んでいるし、また、組織規定のすべてを包有してもいない。普通は、国家的階序の下位の部分の組織はこれを立法者に委託する。しかし、かかる場合には、国家は、このような „Verfassung" をもってしては、いまだ、われわれの意味における、その完全の Verfassung すなわち、すべての行態の規律を設定し、適用し、貫行するために要する全組織をもつとはいわれない」(『法の方法および体系』一三二―一三三頁、註二)。右の説明においても明らかなように、ブルクハルトは、Verfassung の語をもって、時には組織法規範を、時には、組織そのものを示している。或いは、組織法規範と組織とを同義に解している。

あらゆる法秩序には、必ず、組織規範と行態規範とがなければならぬ。そうしてまた、一つの法秩序を形成する各法規範は右の二種の規範のいずれかでなければならぬ。一つの法秩序を形成する法規範には右の二種の規範以外のものはない。この意味で、組織規範・行態規範の二分は独専的 (ausschliesslich = tertium non datur) である。第三の種類の規範なるものは存しない (『法の方法および体系』一五二頁)。

行態規範と組織、従って、組織規範との対立は、実際、普遍妥当的である。何となれば、如何なる法規範も、その背後に存する組織なくしては通用せぬのであるから（『法共同体の組織』一八頁）。組織規範が実際に実現せられ、それによって、行態規範が支持せられるということは、行態規範の通用にとって、必要にして十分なる前提である。もししかりとすれば、現に通用する行態の秩序のほかには、まさに、この秩序の通用にとって必要なところのもの、すなわち、組織以外のものは何ものもあり得ない（『法の方法および体系』一五二頁）。

ところで、あらゆる法秩序には必ず組織規律と行態規律とが存し、各法秩序を構成する法規律は右の両規律のいずれかでなければならぬとしても、一つの法規範が、右の両規律のうちのいずれか一つでのみあり得るか、従って、両規律の特性は、一つの行態の規律が、まさにそれが行態規律なるの故をもって、同時に組織規律ではあり得ず、そうして、逆に、一つの組織の規律が、まさにそれが組織規律たるの故をもって、同時に行態規律ではあり得ぬ、というように、互いに他を排斥するか、ということは別問題である。若干の行態の規律、すなわち、強行的規律は、同時に組織の規律、すなわち、権限規律である。われわれが行態規律と組織的規律とを相対立せしめるときは、とりわけ、私人の行態を規定する規範、しかも、強行的に規定する規範、警察法、刑法、税法の諸規程のようなものを考えに入れる。それらは固有の法規（立憲国において立法府のみの所管に属すべきもの）である。この、私人を絶対に義務づける強行法規においては、区別は容易になされ得る。すなわち、それらそのものは行態法の命題である。しかし、それらが拘束力をもつのは、組織法の規律に従って設定され、かつ、同じく組織の意志に従って適用せられ、貫行せられるからである。——しかしながら、これらの強行的行態規律は、かかるもののみであるのではなく、同時に権限規律である。行態規律たることと権限規律たることとは二つの異なる機能である。がしかし、一つの法規範が両者の機能を行なうのである。法律が公課の納付を義務づけ、人造酒の醸造を禁止するときは、積極的または消極的行態をわれわれの義務となす。その限りにおいて、かかる法律は、行態規範、法規を含むが、それらは同時に、官庁の責務を条定し、右に掲げる私人の義務は同時に官庁の任務である。もしも、それらの義務が同時に官庁の任務でなく、すなわち、官庁によって、職務上、職務義務として、私人に対して適用せられぬとしたならば、それらは強行的義務ではないであろう。そうして、もしもかかる権限ある官庁が存しないとしたならば、右の行態規律は通用せぬであろう。それ故に、同一の規律が、同時に行態規律および権限もしくは組織規律としての働きをなし、二重の意味をもつのである（同上、一五三頁）。

三

さて、これら二つの法秩序の構成部分の相互の関係をみると、両者のうちで、論理的には、組織法が第一次的なもので、行態法は第二次的なものである。すなわち、通用する行態法を心に描こうと思うときは、一つの組織を想定せねばならぬ（『法の方法および体系』一三三、一六六頁）。

論理的観察に対して、倫理的にこれを観る場合には、逆に、行態法が第一次的なものである。何となれば、一つの組織法が存するためには、行為規範（normae agendi）が必要であり、後者によって前者が是認せられるのであって、前者によって後者が是認せられるのではないのであるから（同上、一三三頁、註五）。

また、論理的には、組織法は行態法の前提であり、制約であるが、目的論的（teleologisch）に観察するときは、組織法は行態法の手段である。国家は法（行態法）の実現のために存する団体である。国家の目的は行態法一般である。行態法を創定し、これを保守する目的のために、国家が存するのである（『法共同体の組織』一八頁）。

とにかく、論理的には、組織法が第一次的であり、組織法は行態法に先行する。このことは、第一に、組織法が行態法を規定し、行態法の通用は組織法を前提とし、行態法の法的拘束力は組織法に依存することを意味する。私人に法律行為による法定立を授権する組織法があって、はじめて、私法、すなわち、法律行為的規範が通用し、また、国家の定立する任意法もしくは強行法（警察法）が可能である。或いはまた、国家のみに行態法定立の権限を留保する組織法が存するときは、私的（法律行為的）行態法はなくなり、従って国家的任意法も国家的警察法もなくなる。そうしてまた、私人に法律行為による法定立を認める個人主義的「私」法秩序から、行態法定立の権限をすべて国家に留保する、団体的「公」法秩序への移行が行なわれるとすれば、それは、ただに、立法者による行態法の変更にすぎぬものではなく、立法者の権限および任務の変更、国家そのものの変更でもあり、従って、組織法の変更でもある（『法の方法および体系』一六六頁）。そうして、国家の組織は、実体法が変じても、もとのままであり得るが、組織法が変更されるときは、常に実体法も問題にせられる。されぱとて、実際には、実体法は必ずしも変更せられない。実体法は、しばしば、その成立の根拠であった組織法よりも永く存続し、組織法が変っても実体法がもとのままであることがある。フランスの民事法や行政法を考えてみるがよい。しかし、かかる実体法は、新組織法に対して、さらに通用すべき法名義（Rechtstitel）をもつものではない（同上、一三五頁）。

次に、組織法が行態法に先行するということは、論理的に規定せられ得る限りは、組織法が法の体系を規定するということを意味する。今日の社会において個人の行態の基準となる規律は、法律行為によって私人の設定する規律であるか、国家的規律であるかである。それはとにかく、行態法は体系化せられぬものである。各法規はもとよりその論理的構成をもつが、実体法規の綜体には体系は存しない。組織が全法秩序の体系を規定するのである。組織法は、それが行態法の論理的前提であるが故にのみではなくして、全部の体系的形式を規定するの故にも、実体的行態法に対して形式法なのである。実体の相違は体系的分類の根拠となるものではなくて、権限の相違が体系的分類の根拠を成すのである。法秩序の体系的構成は組織法がこれを規定し、実体的なものは、この体系にしたがって形式化された素材である

（同上、一六六頁以下）。

既に述べたように、行態法の通用は組織法の通用を前提するとして、しからば、組織法そのものの通用は、何を前提とし、何を根拠とするか。これについて、ブルクハルトは次のように答える。組織法は、結局はただ、それが実現されるときに通用する。国家の組織規範は、究極においてはただ、それが遵守せられる限りは通用する。国家の組織規範が遵守せられるということは、国家および国家を前提とする法が通用するために、論理的に必要であるが、国家的組織の命題は、もともと、厳格な意味の法義務を設定するものではないから、既存の法義務という意味において、法的に必要ではない。組織法の諸規範は、必然的に不完全法（leges imperfectae）であり、それらが（自発的に）遵守せられるということが、はじめて、法秩序、すなわち、強制可能な規範の一秩序を成立せしめるのである（同上、一八七頁）。かくして、ブルクハルトにおいては、組織法の通用は、結局、その遵守、実現という、単なる事実にかかることになる。

四

組織法・行態法の区別の効用は諸種の部面において現われるが、まず第一に、国家における法の定立・適用・執行という重要な作用の意義の正しい把握に関してこれを見ることが出来る。国家の任務は法理念の実現に存する。法における正義の実現こそは各国家の任務である。そうして、国家による法実現の過程は、㈠従来存しなかった新たな法拘束的義務を条定すること、すなわち、法の定立、㈡右の定立せられた法を具体的の事件に適用して、直ちに強制出来るような状態にまで具体化すること、すなわち、法の適用、㈢適用において具体化された法命令を現実・具体的に強制し、貫行すること、すなわち、法の（強制）執行、という三つの段階を経て行なわれる。この、法定立、法適用、法執行の意義および特性は、組織法、行態法の区別を明らかにした後において、はじめて正当に把握され得るのである。

一　法の定立

従来存しなかった新たな法拘束的義務を条定し、各人の行態を規律する法を定立するという場合にいわゆる法は、これを行態法と解してのみ、はじめて問題が明らかにされる。憲法上の立法、立法権などという場合において、立法作用、立法権によって定立せられる、いわゆる「法規」の意義、乃至《ないし》は、「形式的意味の法律」と「実質的意味の法律」の意義も、組織法・行態法の区別によって、はじめて明らかになる。「形式的意味の法律」と「実質的意味の法律」との区分は、行態法の規範が如何にして発布さるべきか、という問題に対して重要なのである。何となれば、行態規律の発布に対して、組織法が一定の手続を設定するのであるから。立法府は実体法の規律を設定するために存するのである。そのために、「立法手段」が規定されるのである。或る官職の設定、或る営造物の改組のような組織的命令が「立法」の形式を要するか否かは、とにかく、全く別問題である。右の二つの根本的に異なる命令（組織的命令と実体的命令）は、「実質的法律」という、一つの概念に含ましめることは出来ない。立法手段によるを要する、一般人を拘束する規程と、命令の手段をもって足りる、一般人を拘束せぬ規程との区別は、組織的規範には適用され得ない。行態法は、組織された官庁の権限によって、拘束力をもつに至るものである。組織は（必ずしも時間的にではないが）、論理的には実体的秩序に先行する。法、すなわち、実体法を定立する権限を問うときは、われわれは、組織の完成したものとしての官庁を心に描かねばならぬ（『法の方法および体系』一三六頁）。

二　法の適用

法の適用についても、行態法のみが、固有の意味において、適用せられ得る。固有の意味および法学的意味における適用とは、抽象的な行態規範を基準にして、私人にとって、具体的の場合に、何が法であるか、例えば、所得税法の定めに従い、納税義務者は何を納付すべきか、を拘束力をもって宣言することである。官庁自身、その適用する規範を、或る意味において、遵守するを要するが、かかる規範は官庁に対して適用せられるのではなくて、官庁がそれを適用するのである。これに対して、該規範を遵守する私人は、それを以上の意味で適用するものではない。遵守と適用とは二種の事柄である。行態規範は、右のような権威ある、基準を与えるような仕方において適用せられる、すなわち、権限ある官庁によって、規範の受範者たる私人に対して適用せられるのでなければ、法規範ではないであろう。

組織的規範は、右のような形式で適用せられるものではない。官庁の構成、その処務手続および権限に関する規範は、官庁自身によって実現せられねばならぬ。時には、行為をすべき職責ある官庁によって実現せられねばならぬ。国民または国家元首が、例えば、政府を任命するを要するとして、彼らはかかる義務をみずから履行せねばならぬ。如何なる他の官庁も、国民または国家元首が何人《なんぴと》を任命すべきかを、拘束力をもって条定することはしない。さもなければ、かかる他官庁が政府任命の権限をもつことになろうから。さらにまた、右に掲げた例と同じようにして、例えば、政府は、一定の手続において、その命令を発すべきである、として、それによって各場合に如何に処すべきかは、工場警察官庁が、業者に対して如何にその工場を経営すべきかを指定するように、政府に対して他の官庁が指定することはない。法律、組織法（従って官庁ではなく、一つの規範）が、むしろ、政府に対して右の指定をなし、そうして、まさに管轄庁である故にかかる規程を遵守すべき官庁が、かかる規程が具体的に如何に遵守さるべきか、をも決定する。一つの官庁が、或る命令、例えば、公の秩序を維持するための命令を発する権限あるときは、該官庁は、当然に、何がかかる任務に属し、何が属せぬか、何が私人にとって基準となるか、について、みずからこれを決定する。該官庁が現行権限規範によって決定すべきは自明なことであるが、権限ある官庁に対して、何がその権限、すなわち、その機能およびその義務であるか、を基準を与えるような仕方で決定する者は何人も存し得ない。

言葉の完全な意味において法拘束的であるのは、行態の規律である。行態の規律は、それを適用する官庁の制裁のもとに立ち、さらに同じ意味において法拘束的ではあり得ない。しかし、国家およびその官庁を構成する規律は、国家の制裁のもとに立つのであるから。しかし、国家自身は強制せられ得ぬから。それ故に、われわれは次のようにいうことが出来る。すなわち、一つの規律が組織的規律である限りは、それは（固有の意味において）義務づけぬ。そうして、それが義務づける限りは、それは組織的規律ではない――と。

要するに、固有の意味において適用せられるのは行態規律のみである。行態規律のみが、それを遵守すべき者、すなわち、私人に対して、一つの権威によって、具体的の場合に、拘束力をもって宣言せられる。組織的規範は、権限ある官庁を義務づけ、そうして、かかる官庁自身によって具体的の場合に適用せられる。それ故に、組織的規範はそれを遵守すべき地位に在る者によって「適用」せられるのである（以上『法の方法および体系』一三七―一三八頁）。

三　法の執行

法の執行についても、法の適用についてと同様である。行態規範（実体法的規範）が、私人に対し、国家的機関によって執行せられるのである。或いは、より詳しくいえば、権限ある官庁が抽象的規範を適用して発する具体的命令（判決、処分）が、権限ある執行官庁によって執行せられるのである。しかし、国家官庁そのものの活動を規定する組織的規範は、強制的に執行せられ得ない。この場合、何人《なんぴと》が強制せらるべきであろうか。法を適用する官庁、従って、判決を下し、または、処分をなす官庁は、まさにかかる命令を執行すべく聘用《へいよう》せられる官庁によって、判決を下し、処分をなすべく強制せられ得ない。さもなければ、右の後者の官庁が最上級の法適用官庁ということになるであろうから。執行は法適用（判決または処分）を常に前提とする。何となれば、執行せられるのは、常に、法適用的命令であり、かかる命令の存在せぬ場合は、何ものも執行せられ得ぬから。——執行の任に当る官庁が、法を定立する官庁をしてその職務を司るべく強制することは、なおさら出来ない。さもなければ、執行官庁が最上級の法定立審級となるであろうから。そうして、強制手段を担当する執行官庁が、他の官庁によって強制せられることは、最もあり得ない。何となれば、かくしては、後者の官庁が強制手段を終局的に担当することになろうから。

たしかに、執行作用そのものの下級審が上級審による執行の対象となることはあり得る。徴税者が租税の取立をなさず、警察官吏が拘禁を行なわぬときは、恐らく、政府はその、より高級の実力手段をもってこれに臨むであろう。しかし、まさにそれ故に、かの下級官吏は終局的に執行権限ある官庁ではなくて、最高強制手段を担当する官庁が、かかる権限ある官庁なのである。かの下級官吏と最上級審級とが一緒になって、執行機関、執行権の所有者を形成するのである。そうして、この（単純または合成）機関は、強制せられ得ない。それは、それみずからが、他の官庁、法適用官庁または法定立官庁を、それらの権限を僭称せずには、強制し得ぬのと同様である。

組織法においては、すなわち、国家的組織そのものの構成および実現に対しては、固有の意味における法定立、法適用および法執行の概念は適用せられない。それらは構成された国家の任務を表示するものであって、国家が、よってもって自己を構成し、或いはその構成を実現するところの仕方（modi）を表示するものではない。一つの機械を如何に建造し、運転せしめて置くかは、その機械が如何なる仕事を果すべきかとは全く別の問題である。権限秩序、広義における組織は、行態の規範の定立、適用および執行を確保する秩序である。仕事は装備を前提とするものである（以上『法の方法および体系』一三八―一四〇頁）。

五

以上をもって、ブルクハルトの組織法・行態法の理論についての大要の記述を終わることにする。ブルクハルトが、いち早く、実定法秩序の論理的構造に着目し、組織法・行態法の理論を展開しつつ、身をもってこの疑問の解決に当っているのは偶然ではない。彼は、かなり多才な学者で、解釈法学者としても、スイス憲法の „Kommentar“ (*Kommentar der schweizerischen Bundesverfassung vom 29. Mai 1874*, 3. Aufl., Stämpfli, 1931) の如き大著によって、その非凡の学才を示しているが、彼の学者としての真面目は、むしろ、鋭利な法論理学者として、実定法秩序の全般に通ずる理論を究明する点に存する。そうして、この場合、その学問的態度は、つとに、ドイツの〔ルドルフ・〕シュタムラー〔一八五六―一九三八年〕に私淑しつつも、これよりさらに「純理法学的」であり、また、言葉の正常の意味において「純粋法学的」で、この点においても、ウィーン学派のお株を奪うほどである。実定法秩序の論理的構造という課題は、ブルクハルトには、もともと、かなり適わしい課題なのである。

ところで、当面の問題たる、その組織法・行態法論の内容であるが、通観して、かなり独創に富み、しかも、徒《いたず》らに奇を求めず、大規模な構想のもとに精緻な思索をめぐらした跡は、まことに注目に価する結実を示している。しかしながら、そこにはなお、検討を要する諸問題が残されている。

さし当りまず、ブルクハルトの説くところが、あまりに、いわゆる形式・論理的である、との批議もあり得ようが、これは、問題の性質とブルクハルトの傾向とに照らして、しいて問わぬこととし、また、ブルクハルトのいわゆる組織、国家組織の概念およびそれらと組織法・行態法との関係についても疑義があるが、これも、しばらくおき、ここでは、ただ次の諸点にのみ触れることにする。

一　国家的法秩序を構成する法規範が行態法・組織法の二種であり、かつ、右の二種に限られ、そうしてこの場合、行態法が直接に個人、すなわち、「国家装備」、「国家組織」を構成せぬ私人の行態を規律するものであるとすると、国家的法秩序を構成する法規範のうち、かかる行態規範を除いた法規範は、すべて組織法に属する法規範でなければならぬ。従って、それは、国家における統治権者、一般国民および国家の領土等、いわゆる国家の「構成」に関するもの、統治権者の授権に基づく統治機関の組織、権限、作用の形式乃至《ないし》は作用の実体に関するもの、さらに、私人を規律するものでも、直接にその行態を規律せず、法律行為による法定立能力を規律する如きもの（ブルクハルトもこれを組織規範に数えている）等をすべて包含せねばならぬ。この場合、かかる法規範をすべて「組織」法、「形式」法と名づけることの用語上の当否は敢えて問わぬとしても、内容の吟味は厳密に行なわれるを要する。憲法において、信教の自由、所有の保障等につき、立法者の裁量を限定し、立法行為の実体を規律する、「自由権」、「基本権」に関する規定、民法、刑法、税法等において、裁判官、行政官を受範者とする、尾高教授の「強制規範」、広浜教授の「裁決」規範または「整序」規範の如きは如何。ブルクハルトは、既に述べたように、その一部について、一法規範の二重機能に関連して、官庁の責務を定めるの故をもって、組織規範であるといっている。かかる法規範は、もとより、私人を受範者とする行態規範とは、受範者および規律の目的、内容を異にし、これを同日に論じ得ぬが、さりとて、その法秩序における構造上の特質、国家における統治当局を受範者とするとはいえ、その「行態」規範的、「実体」法的性質は、これを直ちに、少なくとも無条件に、組織規範、形式法に数えることをも許さぬものである。「三重構造」説、または「立体構造」説の生ずる所以もここに存し、この点に関するブルクハルトの釈明は明瞭を欠き、問題を解決せるものとはいい得ない。

二　組織法と行態法との関連について、前者の後者に対する法論理的先行性・規定性・制約性乃至《ないし》は第一次性を説くことは、それ自身は正当である。しかしながら、ブルクハルトにおいては、問題の核心が闡明せられているとはいい得ない。ブルクハルトは、組織法の行態法に対する法論理的先行性・規定性・制約性乃至は第一次性等という場合に、或いはこれを、組織法による行態法の通用または拘束力の制約と解し、或いは組織法による全法秩序の体系の規定と解している。いま、後者についてはしばらくおき、前者の、組織法による行態法の通用または拘束力の制約についてのみ考察するとして、かかる場合における制約の意味も必ずしも一義的ではないが、最も本来的、或いは厳格な意味において、組織法による行態法の通用の法論理的制約とは、行態法の適法な通用が、これに先行する組織法の通用とその授権とに基づくこと、換言すれば、行態法が組織法によって、右の意味において、根拠づけられ、組織法から派生すること、即ち、授権的制約関係をいう。例えば、立法権限を規定する（組織法たる）憲法の規定が先に存しての行態法たる法律、或いは、法律行為能力、契約能力を規定する（組織法たる）民法等の規定あっての法律行為的行態規範という如き場合はこれに属する。そうして、かかる関係は、授権的性質の組織規範とその授権に基づいて成立する行態規範との間にのみ存し得る関係であって、総《すべ》ての組織規範と総ての行態規範との間に存し得る関係ではない。また、授権的制約関係は、組織規範と行態規範との間においてのみならず組織規範と組織規範、組織規範相互の間にも存し得るし、かつ、存するを要するものなのである。およそ、組織規範そのものの通用もまた、他の組織規範の授権に基づくを要するから。なお、これに関連して、組織規範の組織規範、一切の国法秩序の根源たるべき

「根本規範」（例えば、帝国憲法第一条）は、国法構造論において、まず、究明さるべきものである。これらの点は、ブルクハルトにおいては、明らかにせられていない。ブルクハルトも、授権的制約関係の意味における、組織法の行態法に対する制約に触れてはいるが、さらにまた、彼は、かかる制約のもとに成立した行態法が、統治機関によって適用せられ、執行せられることによって、その実現を確保または保障せられる関係をも、組織法の行態法に対する論理的制約のもとに論じようとする如くである。いな、組織法の行態法に対する論理的制約という場合に、むしろ、その関係を力説するようにさえ、看取される。ところが行態法の背後にある国家組織・組織法による行態法の強制的実現の保障という関係においては、これを目的論的にみれば、ブルクハルトも指摘する通り、かえって逆に、組織法が行態法の手段となり、二次的なものとなるが、それはとにかく、右の如き関係についてなお、組織法の行態法に対する法論理的制約を云々し得るか否かは疑問であり、単に、一方を考えるときには同時に他の一方を考えねばならぬというのみでは、相互的制約とはいい得るが、いずれか一方の先行性は論じ得ぬ。この場合は、少なくとも、前述の授権的制約関係とは著しく趣を異にするものである。法律制定手続を定める憲法の規定あっての行態法たる民法、刑法ということと、裁判所の組織・手続を定める裁判所構成法、民事・刑事訴訟法等の規定あっての行態法たる民法、刑法ということは、これを同義と解すべきではない。とにかく、ブルクハルトにおける組織法の行態法に対する法論理的制約性は、なお、一段の検討を要するものといわねばならない。

三　ブルクハルトは、行態法の通用は組織法の根拠づけを要するとなすのに対し、組織法の通用は、単に組織法の事実上の遵守という一点にかからしめている。いま、これについて深入りする余裕はないが、かかる説は、一面において、一般に、一つの組織法の通用については、さらに他の組織法による根拠づけを要し、かつ、かかる根拠づけが可能であり、また、かくして、組織法通用の究極に遡っても、なお、単なる事実上の遵守ということを超えて、その理念的、ことに法理念的根拠づけの存し得ることを看過するものとして、筆者の賛同し難いところである。

四　最後に、法の定立・適用・執行の三段階について、それが実定法秩序における作用として現われるときは、絶対的の区分として各段階が全く分離独立して存するものではなく、例えば、法律における法定立は、同時に、憲法の定める組織規範の具現であり、時にはまた、憲法の定める行態規範の具体化・箇別化の一面をもち、裁判判決における法適用の如きも、同時に、裁判組織・手続法の具現であり、具体的民法規範、刑法規範の定立でもある点の着想も、ブルクハルトにおいて欠けるところであろう[1]。

(1)　清宮「法の定立、適用、執行」、『法政論纂』(『京城帝国大学法文学会第一部論集』第四冊)(刀江書院、一九三一年、一頁以下)〔本書所収〕参照。

（『法学』第一一巻第四号、一九四二年四月）

Ⅲ　憲法学の二師・一友

私の憲法学の二師・一友

まえおき

御紹介をいただきました清宮です。公法学会にお集まりのみなさんの前で、特別の講演をする機会を与えていただき、光栄に思います。せっかくの御依頼でありますから、何かみなさんの御参考になるようなことを考えてみましたが、もともとあまり頭の冴《さ》えない人間でありますうえ、年をとり過ぎて体力も気力もおとろえまして、考える力も弱くなってしまい、難しい事はもてあますようになりました。調子の低い話しかできそうもありませんが、私なりに努力してみますからしばらくお聞きを願います。

時間が限られていますので、まえおきはこれ位にして、ただちに演題にかかげた問題に入ります。

一　美濃部達吉、ハンス・ケルゼン、宮沢俊義三氏とのめぐり会い

ここで「私の憲法学の二師・一友」という題の「二師」というのは、美濃部達吉先生、ハンス・ケルゼン、この二人の先生であります。「一友」というのは宮沢俊義君のことであります。三氏とも学界に大きな足跡を残している大変すぐれた学者でありまして、私は右の三氏とのめぐり会いによって、大変大きな影響を受けております。美濃部先生は私の学生時代からの恩師であり、ケルゼンも私が学生として親しくお教えを受けた先生であり、宮沢君は特に懇意にしていた学友であります。三氏ともすでに故人となっています。美濃部先生は一九四八年（昭和二三年）七五歳でなくなられました。ケルゼンは一九七三年に九一歳で、宮沢君は一九七六年（昭和五一年）に七七歳でこの世を去っております。

私は、すでにいろいろの機会に三氏についてふれたものを書いたり、述べたりしております。

美濃部先生につきましては、次のようなものがあります。その一つは、昭和四二（一九六七）年の東北大学の入学式における講演「師の話、憲法の話」（『東北大学学報』第七一八号）というものであります。もう一つは『法学セミナー』の昭和四四（一九六九）年四月号（第一五七号）に載せた「美濃部達吉先生の人と学問」というものであります。さらに「美濃部達吉先生を偲ぶ」という座談会に出席しております。その記事は昭和四八（一九七三）

年に「交芳会」というところから発行されています（『美濃部達吉先生を偲ぶ』交芳会、一九七三年）。「交芳会」というのは、公法・私法というばあいの「こうほう」にちなんで、交わり芳ばしという字をあてた会であります。この会は、美濃部先生が古稀になられたのを機会に、先生を中心にして、門弟たちが集まってつくった会であります。

ケルゼンについては、『公法研究』第三五号（一九七三年一〇月）に載せた「ハンス・ケルゼン教授の逝去を悼む」というものと、鵜飼信成、長尾龍一両氏編の『ハンス・ケルゼン』という本（東京大学出版会（UP選書）、一九七四年）に載せた「ケルゼン──鋭利な学説と温和な人柄」というのがあります。なお昭和五〇（一九七五）年四月一二日の日本学士院における報告「戦後の日本におけるケルゼン研究の復興」がありますが、これは未公刊であります。

宮沢君につきましては、次のようなものがあります。その一つは、昭和五一（一九七六）年九月一五日の青山葬儀所における葬儀の際に、友人代表として述べた「弔辞」（『ジュリスト』第六二三号（一九七六年一〇月一五日））であります。

この「弔辞」については、次のようないきさつがありました。二十何年か前の事ですが、法哲学の尾高朝雄君と二人で、宮沢君の私宅に招かれて晩飯をごちそうになったことがあります。その際話がたまたま、この三人のうちで誰があとの二人の「弔辞」を読むことになるか、ということに及びまして、各自それぞれ「おれが読んでやる」といいはったのです。宮沢君は特に理由をつけて、「おまえたち二人は養生が悪いからだめだ」といいました。ところがそれから間もなく、一番丈夫だった尾高君が、歯の治療のためのペニシリン注射のショックで急に亡くなりました。そのとき私は東大病院における解剖に立会いまして、葬儀の際に友人代表として弔辞を読みました。尾高君亡き後は、私と宮沢君の勝負になったのですが、宮沢君が先に亡くなったので、私が結局「弔辞」を読む破目になりました。なんともいえない気持ちがしました。

宮沢君については別に、昭和五一（一九七六）年一一月一二日の日本学士院の総会の時に「故宮沢俊義君追悼の辞」というものを述べています（『日本学士院紀要』第三四巻第三号（一九七七年四月））。それから宮沢君につきましては、岩波の『世界』の昭和五一（一九七六）年一一月号（第三七二号）に「宮沢俊義君を偲ぶ」というものを載せています。また昭和五一（一九七六）年一一月一九日の『ジュリスト』主催の座談会「宮沢俊義を語る」に出席しました。この記事は、昭和五二（一九七七）年三月二六日号の『ジュリスト』臨時増刊（第六三四号）『宮沢憲法学の全体像』に載せられております。

以上のほかに、美濃部・宮沢両氏にふれたものとして、昭和五二（一九七七）年四月一六日の東北大学における記念講演「美濃部憲法と宮沢憲法」（『法学』第四一巻第三号（一九七七年一〇月）、のちに長谷川正安編『憲法学説史』（『文献選集日本国憲法』第一六巻）（三省堂、一九七八年）所収）というのがあります。

これから述べることは、すでに以上の機会に述べたものと重複するような部分もありますが、あらかじめ御了承願います。

二　美濃部先生について

まず、美濃部先生についてですが、美濃部先生は、明治・大正・昭和の三代の長い期間にわたって、憲法および行政法に関する、数多くのすぐれた研究を公表して、学界に大きな足跡を残した大学者でありまして、日本の憲法学を語る場合には、いちばん大きくとりあげられるべき人であります。

私が先生とつながりを持つようになったのは、東京大学の法学部で大正九〔一九二〇〕年度の憲法の講義を聞いたときからであります。そうして大学卒業後は、研究室に入れてもらって指導を受け、京城大学へ就職するにあたっては、先生に推薦してもらいました。それから昭和二三〔一九四八〕年に先生が亡くなるまで、いや、今日にいたるまで、いろいろと先生の大きな恩に浴しております。私が憲法・行政法を専攻しようと思いたつにあたりましても、またそれらの研究を続けるにつきましても、先生の影響は私にとって決定的ともいうべきものであります。先生からは、学問についてはもとより、学者および教師としての態度、さらには人としてのあり方についても、いろいろと貴重な教えを受けています。私は、先生に学ぶ機会にめぐまれたことは、まことに好運であり、ありがたいことだと思っています。

先生の講義のやり方は、一種独特のものでありました。講義にあたって、いつも、書物や原稿などをいっさい参照しないで、文字どおり〝素手〟でノートをとらせるのであります。

私はそのときの大学ノート三冊を今でも持っていますが、そのまま本にしてもよいようにととのえられています。一回が二時間に近く、しかも、当時、制度の改革のため、講義は半年でおわることになっており、そのため週三回もあった講義を半年の間このやり方でおし通されたのであります。とても人間わざとは思えませんでした。なかには、前の晩に暗記してきたのだろう、などという者もいましたけれども、そんなことでできる芸当ではありません。とにかく、これは先生だけに見られたことでありまして、このような講義をした人は、あとにもさきにも、聞いたこともありません。今ここで私は、原稿にへばりついてもたもたとお話ししていますが、たいへんなちがいであります。

先生には『憲法撮要』（有斐閣、一九二三年）、『逐條憲法精義』（有斐閣、一九二七年）、『行政法撮要』（有斐閣、一九二四年）、『日本行政法』（全二巻、有斐閣、一九三六—四〇年）、『日本国憲法原論』（有斐閣、一九四八年）をはじめ、一〇〇冊に及ぶ著書があります。それらは東京大学における先生の告別式のときに演壇に飾られましたが、実に壮観でありました。しかも、それらの内容は、当時の最高の水準を行くものばかりでありました。法学者の著書としては他に類例がなく、他の分野の人達のばあいと比べてもめずらしいのではないかと思われます。

先生が強い民主・自由の思想の持主であったことは、有名な事実であります。先生はそれを随処に示しておられます。私が聞きました講義のいちばんはじめのところで「天下は天下の天下である」と強調されましたが、その声は今日でも私の耳に残っております。

自由、ことに学問の自由を重んじ、あらゆる偏見から自由であろうと努められました。これは、昭和一〇（一九三五）年の、例の〝天皇機関説事件〟における毅然とした態度にあらわれています。この事件につきましてはずいぶんほうぼうで扱われておりますが、宮沢君の『天皇機関説事件』という二冊の本（有斐閣、一九七〇年）がいちばん詳しいようであります。

先生は、みずからの自由を守ると同時に、他の者の自由も尊重されました。学生や門弟などに対しましても、指示めいたことはなさいませんでした。それらの者は、何もいわれなくとも、先生のされることを見れば、おのずから頭がさがり、いわゆる「無為にして化」されたのであります。そうして各人は、それぞれ好むところにしたがって自由に研究をすすめることができました。そのために、門下生にはいろいろの特色を発揮している者があらわれているのであります。

三　ケルゼンについて

つぎに、ケルゼンについてであります。今年（一九八一年）は、ちょうどケルゼン生誕一〇〇年にあたります。この学会でもケルゼンが特別にとりあげられ、手島（孝）君他その他の方々が、立ち入った報告をされることになっています。お集まりの方々のうちにはあるいは馴染みの薄い人もおられるかと思われますので、後の報告をお聞きになるばあいの予備知識にもいくらか役立つと思いますので、ケルゼンの人と学問のあらましにふれてみましょう。

ケルゼンは「純粋法学」(Reine Rechtslehre, Pure Theory of Law) という特色に富んだ学説を提唱し、多くのすぐれた業績を残して「二〇世紀の法学者」(Jurist der zwanzigsten Jahrhundert) とたたえられている世界的な大学者であります。わが日本の学界にも大きな影響を及ぼしていまして、先程お話がありましたように、日本公法学界の名誉会員にもなっています。

まずケルゼンの生涯の概要を述べてみます。これについては、長くケルゼンのもとにあってその仕事を手伝っていた〔ルドルフ・アラダール・〕メタル (Rudolf Aladár Métall)〔一九〇三—七五年〕という人の書きました *Hans Kelsen: Leben und Werk* (Franz Deuticke, 1969) という本が便利であります。そこには生涯と業績について詳しく述べられています。この本の生涯の部分は、井口大介・原秀男両氏の翻訳〔ルドルフ・アラダール・メタル『ハンス・ケルゼン』成文堂、一九七一年〕があります。なお、ケルゼンの人と学説を知るには、鵜飼信成・長尾龍一両氏編『ハンス・ケルゼン』〔一九七四年〕〔前出〕も便利であります。

ケルゼンは、一八八一年に、ウィーン出身の両親の長男として、プラーグで生まれました。それから一九七三年にアメリカのカリフォルニア州のバークレーで亡くなるまでの九一年の生涯は、ずいぶん波瀾に富んだものでありました。

学生時代のケルゼンは、学資にも困るような乏しい生活をしていたようであります。しかし、よくそれに耐えて勉強し、はじめての大著『国法学の主要問題』(*Hauptprobleme der Staatsrechtslehre*, J. C. B. Mohr, 1911〔『国法学の主要問題』全三巻、蠟山芳郎・武井武夫訳、春秋社（世界大思想全集）、一九三五—三七年〕)がウィーン大学で認められて、同じく一九一一年にPrivatdozent（私講師）になりました。そうして一九一九年に正教授になりました。このあとの一〇年ばかりは、働き盛りでもあり、ケルゼンがもっともはなやかで恵まれた学者生活を送った時代であります。学者としてのケルゼンは、「純粋法学」の提唱者および「ウィーン学派」(Wiener Schule)の代表者として、学界にゆるぎない地位を占めるようになりました。私は丁度一九二六年に、ウィーン大学で、ケルゼンの講義をきいたり、私宅を訪れたりしました。

ケルゼンの活動は一時、実際面にも及びました。一九二〇年のオーストリア憲法を起草して生みの親となり、かねてからの主張にもとづいて憲法にとり入れた憲法裁判所の裁判官にもなりました。しかし、この頃からケルゼンに不利な情勢になり、いろいろな苦難に見舞われました。もともと、カソリックの国であるオーストリアでは、イタリアのファシズムの影響を受けまして、ユダヤ系の自由主義者であるケルゼンに対する風当りが強くなりました。婚姻法に関する問題、すなわち、法律が原則として禁止している離婚を、行政権が自由裁量で許可し、新たな婚姻を許す「特免婚姻」(Dispensehe)といわれるものの効力が争われた事件につきまして、通常裁判所が効力を否認しましたのを、憲法裁判所の多数意見でこれをくつがえしました。その際、ケルゼンの意見が大きな影響を与えたとして、にらまれたのであります。

この問題がきっかけとなりまして、ケルゼンはウィーンを去らなければならなくなり、招かれてドイツのケルン大学に転じて、そこで第二の人生を過しました。しかし、まもなく、ナチスのユダヤ狩りからのがれなければならなくなりました。やむをえず、ジュネーブの国際問題研究所とプラーグのドイツ語大学（どちらも規模の小さなもの）に職をさがして、第三の人生をはじめましたが、それもドイツからの圧力のため、何年も続けることができませんでした。世界大戦の勃発を機会に、避難場をアメリカに求め、そこで一九四〇年の夏から第四の人生に旅立ちました。はじめ、ハーヴァード大学で教職についていましたが、まもなくバークレーのカリフォルニア大学に移って、一九五一年に定年退職するまで教鞭をとりました。その後もバークレーが気に入ったらしく、亡くなるまでそこに居住して、学問的活動を続けました。アメリカに安住の地を得たケルゼンは、言葉の障害を克服して、講義と著作に専念し、いろいろの著作を英文あるいは独文で公表しています。

ここでケルゼンの学説について少しふれてみましょう。ケルゼンは早くから、法学および国家学をたて直そうとしました。それまでのドイツやオーストリアの伝統的学説には、法学に社会学的方法や政治学的方法をまじえる傾向があったのをしりぞけて、純粋な法学的方法一本にしぼり、法独自の規範性と固有法則性（Eigengesetzlichkeit）とを強調し、法と国家との関係については、国家の統一は法秩序の統一にあり、法と国家とは結局同じものであるという大胆な断定を下し、この立場から、法および国家の諸問題について論理的かつ徹底的な新しい解決をしようとこころみました。

「純粋法学」の概要は次のようなものであります。「純粋法学」というのは、ケルゼンみずからその学説につけた名称であります。それは、実定法（positives Recht）すなわち、成文法または慣習法として現に定立（setzen）されている法の理論であり、実定法のみを対象とするものであります。その要点は次の諸点にうかがわれます。

㈠哲学的基礎については、カントおよび新カント派における〔ヘルマン・〕コーエン〔一八四二―一九一八年〕、同じくカントの流れをくむ〔ハンス・〕ファイヒンゲル〔一八五二―一九三三年〕の影響を受けているようであります。

㈡人間の「行態」（Verhalten）――私は前からこの訳語を用いています――を規律する法は当為（Sollen）の世界に属し、当為の世界と存在（Sein）の世界とは、橋渡しのできない二つの別のものであるとみなして、法学に社会学的・心理学的方法を混えることを排斥します。「自然科学的方法からの純粋性の主張」であります。ただし、社会学そのものの存在を否定するものではありません。

㈢法学は、法の固有の法則性から出発し、法体系の内在的認識に徹すべきであり、自然法的・政治的要素から、純化されることを要請します。「価値判断からの純粋性の主張」であります。

㈣㈢と関連することですが、およそ学問は自由かつ純粋であることを要し、法学上の認識は学問上の真実を蔽いかくすようなイデオロギーからも自由でなければならないとしまして、伝統的法学における権利、法人格、国家などの概念にひそむイデオロギーを批判します。イデオロギーの問題については、あとでまた述べます。

㈤実定法規範は、一つの法秩序（Rechtsordnung）、法体系（Rechtssystem）を成し、各規範の Geltung——この語は妥当、通用、効力などといろいろ訳されておりますが、私は通用と訳しています——の根拠は、常に法規範のみであり、別のものではありえないとします。

㈥法秩序は、法規範のさまざまの層、すなわち、上下に重ったものから成る段階構造（Stufenbau）を示している。例えば、一番上に憲法、次に法律、その次に命令、またその次に処分または判決というようにであります。この段階構造説は、ケルゼンの弟子の〔アドルフ・〕メルクル（Adolf Merkl）〔一八三六―一九六年〕が唱え出したものでありますが、ケルゼンはのちにこれを自説にとり入れております。

㈦一つの法秩序の究極の根拠は、根本規範（Grundnorm）である。この根本規範は実定法ではなくて、実定法規範の先験的（a priori）、論理的前提として仮設されたものでありま す。根本規範は純粋法学のうちで、論議の多い部分であり、ケルゼン自身もその性質について Hypothese（仮説）、Fiktion（擬制）、Annahme（想定）などと言っておりまして、内容につきましても所説の変更が見られますが、ケルゼン自身はこれによって、その規範論理主義を貫こうとしているのであります。

次に、注目すべきことは、ケルゼンを中心として「ウィーン学派」(Wiener Schule) といわれる学派が成立していることであります。そこには、行政法の Merkl〔メルクル〕、国際法の Verdross〔アルフレート・フェアドロス（一八九〇—一九八〇年）〕という二人の大物をはじめ、Pitamic〔レオニード・ピタミック（一八八五—一九七一年）〕、Henrich〔ヴァルター・ヘンリヒ（一八八八—一九五五年）〕、Kunz〔ヨーゼフ・クンツ（一八九〇—一九七〇年）〕、Kaufmann〔エーリヒ・カウフマン（一八八〇—一九七二年）〕、Schreier〔フリッツ・シュライアー（一八九七—一九八一年）〕、Voegelin〔エリック・フェーゲリン（一九〇一—八五年）〕など有力な学者が参加して異彩を放っていました。学派の流れは今日でもケルゼンの孫弟子ともいうべき学者によって、ウィーンをはじめ、オーストリアの諸大学に伝わっております。例えば、ウィーンの Walter〔ロベルト・ヴァルター（一九三一—二〇一〇年）〕、ザルツブルグの Marcic〔ルネ・マルチッチ（一九一九—七一年）〕などがそれにあたります。一人の有力な学者を中心として、その弟子たちが集まるというのは、別にめずらしいことではありませんけれど、専門の異なる学者も加わって、協力して「学派」といわれるほどのものをつくり、立派な成績をあげているのは、あまり類例を見ないところであります。

ケルゼンの影響は文字通り世界的であります。オーストリア、ドイツはもとより、フランス、イタリアその他ヨーロッパ各国、南北アメリカの諸国からアジアの諸国にもあまねく及んでおります。ケルゼンの行くところはどこでありましても、世界各国からケルゼンを慕って訪れる者が絶えませんでした。さきに名をあげたメタルによりますと、ケルゼンの著作は実に二四ヵ国で公刊されており、しかも、英語、フランス語、イタリア語、スペイン語のものには、それぞれかなりの種類のものがあります。日本でも、多くの研究および翻訳が公刊されております。

ケルゼンが世界の法学界における偉大な存在であることにつきましては、メタルは次のような事実を伝えております。ある年、ケルゼンはジュネーブで講演をしたときに、講堂にいる昔の聴講生のひとりを見つけましたけれども、その名前を思い出すことができなかったのです。講演がすんでから青年を招きよせまして、「君の名前をいわないでご免。私は名前を覚えるのに弱くってね。朝、目をさましたら、自分の名前を思い出せなくなりはしないかと思うのだよ」とわびを言いました。すると、フランス人だったくだんの青年は、「先生、あなたがご自分の名前を思い出せないようなことがあっても、世界の歴史があなたの名前を忘れるようなことはありませんよ」、と答えたそうであります。

私がケルゼンと特別のかかわりをもつようになったのは、一九二六年にウィーン大学で学生として講義をきいたときからであります。その前年、一九二五年に私はドイツのハイデルベルクの大学で、Anschütz〔ゲルハルト・アンシュッツ（一八六七—一九四八年）〕やThoma〔リヒャルト・トマ（一八四七—一九二三年）〕を聞いていましたが、その年に出版されたケルゼンの*Allgemeine Staatslehre*〔Springer, 1925〕を読みまして、特別の魅力を感じて直接に教えを乞おうと思いました。当時、立命館大学の在外研究員として、ハイデルベルクに来ていた磯崎辰五郎君と二人でウィーンに行きました。ウィーンでは、講義をきいたばかりではなく、ケルゼンにたのんで、弟子の一人に特別のレッスンをしてもらいました。このような関係があったのですから、ケルゼンを師と呼ぶことも許されるでありましょう。

日本に帰ったあとで、私はケルゼンの *Allgemeine Staatslehre* の翻訳をくわだてました。昭和一一〔一九三六〕年に初版〔ケルゼン『一般国家学』岩波書店（京城帝国大学法学会飜訳叢書）〕、ずっとあとの昭和四六〔一九七一〕年に改訳〔岩波書店〕を公刊しています。いい勉強にはなりました。翻訳ということは、横のものを縦にするだけのやさしい仕事のように思う人もあるかもしれませんが、実は、たいへん骨の折れる、きびしい、しかも責任の重い仕事であります。ある程度の語学の素養があるうえに、原著の内容を把握できるだけの理解力がないといけませんし、一字一句といえどもわからないままにしておくというのは許されず、あくまでその真意を追求し、それを正しくしかもできるだけわかりやすい日本語に表現する必要があるからであります。こう考えますと、私の翻訳などはまだ欠点だらけのものであります。

日本の学界ではケルゼンは、大正の末から現在まで六〇年近くにわたって親しまれ、外国の法学者であって、ケルゼンほど大きな影響を及ぼしている者は見当たらないようであります。

戦前に、比較的多くケルゼンの学説をとり入れた学者として、当時の東京〔帝国〕大学の横田喜三郎君、慶応大学の浅井清君、早稲田大学の中村弥三次君などがいます。浅井、中村両君はすでに故人になっていますが、横田君はなお健在であります。この三君ほどではないけれども、かなり多くケルゼンの影響を受けていると思われる学者として、法哲学の尾高朝雄君、憲法の宮沢俊義君があります。清宮四郎もときどきこれに数えられております。私の処女論文とでもいうべき、昭和六〔一九三一〕年に書きました「法の定立、適用、執行」(『法政論纂』(『京城帝国大学法文学会第一部論集』第四冊)(刀江書院、一九三一年)〔本書所収〕)というのをはじめ、ケルゼンの影響を受けているものがいくつかあります。

これに対し、ケルゼン学説に注目しながらも、批判的立場を明らかにしている学者もあります。美濃部先生と、商法・法哲学の田中耕太郎さんなどはそれに属します。美濃部先生は助手の一人の行政法の柳瀬良幹君に対して、ケルゼンの著書について、「読まれるおそれがあるから気をつけろ」といわれたそうですが、先生自身も「読まれた」のではないかと思われるようなふしもあります。その形跡が先生の国家作用論などにうかがわれます。

わが学界におけるケルゼン研究熱は、一時下火になりましたが、戦後になってまたかなり高まってきております。主な学者をとりあげてみますと、鵜飼信成(専修大学)、佐藤立夫(早稲田大学)、井上茂(お茶の水女子大学)、碧海純一(東京大学)、菅野喜八郎(東北大学)、手島孝(九州大学)、長尾龍一(東京大学)、新正幸(福島大学)、原秀男(立正大学)、などの諸君があります。

戦前、戦後を通じて、わが学界で公けにされたケルゼンの研究および翻訳はかなりの数にのぼっていますが、それらにつきましては一九七三年以前のものは、さきにあげた、鵜飼・長尾編『ハンス・ケルゼン』（一九七四年）の末尾の参考文献というところにかかげられています。これ以後にも、最近までかなりの著作が公刊されていますが、とりわけ、長尾君の著書『ケルゼンの周辺』（木鐸社、一九八〇年）、および『ケルゼン選集』としてまとめられている一〇巻にわたる翻訳（木鐸社、一九七三―七九年）、さらに手島君の『ケルゼニズム考』（木鐸社、一九八一年）などは注目すべき最近の力作であります。

私の見るところでは、ケルゼン学説は現在はもとより、将来の世代においても、およそ科学としての法学を研究する者にとりましては、好むと好まざるとにかかわらず、肯定するにせよ批判するにせよ、それを無視して素通りすることはできないものでありましょう。それだけの価値が十分に認められるからであります。近年、わが国の若手の法学者によって、ケルゼンが再評価されていますが、注目すべき事実であり、その将来の成果には期待がもたれます。

ひとつつけ加えたいのは、人としてのケルゼンであります。とびぬけて明敏な頭脳の持主であることは、書いたものを見ればすぐわかります。努力の人であることは、著述に見られる勉強の跡が物語っています。バックボーンがしっかりしている人であることは、さきにもふれましたように、いたるところで苦難に会い迫害を受けたにもかかわらず、屈することなく所信を貫いた事実が証明しております。情味豊かで、包容力のある人であったことは、教授の門をたたき、その温容に接した者が口をそろえてたたえるところでありました。私もその一人であります。

もうひとつつけ加えたいのは、ケルゼンを日本へ招こうという下話があったということであります。昭和一〇〔一九三五〕年前後のことだったと思います。京城大学の仲間のうちで、ケルゼンを日本に招こうということが話題にのぼったのであります。さきに述べましたように、ケルゼンは迫害を受けてウィーン大学を追われ、さらにドイツのケルン大学でも罷免され、不遇をかこっているということが伝えられましたので、ウィーン時代にケルゼンとたいへん懇意にしていた尾高君ほか二、三の同僚と相談して、ケルゼンを京城大学の一員として呼ぼうではないか、呼び方によっては来てくれるかもしれない。もしそれが実現されれば、京城大学はもとより、日本の学界のためにも大きなプラスになることだろう。なんとかしようではないか、と真面目に話題にのぼせたのであります。ところが、当時の日本の情況は、ユダヤ系の民主・自由主義者であるケルゼンを迎えるに適しないようになっていましたので、結局、なんの進展も見ずに、数人の間の下話に終ってしまいました。もしこの話が実現されていましたならば、日本の学界は大きな影響を受けていたでありましょう。

四　宮沢君について

最後に、宮沢君についてであります。宮沢君は、美濃部先生と師弟の関係にあり、先生亡きあと先生につづいて、わが憲法学界の第一人者の地位にあった人であります。

宮沢君と私とは、大正六（一九一七）年から一二（一九二三）年まで高等学校・大学とも同じ学校、すなわち、旧制の第一高等学校と東京帝国大学で、同級生として学びました。学校卒業後は憲法を専攻する仲間として、公私ともに特別に親しく交わるようになりました。宮沢君からは学ぶところが多く、その学識と人物には特別に敬服しております。宮沢君のようなよき友をえたことは、私にとってまことに好運でありました。二人とも同じ美濃部門下であるのも特別の縁であります。

宮沢君の人と学問を語るに当っては、美濃部先生の場合とくらべてみるとわかりやすいです。この場合まず目につくのは、共通点がかなり多いということであります。それは次の諸点にうかがわれます。

㈠どちらも飛びぬけて明敏な頭脳に恵まれていること。

㈡才能に恵まれているうえに、長い間絶えず努力していること、これはおよそ仕事をするすべての者にとって必要なことですが、学問をする者にとっては特に大事なことであります。

㈢どちらも立派な業績を残しております。美濃部先生については、飛びぬけた業績があることは、さきにもちょっと触れました。宮沢君にも美濃部先生のそれに次ぐほどのものがあります。

㈣どちらもシンが強く、どのような難局に当面しても節をまげなかったことであります。〝天皇機関説事件〟とその波紋に対する二人の態度はこれを証明しております。

㈤どちらも強い民主思想の持主であり、徹底した自由主義者であったことであります。

以上が美濃部・宮沢両氏に見られる共通点であります。そうして、美濃部憲法学も宮沢憲法学も、わが国における代表的な憲法の学問であり、しかも宮沢憲法学は美濃部憲法学を継承するものともいえますが、宮沢憲法学には美濃部憲法学に見られない特色もうかがわれます。宮沢憲法学には、美濃部憲法学を踏まえながら、その学問的価値を一段と高めているという特色があり、そこにまた特別の功績があるものと認められます。

それは一言でいえば、美濃部憲法学の科学的純粋化となってあらわれています。これはドイツのイェリネック法学とオーストリアのケルゼン法学の関係に似ています。ケルゼン自身はその *Allgemeine Staatslehre* の序文で、自分は「カール・フリードリヒ・フォン・ゲルバー、パウル・ラバンドおよびゲォルグ・イェリネクをもっとも主要な代表者と名づけるべき国法学の認識の一派に属するのを感ずる」――ゲルバー〔一八二三―九一年〕、ラバンド〔一八三八―一九一八年〕、イェリネク〔一八五一―一九一一年〕はいずれもドイツの有名な国法学者であって、このうち、イェリネクはケルゼンの直接の師であります。――このように国法論的認識の一派に属するのを感ずると言いながらも、ケルゼンはその師イェリネクの国法学を検討した結果、イェリネクが国家学のうちに国家の社会学と国法学とを同居させているのにあきたらないで、国法学の面を徹底させ、また一方政治学的考察とも絶縁して、純粋法学を打ち立てました。宮沢君もきびしい態度でイェリネク流の美濃部法学を科学的にいっそう純粋なものとしようとしました。それはとくに、国民代表の概念の批判と国家法人説りますので、美濃部法学と宮沢法学との間にケルゼン学説が強く引用されています。美濃部法学と宮沢法学との間にケルゼン法学が一役演じているのは、特に注目すべき事実であります。少し立ち入って右の点にふれてみましょう。

第一に、国民代表の概念の批判であります。

宮沢君は、昭和九〔一九三四〕年の『美濃部教授還暦記念論文集』〔宮沢俊義編『公法学の諸問題――美濃部教授還暦記念』全二巻、有斐閣、一九三四年〕という本に「国民代表の概念」という論文を寄せています。この論文は、当時ドイツおよび日本で支配的であったイエリネクと美濃部先生の国民代表論を検討し、ケルゼンを引用しながら、それらがイデオロギー性格が強く、科学性に乏しいことを明らかにした論文でありまして、わが憲法学界でイデオロギー批判に先鞭をつけた画期的論文であり、今日でも高く評価されております。イデオロギー批判の問題は、戦前の日本では多くの学者によって見のがされていました。わずかに宮沢論文のほかに、さきに名前をあげた横田喜三郎君の「法律学と政治との統合」と題する論文（『経済往来』第一〇巻第六号（一九三五年六月））が見られたぐらいであります。戦後になってようやく、鵜飼信成、碧海純一、長尾龍一、原秀男などの諸君によってとりあげられています。ドイツやオーストリアでもイデオロギー批判の問題は、近年までは然るべき注意は払われていなかったようであります。

それにともかく、国民代表の概念について、宮沢君は次のように断定しています。「近代人の常識となっている国民代表の概念は純然たるイデオロギーであって、法科学的概念としては成立しえないものである。それを単なる政治常識たるにとどまらしめず、法科学的概念にまで高めようとの努力は、従来数多くの学者によって試みられたが、いずれも先に見たように失敗に終っている。人が国民の代表者と呼ぶところの者と国民との間には実定法的には何らの関係がない。国民代表の概念はそうした実定法的な関係の不存在を蔽う「名」であるにすぎぬ」（『憲法の原理』（岩波書店、一九六七年）二二二―二二三頁）と。

宮沢君はさらに、ケルゼンの『一般国家学』における文句を引用しながら、その所説を裏付けています。すなわち、

彼（ケルゼン）はその仮借せざる実証主義の立場から国民代表の概念が単なる「擬制」にすぎず、科学的概念として到底成立しえぬことを明快に論証した後にこういっている。

「明らかにこの理論（国民代表論）は一つの政治的な目的に仕える」。

どのような政治的な目的に仕えるか。

「そうした擬制は民主的進化がさらに発展することを阻止するにきわめてよく役立つ」。

「代表理論は――国民の議会による代表の理論として――国民が立法権をもち、それを議会によってのみ『代表』せられて行使するとの擬制を立てることによって、真の国民立法への民主的発展を無用と考えさせせる」。（同上、二二三―二二四頁）

というのであります。

この宮沢論文につきましては、特に注目すべきことがあります。それは、宮沢君が恩師美濃部先生にささげる記念論文集のなかで、先生の所説を真向から批判しているということであります。宮沢君があえてこのような態度に出たのは、おそらく純粋に学問的動機からでありましょう。そうして、それはまた学問の進歩に貢献しているものと見られます。

ところで、ひろく一般に議会は国民の代表だといわれ、わが憲法のように、前文で「日本国民は、正当に選挙された国会における代表者を通じて行動し」といい、第四三条に、「両議院は、全国民を代表する選挙された議員でこれを組織する」といっているのは、実際には何を意味することになるのでありましょうか。これについて宮沢君は、次のように説明しています。「どこの国でも議会は国民の「代表者」だといわれるが、それは法律的には国民の多数の意図が議会に反映するように組織されていることを意味するにとどまり、それ以上に、国民と議会との間に特別の法律関係があることを意味するものではない」（『憲法』第五版（有斐閣（有斐閣全書）、一九五六年）、二四四頁）と。

たしかにこの場合現実に見られるのは、選挙および議会に対するコントロールによって国民の意志が議会に影響を与えるという事実だけであり、国民代表といわれるにふさわしい関係、すなわち議会の意志を国民の意志とみなすことができるような関係は見られないと思われます。

ケルゼンも、議会を国民代表というのは、国民主権の仮装（Schein　みせかけ）を維持するための政治的擬制であって、法学的認識に役立つものではない。なんとなれば、いわゆる代議政諸国の憲法における実際は、「国民」すなわち選挙権者の作用は議会の選定に限られ、議会または個々の議員は、「国民」すなわち選挙人たちからは独立して行動しうるのである、こういっております（清宮「ケルゼンの公法理論」、『国家作用の理論』（有斐閣、一九六八年）二七九頁を参照）。

次に、いわゆる国家法人説の検討であります。天皇機関説事件のときにも問題になりました国家法人説、すなわち、国家の行為はその機関を通してのみ行われ、その場合、国家は法上の人格、〝法人〟であるとみなされるとする学説であります。ドイツ、フランスその他の諸国でかなり広く支持されている学説でありまして、ドイツのイェリネク、わが国の美濃部先生などはその代表的提唱者であります。当然のことを述べているように見えますが、それが正しい科学的認識の帰結であるかどうかにつきましては疑義をさしはさむ者があります。ケルゼンと宮沢君がそれであります。

ケルゼンは次のように述べています。一般に国家のような法秩序の人格化は、表現を簡単にするための思惟の補助的手段であって、かならず用いなければならないようなものではない（清宮訳『一般国家学』一一三頁）。しかも、国家の人格化は、人間の人間に対する支配という民主的平等思想に反する事実を覆う（verdecken）覆面の役割を演ずるものである（同上、一一四頁）。そうして国家学の基礎になった国家の人格化は、この民主政イデオロギーにその根拠をもつものである（同上、一一四頁）と。ケルゼンは国家そのものについても、イデオロギーの問題がからんでいることを見ぬいています。

宮沢君は、国家法人説について次のような検討を加えています。

国家法人説が普及されるようになったのは、次のような政治的効用をもったからである。㈠国家法人説は、統治の主体は個々の自然人ではなくて法人たる国家であると説くことによって、家産国家（すなわち国王一家の財産としての国家）の思想や絶対君主制を克服しようとの要請にも適合することができた。㈡それはまた統治の主体が抽象的な国家人（Staatsperson）だと説くことによって、具体的な国民多数の支配を主張する民主的勢力を阻止しようとの要請にも、適合することができた。

国家法人説がその有する実際的効用とは別に、理論的に成立しうるかどうかについては、まず法人格の概念を吟味する必要がある。

法人格の概念は、二種に区別される。一は、本質概念であり、他は技術概念である。前者は法概念とともに概念必然的に与えられる法人格の概念であり、後者は歴史的・技術的に構成される法人格の概念である。本質概念としての法人格は、法規範の統一的複合体を意味する。しかし、そうした人格化は、法認識におけるひとつの思惟の補助手段にすぎない。技術概念としての法人格は、権利（ことに財産権）の主体となる能力としての法人という概念である。この意味の法人格は、法秩序から概念必然的に生ずる概念ではなく、実定法によってのみ決定される。

いわゆる国家法人説は、右のような概念の区別をはっきりと認識しない点に欠点を有する。

宮沢君は右のようにいっています（『憲法』二—五頁）。

ここにも宮沢説とケルゼン説との結びつきが見られます。そうして、美濃部説と宮沢説との間にあってケルゼン説が一役演じているのは、注目すべき興味ある事実であります。

おわりに

ここで私がとりあげた私の憲法学の二師一友、美濃部、ケルゼン、宮沢三氏は、いずれもわが学界に大きな貢献をしているすぐれた学者でありますが、学問の進歩には際限がありません。これからは、三氏を踏み台にしてさらに憲法学を進展させる者の出現が望まれます。そうして、それにふさわしいと認められる人たちが現にあちこちに見受けられます。ここに集っておられる皆さんのうちにも、それにあたる人がおられるのであります。私の今回の話が、皆さんの研究にいくらかでも役立つことができれば幸せであります。

これをもって私の話を終わります。

（『公法研究』第四四号、一九八二年一〇月）

解説

樋口陽一

はじめに

清宮四郎（一八九八―一九八九年）は、（旧制）第一高等学校を経て、一九二三年三月（旧制）東京帝国大学法学部を卒業する。本人がのちに語るところによれば、卒業をひかえ吉野作造の助手を志願しようと事務室にいったん手続をしたが、美濃部（達吉）、鳩山（秀夫）、穂積（重遠）をしのぐ業績を出せるかと先輩に言われて驚き、書類を撤回して内務省に入った。富山県での行政官僚としての一年は「仕事の上でも人間関係でも非常に恵まれていた」が、「初心」忘れ難く、「退いて学ぶに如かず」と決心して美濃部達吉の指導を受けた。[1] 在外研究を経て旧京城帝国大学に赴任、同法文学部教授から一九四一年（旧制）東北帝国大学法文学部教授に転じ、定年により一九六二年東北大学法学部教授を退く。その後日本大学、独協大学で教授をつとめ、日本公法学会理事長、日本学士院会員。

清宮は、同学年生まれで終生の友となる宮沢俊義（一八九九―一九七六年）とともに美濃部の立憲主義憲法学を受けつぎ、戦前と戦後にわたって日本憲法学の水準を担った。戦前は恩師を含む先行学説をのりこえようとする批判の学として、戦後は日本国憲法のあるべき運用を支える標準学説の形成者として。

この本に収める論文を選び排列するに当たっては、文庫版を手にするであろう読書人一般を念頭に置いた。読者は、戦後と戦前では一見して論稿の語調に違いがあることに気づかれよう。それは、筆の老熟というだけでも、また、執筆当時に想定されていた読み手の範囲が同じでないことによるだけでもない。そこには、収録した一九四二年論文の冒頭に出てくる清宮の表現に従うなら、もっぱら「国家的法秩序の論理的構造の究明」をめざした戦前と、「実定法の解釈」を主導する立場に立った戦後との違いが、反映している。

一　戦前から戦中

在外研究を終えて清宮が着任した京城帝国大学（当時の通称で城大）の法文学部は、「各種研究会・読書会の連合体の様相を呈」(2)する学内の熱気に溢れ、作品の公表の点でも交流人脈の上でも、とりわけ法哲学者・尾高朝雄を介してドイツ（そしてフランス）の学界と直結する観があった。もとより、そのような学問共同体をとりまいていた窓外の現実は、植民地は、清宮のウィーン体験が（植民帝国ならざる）多民族帝国の可能性を彼に想定させたのではないか、という解釈を示している[3]。

支配であった。そのことについて、清宮憲法学に関し周到な資料探索を続けている石川健治

　そのような環境の中で城大時代に紡ぎ出された論文として、この本では三篇をとりあげた。

「法の定立、適用、執行」（一九三一年）は、著者自身がのちに「処女論文とでもいうべき」ものと回顧する作品であり、「国法学上の通説」とされてきた考え方を再点検し、新鮮な視角から体系的な像を仕立て直して見せるものだった。例えば、「法まず存在し、しかる後これが解釈され、認識されるに非ずして、解釈されたものが法であり、それが法として認識される」という表現を通して問題にしようとしたことがらは、戦後学界で一九五〇―六〇年代に法解釈という行為の性質をめぐる論争という形で議論されることになる論点を、先どりしていた。

　一九三四年論文は、恩師美濃部の還暦＝退官記念論集への寄稿であり、その標題からして刺戟的な問題提起を意味していた。同位の法律相互間で成り立つ法思考の原則として、「後の法が前の法を改廃する」という命題が自明扱いされてきたのに対し、「違法の後法」ということがありうること、それでもなぜその後法が法なのか、を究明するものだからである。三一年論文から三四年論文にかけての道程は、清宮がケルゼン、メルクルらウィーン学派

による先端的な問題提起を受けとめて自分自身の学問体系を構築してゆく歩みであった。ケルゼンの主著『一般国家学』の清宮訳書は、城大学問協同体の多分野からの協力を得て一九三六年に出版され、多くの訳語創出をともなう入魂の作品となった。

当時、時代はどのような状況にあったろうか。明治から大正への移行期にくりひろげられた神権学派と立憲学派の論争を経て、法人としての国家を統治権の主体と考え、その最高機関として天皇を位置づける天皇機関説が、学界から政界、宮中にまで受け入れられるようになる（大正デモクラシー）。それは、政党政治の展開と普通選挙制の成立（一九二五年）を裏づけると共に、それによって支えられ続けるはずであった。美濃部が一九三二年に貴族院の勅選議員に選任されたのは、そのような流れを象徴する帰着点にも見えた。

しかし、実はそれと正反対の、それをやがて呑み尽そうとする逆流が、大正から昭和に向って勢いを増してきていた。中国大陸への進出（一九三一年「満洲事変」）から「五・一五事件」（一九三二年）へ、そして他ならぬ学問と大学の場での「京大事件」（一九三三年）へと続く緊張事態である。

そのような中にあっても、学問の王道は、先行学説を乗りこえることを求める。美濃部の憲法講座のあとを託された宮沢は開講の辞（一九三四年）でオーギュスト・コントの学問三段階論になぞらえて、穂積八束・上杉慎吉の憲法学を神学的段階、美濃部のそれを形而上学的段階と呼び、みずから目指す科学的段階への抱負を語った[4]。清宮論文と並んで美濃部教授還暦記念論集に収められた宮沢の「国民代表の概念」が、帝国議会を国民代表と呼んでいた当時の支配的見解を、真の民主制への発展を無用と考えさせる「イデオロギー」の役を演ずるもの、と批判したのは、そのような脈絡でのことであった。

ところが、一九三五年二月、貴族院での一議員による美濃部非難演説を引き金として、国家法人＝天皇機関説は、学界の通説から、政治の世界での弾劾と迫害の対象へと一変する。[5]困難な状況の中で清宮は『会計法』（日本評論社（新法学全集）、一九三九年）、東北帝国大学への移籍を挟んで『外地法序説』（有斐閣（公法叢書）、一九四四年）の著述を続けるが、この文庫版では論文群の中から、一九三八年の「憲法改正作用」と一九四二年の「ブルクハルトの組織法・行態法論」を収めた。他に一九三六年の「指導者国家と権力分立」が重要であるが、行論の都合でのちにとりあげる。

一九三八年論文は、戦後の清宮の憲法改正限界論への接続と展開という関連の点で重要である。清宮は、ケルゼンが法認識の手段として仮設的に想定した根本規範という観念をいわば換骨奪胎し、実定的な最高位の規範として位置づけ、根本規範自体＝帝国憲法第一条と、根本規範によって直接に基礎づけられる憲法改正規定＝第七三条の改正を法的に不能としている。

四二年論文は、ブルクハルト（以下Bと略称）を批判的に検討することを通して、「憲法」という観念についての思考に読者をつれて行く。Constitution（英語、フランス語）・Verfassung（ドイツ語）、すなわち構造という言葉が示すように、憲法にとって固有不可欠の要素は組織法という要素である。Bの言う「組織法」は統治の（いわば静態的な）仕組み（＝①）であり、「行態法」は仕組みがどう動くか（＝②）の部分と、私人の「行態」（＝③）にかかわる部分とを含むことになる。B自身は③を憲法にとって重要な要素と考えないが、それは、伝統的にドイツ語圏で①②を「固有の意味の」あるいは「狭義の」憲法と呼んできたことを反映している。

実は一九世紀イギリスでも、憲法を語るときの第一原則は「国会主権」という、誰が（＝①）どんな仕方で（＝②）決めるかという、形式の問題に他ならなかった。憲法のありようが定着することになる一九八〇年代以降のフランスでも、権利条項を持たない統治機構条項がすなわち憲法だった。その意味では英仏両国とも、憲法とは①②に他ならない状態のもとで、但しここでは③の実質＝自由権が議会を担い手とする立法を通して充塡されていったのである。

ところで、四二年論文の冒頭で清宮は、「国家的法秩序の論理的構造の究明」をみずからの課題として掲げ、「実定法の解釈にのみ主力を注ぎ、悪くいえば、易きにつく」傾きが一般的であることを批判していた。戦後の清宮は、戦前つみ重ねてきた「実定法秩序の全体に通ずる理論的研究」の足場の上に立って、「実定法の解釈」運用の場で、指導的な役割を引き受けることになる。

二　戦後

戦前・戦後を通し清宮が概説書・教科書を公にしたのは、『憲法要論』（法文社、一九五二年、全訂版一九六一年）が最初である。それは、「従来の法学者の多数」が「易きについて、条文の解釈にのみ逃避するの怠慢に陥ったこと」（一九四二年論文）を避ける自戒の現われでもあったろう。そうであればこそ、戦後、日本国憲法の解釈運用の場面で宮沢とともに主導的な立場に置かれた清宮は、戦前のみずからの理論研究を土台にした概説書の執筆に力を注ぐことになる。とりわけ有斐閣『法律学全集』の一冊として書かれた『憲法Ⅰ』（一九五七年、第三版一九七九年）は、同全集の中でも最も多くの読者を得た古典的作品となった。[6]

戦前の清宮の先端的な理論研究は、直接には内外の学説の尖鋭な批判的検討の形をとった。戦後の解釈運用への発言は、「あまりかたよらない見地」に立って「なるべく広い視野」（『憲法要論』「はしがき」）をふまえたものとなる。その対照は、戦前「科学理論の仮面」を「剝」ぐイデオロギー批判を「真理のみに仕える科学の当然の任務」（「国民代表の概念」）と宣言していた宮沢が、戦後、「良識」にもとづく「説得力」を備えた「理論性」の大切さを説くことと共通する。[7]

戦後いち早く、再出発した学界で清宮が主題としたのは権力分立論であった。一九五〇年には既に単行書『権力分立制の研究』（有斐閣〈法学選書〉）が公刊されており、この文庫版では一九五一年の学会誌にのった「権力分立制序説」を収めている。実は、かつて学界デビュー論文となった一九三一年論文は、法理論として三権分立論が eine vergröbende Vereinfachung（粗雑な単純化）ではないか、という論点提起から筆を起こしていた。そうであっただけに、天皇機関説事件の渦中で執筆されたであろう一九三六年論文の標題「指導者国家と権力分立」(8)に書き手の名が伏せられたまま接した者は――あるいは逆に、書き手が通俗的な三権分立論を理論的に解体し再編成する三一年論文の著者であることを知る者は――、前者ならばその多くは「指導者国家」の名において「権力分立」をおとしめる作品と勘違いして歓迎しただろうし、後者ならば暗然とするほかなかったであろう。しかしあえて「個人主義」に言及するその内容は、「相当の勇気や覚悟がなくては書けない、時代へのプロテスト」(9)であり、三六年宮沢論文（本解説の註（5）参照）とともに、師説抑圧に対する抵抗を意味していた。

権力分立を何よりも先に自由主義原理にもとづくものと位置づける清宮にとって、民主主義との関係は「かなり複雑な、むずかしい問題」と言わなければならなかった。「自由」と「民主」が「純粋に理念的には」「矛盾」し「相容れない」、という基本線が明確に示されているのは、戦後「民主」主義の高揚期には目に立つほどの態度表明であった。

「日本国憲法とロックの政治思想」（一九四八年）はジョン・ロックを、「個人主義の世界観」、「自然法思想」の「先駆者」としてのトマス・ホッブズに言及しながらとりあげる。ロックの言うpropertyを単純に「財産」と訳すべきでなく、「生命、自由および所有物(possession)」の総称（各人にproperなもの）だということは、現在でもなお確かめられ続けてよいだろう。

「憲法の法的特質」（一九六一年）は、あえて多くのページを割いて収録した。一九五七年に初版が出た『憲法Ⅰ』のエッセンスを集約する清宮憲法の総論と言えるからである。ここでは特に、戦前以来ケルゼンに着想を得つつもケルゼンと違い実定法上の存在として位置づけられた「根本規範」として、日本国憲法におけるその内容を「国民主権主義、基本的人権尊重主義及び永久平和主義の三つの原理」と明示していることが重要である。これらの原理が、憲法改正権に限界を課すことになるからである。

「憲法の前文」（一九五九年）は、その法規範性の有無自体について議論のある前文について、「それ自身……憲法そのものの基礎となり、核心をなす本質的な部分」とする前提に立って、憲法改正行為への法的限界を課す根本規範を前文の中に読みとる。

「国民主権と天皇制」（一九六五年）では、国民主権の「理念」、「建前」の中から「「個人の尊厳」に仕える使命」を引き出した上で、天皇制との間での調和・妥協という課題が示される。

「天皇の行為の性質」（一九五九年）は、国会開会式での天皇の「おことば」の法的性質を題材とする演習問題をめぐる形で議論を進め、天皇が列挙された国事行為のみを行なうという憲法第四条の表現を重く見るために説明できなくなる「おことば」を受け止める受け皿として、「象徴としての行為」という観念を用意し、それを内閣の助言と承認に服させる。清宮は「象徴としての行為」が国政に関する行為であってはならないことを強調し、「これは注意すべきである」(『憲法要論』)と念を押していた。(10)

「数と理」(一九六三年)は、尾高朝雄の研究関心の中核にあった主題について、「個人の人格そのものの平等」の「根源的・積極的な意味」を取り出す。憲法第一四条が項目を挙げて差別を禁止しているのは、そのような、各人の人間としての存在という共通の理由にもとづく平等を前提として成り立つ、「派生的」平等として位置づけられる。本来そのような絶対的価値を持つ平等の要求をゆるめることが許容されるのは、どんな理由でどんな場面が考えられるか。それに対する答えを探ることが、「多数決の前提条件」(一九六八年)の目的であった。

「わが憲法上の解散」(一九五三年)が書かれたのは、憲法施行から数年のあいだ、内閣の対国会責任(憲法第六三条)と解散権行使の主体、その要件について学界・政界での論議がさかんに交されていた時期であった。戦後、議会制が復権すると共に、多党並立の状態のもとで安定した政権をつくり出すことが課題だった。歴史的に見て解散権は、執行権と立法議会が対抗し後者の優位が進む中で前者の手に残された武器として、権力分立、その意味で「自由」というシンボルとなじむものであり、「民主」を背負う議会からすればできるだけ制限しなければならぬものであった。そのような時代からの変化のきざしを、一九五三年論文は、解散の民主主義的性格への移行としてとらえている。実際、論文が公にされた年から七年後、日米安保条約改定に抗議する大規模な国民運動は「国会解散」（ママ）を「民主」のスローガンとした。状況はその後再転し、二〇一二—一七年に三度の解散をあえてした内閣に対しては、「党利党略」解散への非難が寄せられることになる。

「憲法の変遷について」（一九六三年）は、憲法の規定を所定の手続に従って変更する「改正」と、解釈を通して同様な効果をもたらすことを「変遷」と呼ぶ考え方とを対置し、「本解釈による変遷」と「にせ解釈による変遷」を区別した上で第九条についての事態にふれ、裁判官と法学者の責務に言及する。

　解釈学説を主導する立場に立った戦後も社会に直接向けた発言には慎重であり続けた清宮だったが、改憲を積極的に掲げた鳩山一郎政権により設けられた「憲法調査会」が岸信介内閣のもとで始動する状況の中で、当時第一線の知識人を結集する「憲法問題研究会」の発起人の一人となり、[11]研究会活動に積極的に参加する。それは、一九四五—四六年、幣原喜重郎内閣の下に置かれた「憲法問題調査委員会」（委員長：松本烝治）の一員であったとき日本側から総司令部側に、日本国憲法となるであろうような案を提出できなかったことの責任を、省みる思いがあったればこそであろう。

結びにかえて

私は、清宮先生が東北大学法学部で中川善之助（民法）（一八九七―一九七五年）、木村亀二（刑法）（一八九七―一九七二年）両先生とあわせ「ご三家」と呼ばれていた時期の学生だった。私が二〇歳代半ば教職の目途もつかぬまま留学から帰国したとき、先生は定年退官され東京に住いを移されていた。その後私は母校に職を得、たまたまパリで学会講演の役を託された機会に、ちょうど喜寿七七歳に当たる先生に半世紀ぶりのヨーロッパ行きを決心して頂いた。往路は私が、帰路はドイツ滞在中だった同門の丸山健さん（東北大学教育学部教授から静岡大学に転じ同学長）がお伴をするという段取りであった。先生がかつて過された欧洲三都（ハイデルベルク、ウィーン、パリ）を三人でめぐった秋晴れの至福の一〇日間は、何ものにも替えがたい思い出である。その後も先生は健康に過され、浅酌のならわしも、亡くなられる前々夕まで続けておられたという。

先生の業績を憲法学史上の研究対象として本格的にとりあげることは、不肖の直弟子世代を越えて、続く世代の中から、貴重な仕事がつみ重ねられてきている。この小論でさきに引用した石川健治論文がそうであり、同氏の探索は現ソウル大学校図書館所蔵図書への清宮の書き入れから、ドイツ語雑誌への継続的な書評論文寄稿にまで及んでおり、清宮研究の更なる展開が期待される。

註

(1) 清宮四郎ほか「憲法学周辺50年」(全五回)、『法学セミナー』第二九〇、二九二―二九五号(一九七九年五―九月)での清宮自身のことばによる。
(2) 石川健治「統治のヒストーリク」、奥平康弘・樋口陽一編『危機の憲法学』(弘文堂、二〇一三年)二三頁、註20。
(3) 石川健治「「京城」の清宮四郎――『外地法序説』への道」、酒井哲哉・松田利彦編『帝国日本と植民地大学』(ゆまに書房、二〇一四年)三四一―三四二頁。
(4) 学生として開講の辞を聴いた丸山眞男の証言である。『宮沢憲法学の全体像』(『ジュリスト』第六三四号(臨時増刊)、一九七七年三月二六日号)八四頁以下の「宮沢俊義を語る」九四頁。
(5) 憲法第一講座を美濃部から引き継いだ宮沢は師の受難を天動説の公定と進化論の禁止になぞらえ、「かようにばかばかしく見え」ることが起こるのは「その時の社会で支配的勢力を持つ人たちの利益に適合したからである」と断じた(「法律学における「学説」――それを「公定」するといふことの意味」、『法学協会雑誌』第五四巻第一号(一九三六年一月))。同論文の論理の運びについては説明が必要であるが、ここでは立ち入らない。
(6) 『憲法I』は総論と統治機構を担当し、『憲法II』は宮沢による個性ある人権論にあてられている。
(7) 戦前の「国民代表の概念」は宮沢俊義編『公法学の諸問題――美濃部教授還暦記念』第二巻、有斐閣、一九三四年、戦後の「学説というもの」は『ジュリスト』第三〇〇号(一九六四年六月)。
(8) 『国家学会雑誌』第五〇巻第六号(一九三六年六月)。
(9) 石川・前掲註(2)論文、四八頁。
(10) この注意書きは、「象徴としての行為」という観念が公的行為の範囲を無限定に拡げ、自制を失った内閣がその「助言と承認」によって天皇の政治利用をあえてするおそれに、清宮が自覚的であったことを意味する。

(11) 発起人となったのは、政府から憲法調査会の会長に擬されていた民法学の長老・我妻栄をはじめ、宮沢、清宮のほか、大内兵衛、矢内原忠雄、湯川秀樹、恒藤恭、末川博、茅誠司であった。

(憲法学、東北大学・東京大学名誉教授)

KODANSHA

本書は、『国家作用の理論』(有斐閣、一九六八年)および『憲法の理論』(有斐閣、一九六九年)に収録された論文を精選し、さらに「私の憲法学の二師・一友」を加えて集成したものです。読みやすさに配慮して形式の統一やルビの追加を行ったほか、引用・言及される文献の書誌情報については補足・整理を行いました。原本では漢数字になっている注番号はアラビア数字にし、読解の一助として編集部による注記や補足を〔 〕の形で挿入してあります。

清宮四郎（きよみや　しろう）

1898-1989年。憲法学者。東京帝国大学で美濃部達吉に学び，京城帝国大学教授，東北（帝国）大学教授を歴任。我妻榮，宮沢俊義，大内兵衛らと憲法問題研究会を組織。東北大学名誉教授，日本学士院会員。主な著書に，『憲法要論』（1952年，全訂版1961年），『憲法Ⅰ』（1957年，第3版1979年），『国家作用の理論』（1968年），『憲法の理論』（1969年）ほか。訳書として，ハンス・ケルゼン『一般国家学』（1936年，改訳版1971年）ほか。

講談社学術文庫

定価はカバーに表示してあります。

憲法《けんぽう》と国家《こっか》の理論《りろん》

清宮《きよみや》四郎《しろう》

樋口《ひぐち》陽一《よういち》　編・解説

2021年6月8日　第1刷発行

発行者　鈴木章一
発行所　株式会社講談社
　　　　東京都文京区音羽 2-12-21 〒112-8001
　　　　電話　編集（03）5395-3512
　　　　　　　販売（03）5395-4415
　　　　　　　業務（03）5395-3615
装　幀　蟹江征治
印　刷　株式会社廣済堂
製　本　株式会社国宝社
本文データ制作　講談社デジタル製作

ISBN978-4-06-523826-4

「講談社学術文庫」の刊行に当たって

これは、学術をポケットに入れることをモットーとして生まれた文庫である。学術は少年の心を養い、成年の心を満たす。その学術がポケットにはいる形で、万人のものになることは、生涯教育をうたう現代の理想である。

こうした考え方は、学術を巨大な城のように見る世間の常識に反するかもしれない。また、一部の人たちからは、学術の権威をおとすものと非難されるかもしれない。しかし、それはいずれも学術の新しい在り方を解しないものといわざるをえない。

学術は、まず魔術への挑戦から始まった。やがて、いわゆる常識をつぎつぎに改めていった。学術の権威は、幾百年、幾千年にわたる、苦しい戦いの成果である。こうしてきずきあげられた城が、一見して近づきがたいものにうつるのは、そのためである。しかし、学術の権威を、その形の上だけで判断してはならない。その生成のあとをかえりみれば、その根は常に人々の生活の中にあった。学術が大きな力たりうるのはそのためであって、生活をはなれた学術は、どこにもない。

開かれた社会といわれる現代にとって、これはまったく自明である。生活と学術との間に、もし距離があるとすれば、何をおいてもこれを埋めねばならない。もしこの距離が形の上の迷信からきているとすれば、その迷信をうち破らねばならぬ。

学術文庫は、内外の迷信を打破し、学術のために新しい天地をひらく意図をもって生まれた。文庫という小さい形と、学術という壮大な城とが、完全に両立するためには、なおいくらかの時を必要とするであろう。しかし、学術をポケットにした社会が、人間の生活にとってより豊かな社会であることは、たしかである。そうした社会の実現のために、文庫の世界に新しいジャンルを加えることができれば幸いである。

一九七六年六月　　野間省一

政治・経済・社会

松原岩五郎著(解説・坪内祐三)
最暗黒の東京

明治中期の東京の貧民窟に潜入した迫真のルポ。残飯屋とは何を商っていたのか？　人力車夫の喧嘩はどんなことで始まるのか？　躍動感あふれる文体で帝都の貧困と格差を活写した社会派ノンフィクションの原点。

2281

ヴェルナー・ゾンバルト著／金森誠也訳
ユダヤ人と経済生活

資本主義を発展させたのはユダヤ教の倫理であって、プロテスタンティズムはむしろ阻害要因でしかない！　ヴェーバーのテーゼに真っ向から対立した経済学者の代表作。ユダヤ人はなぜ成功し、迫害されるのか……。

2303

ソースティン・ヴェブレン著／高　哲男訳
増補新訂版　有閑階級の理論

産業消費社会における「格差」の構造を、有史以来存在する「有閑階級」をキーワードに抉り出す社会経済学の不朽の名著！　人間精神と社会構造に対するヴェブレンの深い洞察力は、ピケティのデータ力を超える。

2308

竹内　洋著
立志・苦学・出世　受験生の社会史

日本人のライフ・コースに楔《くさび》のように打ち込まれている「受験」。怠惰・快楽を悪徳とし、雑誌に煽られてひたすら刻苦勉励する学生たちの禁欲的生活世界を支え続けた物語とはいったい何だったのかを解読する。

2318

小林一三著(解説・鹿島　茂)
逸翁自叙伝　阪急創業者・小林一三の回想

電鉄事業に将来を見た男はどんな手を打ったか。沿線の土地買収、郊外宅地の開発分譲、少女歌劇……。誰も考えつかなかった生活様式を生み出した、大正・昭和を代表する希代のアイデア経営者が語る自伝の傑作。

2361

佐々木惣一著(解説・石川健治)
立憲非立憲

京都帝大教授を務め、東京帝大の美濃部達吉と並び称された憲法学の大家・佐々木惣一が大正デモクラシー華やかなりし頃に世に問うた代表作。「合憲か、違憲か」の対立だけでは、もはや問題の本質はつかめない。

2366

政治・経済・社会

仕事としての学問 仕事としての政治
マックス・ウェーバー著／野口雅弘訳

マックス・ウェーバーが晩年に行った、二つの講演の画期的新訳。『職業としての学問』と『職業としての政治』の邦題をあえて変更し、生計を立てるだけの「職業」ではない学問と政治の大切さを伝える。

2500

ナショナリズム
姜尚中著

グローバル化が世界を覆い尽くす中、しかしナショナリズムという奇怪な力は巧妙さを増し、猛威をふるい続けている。ISやブレクジットなど、国家の枠組みの変化を受けて書かれた新稿を収録した完全版。

2533

国民主権と天皇制
尾高朝雄著（解説・石川健治）

不世出の法哲学者・尾高朝雄（一八九九―一九五六年）が日本国憲法施行の五ヵ月後に公刊した不滅の名著、初の文庫化。「象徴」として存続した天皇は「国民主権」と矛盾しないのか？　渾身の解説を収録！

2557

国富論（上）（下）
アダム・スミス著／高哲男訳

スミスの最重要著作の新訳。「見えざる手」による自由放任を推奨するだけの本ではない。分業、貨幣、利子、貿易、軍備、インフラ整備、税金、公債など、経済の根本問題を問う近代経済学のバイブルである。

2562・2563

ルイ・ボナパルトのブリュメール18日
カール・マルクス著／丘沢静也訳

一八四八年の二月革命から三年後のクーデタまでの展開を報告した名著。ジャーナリストとしてのマルクスの舌鋒鋭くもウィットに富んだ筆致を、実力者が達意の日本語にした、これまでになかった新訳。

2569

日本憲法史
大石　眞著

憲法とは文言ではなく、国のあり方そのものである――。近代の日本が、時代ごとに必要としてきたものは何か？　開国、議会開設から敗戦・占領を経ての独立まで、憲法＝国家構造の変遷を厳密にひもとく。

2599